JN133520

佐賀学Ⅲ

佐賀をめぐる「交流」の展開

伊藤昭弘編

海鳥社

まえがき

佐賀大学地域学歴史文化研究センター（以下、「センター」と略記）では、これまで二〇一一年四月に『佐賀学』（花乱社）、二〇一四年三月に『佐賀学Ⅱ』（岩田書院）と、二冊の論集を刊行してきた。これらの論集は、いずれも佐賀大学学内研究プロジェクト「『佐賀学』創成にむけた地域文化・歴史の総合的研究」（二〇〇八〜二〇一〇年度、研究費合計一八〇〇万円、略称「佐賀学創成プロジェクト」）、「地域学創出のための医文理融合型総合研究」（二〇一一〜二〇一三年度、研究費合計一八〇〇万円、略称「地域学創出プロジェクト」）の成果である。

センターでは、二〇一四年度以降も新たな研究プロジェクトを進めるべく、「地域間交流分析に基づく佐賀地域の歴史文化研究―地域学の発展に向けて―」というタイトルで、学内研究プロジェクトとして認められた（研究費合計七五〇〇万円、略称「『交流』プロジェクト」）。財政状況の厳しいなかでもこうし地域研究が採用されたのは、地域の歴史文化の研究と、その成果の教育・社会貢献への活用を推進する、佐賀大学の姿勢を示すものだといえよう。

前のふたつの研究プロジェクト、およびその成果論集は、それぞれ「佐賀学」「地域学」にかかわる研究（佐賀地域にかかわる研究〉を進めている学内の教員、学外研究者の参加を要請したため、多様な内容、成果となっている。これらの成果をうけてセンターでは、地域の特性を示すようなテーマに絞って研究を進めることにより、単に歴史文化研究としてだけでなく、地域が今後向かうべき方向性を考えるうえで、ヒントになるような成果を出せないか、と考えた。その結果、今回は「交流」をキーワードとして、研究プロジェクトを立ち上げることにした。

人びとが住まう社会とは、まさに人と人との「交流」の累乗として成立しており、その積み重ねである歴史は、わざわざ「交流」などと冠をつけなくても、人と人との「交流」のあり様そのものである。今回のプロジェクトは、とりわけ佐賀地域と海外の「交流」、他地域との「交流」を念頭において計画した。

佐賀地域の特性は、吉野ヶ里に巨大な勢力が存在した時代から、神崎荘における日宋貿易、モンゴルの襲来、松浦党の活動、朝鮮侵略、佐賀藩の長崎警備や幕末の活動、明治以降のアジア各地への〈佐賀人〉の進出など、日本列島が東アジアや欧米の人びと・文明と「交流」するさいの窓口であった。佐賀地域に暮らしていた人びとは新たな文明・文化を積極的に受容し、社会・生活のなかに組み込んでいった。その痕跡は、県内いたるところでみることができる。

歴史文化研究の成果から現代・未来に向け何か発信しようとすれば、たちまち陳腐な内容になってしまうことが多い。例えば「佐賀の人びとは昔から海外と交流していたから、現代の我々も積極的に国際化しよう」などと書くと、あっという間に本書は安っぽくなってしまう。我々歴史文化研究の専門家ができることは、あくまで資料に忠実に、過去のあり方を我々なりに再現することであり、そのなかから現代・未来を考えるうえでのヒントを、読者の皆さんで読み取って欲しい。歴史学が、といったオーバーなことを言うまでもなく、我々は過去の経験とその反省に基づいて日々暮らしている。歴史文化の研究とは、それをちょっとだけ大げさに、もっともらしく語りつつ、その成果の積み重ねにより未来のあり方を考えることだと、私は考えている。読者の方々が本書から何か感じ取ってもらえたら、幸甚の限りである。

二〇一七年一月一八日

「交流」プロジェクト代表

伊藤昭弘

佐賀学Ⅲ　佐賀をめぐる「交流」の展開◉目次

若き日の古賀穀堂　——中国古典の受容に着目して——　伊香賀　隆

西洋の衝撃　183

幕末佐賀藩の小銃調達と「拝領買」　伊藤昭弘

『診察御日記』にみる西洋医学治療　青木歳幸

復古神道とキリスト教　——肥前の事例から——　三ツ松　誠

中世における「交流」と地域

中世松浦地方の港湾地と領主拠点

宮武正登

はじめに

佐賀・長崎両県の北域に跨って玄界灘沿岸に連なるリアス式海岸一帯は、古来、松浦《まつら》地方と称されてきた。彼の『魏志倭人伝』にも登場する「末盧《まつろ》國」を抱えていた地である。今も盛んな素潜り漁の源流を、早くもこの三世紀の記録が「好捕魚鰒、水無深浅皆沈没取之[1]」と紹介しているように、豊穣な海との強い繋がりの中で大陸との接触を持つ人々が住まう土地であった。

そのためこの地方には、古代・中世から利用され続けた多数の中小規模の港湾跡（「湊」、「津」、「泊」、「浦」、「浜」）が分布している。国内流通はもとより、朝鮮半島・大陸との交易活動において、これらの小港湾が担った通航の起終点あるいは中継地としての役割は決して微弱なものではない。

その実態を知るに当たり、古文書・古記録等の文献史料のみを媒介とした把握方法に限界がある中、発掘調査において大量の舶載陶磁器が出土する沿岸部の遺跡群[2]は、その分布自体が通商の盛興の証明材料となるだけでなく、外来物資の流入ネットワークを分析する際の大きな手掛かりを与えてくれている。

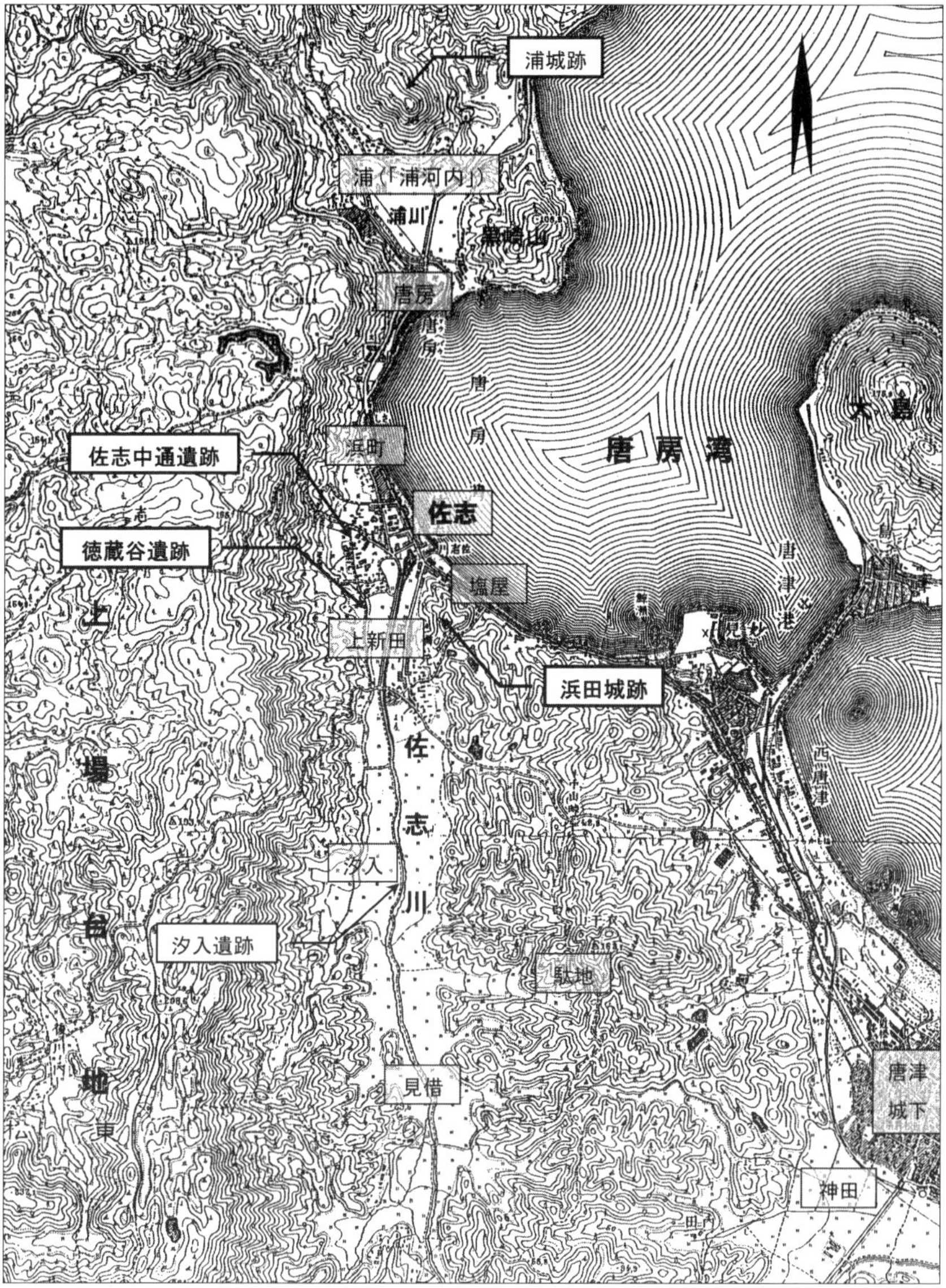

図１　佐志周辺要図（大正 12 年〔1923〕陸軍陸地測量部測図 1/25,000「唐津」）

本稿では、松浦地方に数ある中世港湾の中でも文献史料に比較的恵まれ、加えて考古学上の調査成果の蓄積もある唐津湾岸の湊津「佐志」に焦点を当てて、その空間構成と機能上の特徴の分析を通じて、肥前北部の中世港湾の標準的な形を考えてみようと思う。

一　佐志の地勢と沿革

（一）位置と旧地形の復元

朝鮮成宗二年（一四七一）年に成立した『海東諸国紀』[3]中の「日本國西街道九州之圖」の中で、「呼子」、「志佐」、「田平」とともに肥前の代表的な海浜の地所として扱われている「佐志」は、玄界灘に面する唐津湾の北西端の佐志川河口に発生した集落である。その前面の海域は、北に湾曲する汀線上から突出した黒崎山と湾内に浮かぶ大島とに東西から挟まれて、唐津湾内から分化する形をなすことから「唐房湾」とも別称されている（図1）。この地形的特徴のおかげで、冬季を中心に吹き荒れる同地方独特の北西の季節風が弱められ、年間を通じて比較的穏やかな海面環境が保たれている。

この唐房湾に注ぐ佐志川は、東松浦半島の〝背骨〟を形成する「上場台地」の東縁に沿って南北に延びる、開析谷の一つを流路とした延長五キロにすぎない小河川である。その流形は真っすぐ唐津湾に向かって北走し、河口付近でやや北東に流路を傾けながらも、ほとんど滞留せずに海面に繋がる格好になっているが、唐津湾岸の砂丘列の発達方向からするといささか不自然な川筋と言える。現在の河口は、その右岸に突出した八幡山（城山）麓から海岸に沿って北西に延びる稜線先端部を、強引に横断した状態で開口している。恐らくは、発達した砂洲に規制されて北西方向へ曲がっていた流路を、藩政期以前のある時期に北東へ切り通して、河口の位置を付け替えたのではないだろうか。

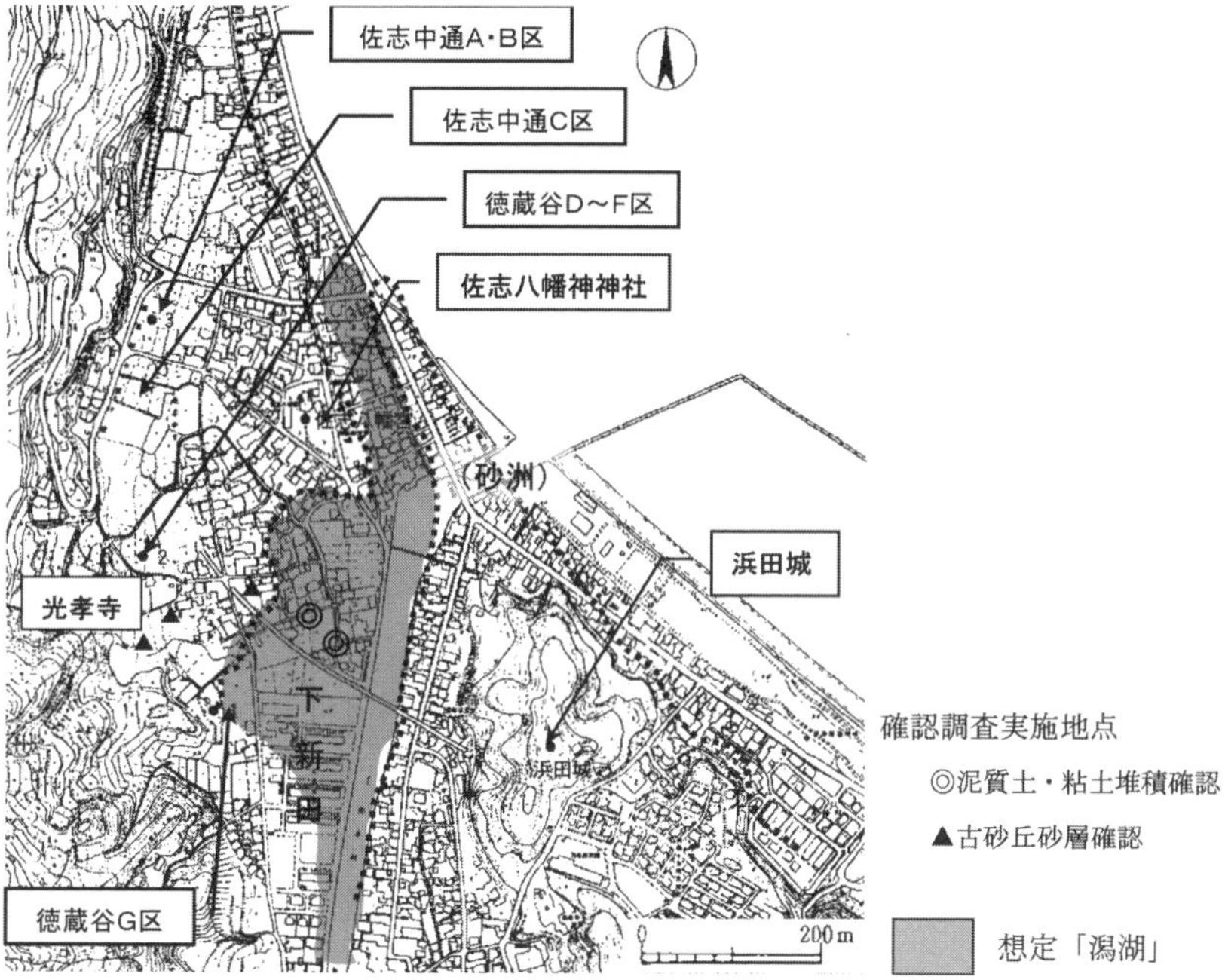

図2　佐志川河口　旧内湾想定範囲

明治三三年と大正一二年に陸地測量部が作成した「迅速図」（それぞれ五万分の一と二万五千分の一）を見ると、現在の河口手前で川幅が淵状に肥大し、その西脇に湿地らしき水面表示が認められる。また、開発行為に伴う唐津市教育委員会の過去の確認調査結果では、現集落と佐志八幡神社が所在する古砂丘列の南側で、有機物含有が顕著な泥質土の堆積が確認されており[4]、かつての低湿地帯の存在が証明されている。同所一帯の旧字名「下新田」、「上新田」から推しても、江戸期以降の干拓地と見なせるだろう。

これらのことから中世以前の佐志川河口付近では、唐房湾岸に形成された砂洲の後背に小さな潟湖（ラグーン）が展開していて、この袋状の入海に面して港湾集落としての「佐志」が形成されたものと考えられるのである（図2）。

（二）「松浦党」佐志氏の消長

中世における西九州の沿岸地域・島嶼では、海上流通や漁獲を経営基盤に組み入れた在地領主たちが広く盤踞していた。彼らは「一揆」と称して自検断システムを構築し、「松浦党」と称する連合体を組織していたことは夙に知られるところである。

その中の東松浦地方における有力領主として、この地を拠点に成長したのが佐志氏であった。『松浦家世伝』等の近世に編纂された松浦氏族の諸系譜上の理解によれば、一族の始祖とされる宇野御厨検校源久の五男（またはその孫「紀」の六男とも）「調」が、佐志に分領を受けて居を構えたのが佐志氏の発端とされるが、確固たる証拠があるわけではない。とにかく、地域史上で把握されている佐志氏族の分派状況は極めて複雑かつ難解で、後世の創作との峻別作業について猶も検討すべき余地が残っている(5)。まずは、この氏族の盛衰の大略について、佐志での定着過程を主眼としながら、史料上で確認できる動静を見ておきたい。

「山代家文書」中の寛元二年（一二四四）四月二三日付・関東裁許状(6)には、伊万里の山代氏族間の相論に関する証言者の一人として「佐志源次郎仰」が登場するが、これが佐志氏の肥前における活動を示す一次史料上の初見と思われる。その同年に「佐志源次郎扇（仰）」が「佐志村地頭職」を息子「房」に譲ったことを、弘安二年（一二七九）一〇月八日付の関東裁許状(7)は触れているが、その中に記した「右件所領房八代相伝也」との佐志氏側の主張を積極的に捉えれば、鎌倉期初頭頃から同氏が当地域に根付いていたと見なせなくもない(8)。

その後、房は三人の息子（直・留・勇）とともに元寇の防戦で討死したため、惣領家督の継承をめぐり一族内での混乱が生じた。長男直の子「熊太丸」と三男勇の女子「久曾」との間で、遺領の相続に関し相論が起こったが（前註7の弘安二年裁許状案）、結果として地頭職は「久曾」に帰属してその継嗣「勤」に伝領された。さらに勤の嫡子「成」へと引き継がれていったことが、次に掲げる康永元年（一三四二）一一月七日付けの佐志勤譲状（『松』一一-五五三、「有」）により分明となる。

譲与嫡子源次郎源成所

肥前國松浦西郷佐志村々田畠・山野等地頭職□、濱・在家等幷保志賀海夫等、但二艘拔□
有畢(異)論、同國高木郷小陣内田地・屋敷、同國三重屋庄田地半分、屋敷ハ可□限、曾祖父房・祖父勇文永蒙
古合戰討死恩賞地筑後國上妻庄内多々見名本主□二郎泰眞跡等地頭職事、
右、所々者、或ハ私領、或ハ恩賞之地也、而成爲嫡子□(之)間、相副次第調度御下知・御下文已下本證文等、
限□也、……（中略）……次佐志村已下所々之内、弟共ニ分讓了、仍書与□□(讓状)於面々之上者、不可
有違亂儀、次當村鎮守□□(若宮)濱田今熊野權現・同所八幡、彼御神事之時者、□□(兄弟)寄合テ、任先規可勤仕、聊モ
不可有無沙汰之儀、……（中略）……成兄弟共於成扶持之思、聊モ無向背之儀、爲一味同心、君御大事出來
時ハ、於一所致合戰、□(任)軍忠之旨、於恩賞者、面々可申之、仍爲後々將來龜□(鏡)讓状如件、

康永元年十一月七日

源(佐志)勤□□(在判)

この勤による所領譲与は、成を含む七人の子女と妻に宛てて「佐志村」内の各所を分割相続させたものだが、それぞれの譲状（前同日付・『松』一―一五五三～五六〇、「有」）の内容によって、佐志氏が継承してきた「佐志村」の範囲が理解できる。従前から指摘されているように、この場合の「佐志村」が集落としての現「佐志」地区周囲を限定的に指す行政単位ではなく、伊万里湾岸までを含む東松浦半島一帯に広く分布していた、散在所領の集合体としての荘領名であることが再確認できる。こうした知行地の分散状態を重視すれば、佐志氏が鎌倉前期から本拠地を現・佐志地区のみに固定化する必然性は見出しにくい。しかし、この勤譲状の中で奉仕厳守を規定している「当村鎮守若宮、濱田今熊野權現、同所八幡」とは、佐志集落の産土神として鎮座する佐志八幡神社、および明治四一年（一九〇八）に同社に合祀された濱田神社に比定できることから、遅くとも一四世紀前葉以前には佐志惣領家が現・佐志集落内外に居館を定めていたものと推測できる。

また、寛元期の惣領「扇」の次弟と見なされる「来」の系脈は、鎌倉後期には別家を立てて「値賀村」（現・玄海町）に定着していた。(9) したがって、この段階の惣領家の居地は、広義の「佐志村」内の少なくとも「値賀」以外の要所に絞られる。やはり「苗字の地」である狭義の「佐志」の中に、鎌倉期段階から所在していたと見るのが妥当であろう。

さて、この値賀村に分かれた来の子孫は、やがて寺田姓を称して自立傾向を強めて行った。(10) 一方、勤から「有浦」、「諸浦村」（ともに現在の玄海町）等を分知された次男「披」（『松』二－五五四、「有」）は、文和二年（一三五三）には「松浦波多庶子等跡」などを幕府より宛行われ、(11) やがて有浦姓を名乗って（前註5村井氏一九七六年論文、他）さらに諸浦氏等の庶流を分枝していった。

このように、南北朝動乱の過程で庶子家の自立化が進行し、肥前国内での南北両朝勢の対立を政治的基軸とした同族間での所領相論が度重なる過程で、佐志惣領家の相対的地位は下降していったものと推測でき、次第にその動向も不明確となっていく。

降って『海東諸国紀』には、睿宗元（文明元・一四六九）年に朝鮮に遣船して図書を受けた「上松浦佐志源次郎」の存在が記載されており、室町後半期までは同地で命脈を保っていたことが知れるものの、以後は極めて断片的な姿しか辿り得ず、一六世紀中頃までには完全に史料上から消えてしまう。

以上のような佐志氏の盛衰の経過は、後述するように、港湾集落遺跡としての「佐志」の変転にも少なからず影響を与えたのである。

二　港湾集落「佐志」の構成と変遷

平成四年から一四年にかけて、佐志集落の西方を貫通する一般国道二〇四号線の改良工事に伴い、埋蔵文化財の発掘調査が唐津市教育委員会により断続的に実施された。これにより西九州における中世の港湾集落の変遷を解明する大きな手掛かりが得られた。

対象地は文化財保護法上の「周知の埋蔵文化財包蔵地」としての「徳蔵谷遺跡」と「佐志中通遺跡」とに分かれるが、ともに佐志川河口の左岸に並存して同一空間を構成する中世集落遺跡である。計八次にわたって実施された調査の結果、一二世紀代から一六世紀初頭にわたる生活痕跡の重複が確認されたが、おおよそ三段階に分かれた大きな画期が想定できる。

以下からは、現地視察の際に得た知見と調査報告結果[12]に基づいて、各段階の遺構内容の解釈と遺跡の性格検討を行うが、本論では煩雑さを避けるために各調査区を調査年次ないし報告年次別に分類せず、調査区の北から順にA～G区と仮称して単純化している。北半のA～C区が佐志中通遺跡に、南側のD～G区は徳蔵谷遺跡に属する。

(一) 第Ⅰ段階(図3)——鎌倉期

鎌倉前～中期(一三世紀代)の様相であり、下限は一四世紀初頭にかかる。E地区の最下層で平安期以前の所産と思しい(一二世紀以前)掘立柱建物跡群が検出されていて、佐志の集落的発展の出発点を示しているが、まだこの段階では海岸線に点在する小規模かつ脆弱な生活圏にすぎなかった。

これに続く生活空間の発生が、北側のC地区で確認できている。一三世紀中頃から一四世紀初頭までの間にピークを持つ遺構群で構成されており、四棟以上の掘立柱建物跡、土壙、溝跡などからなる。調査区南端では直径一二メートル以上・深さ五〇センチ強を測る池跡らしき遺構が見つかっており(図3左下)、中央に浮島状のマウンドを持ち、内部からは龍泉窯系青磁碗、白磁の碗・皿、石鍋、土師器皿、須恵器片口鉢など、貿易陶磁器を含む五〇個体以上の遺物が出土している。園池等の遊興機能を備えた居住施設となると、領主級居館か寺社境内、あるいは余程の富豪商人の宅地といった社会的上位層の生活空間の成立と捉えざるを得ないが、先行する生活痕跡との密度差からすると、いささか唐突な出現の印象を与える施設ではある。

その発生理由にも関わると見られるのが、D・E、G区の遺構内容である。G区では、平面形が「凸」状をしたテラス（両翼一一・二メートル×奥行き二・八〜四・六メートル）のような構造物が検出された（図3上）。外岸は自然石を積んだラフな石垣で構成されていて、その外周では泥土の堆積が著しく、水際に位置していた施設であることが理解できる。泥土中からは貿易陶磁器、漆碗、下駄や桶底などの木製品といった多量の遺物の他に、石垣に沿うように並んだ杭列が発見されている。これは護岸に関わる「しがらみ」の類の杭木列と見られ、石垣面に密着するように打ち込んだ補強材も混在している。これら木製品の良質な遺存は、テラスの外側が常時湿潤な環境下にあったことを示すもので、構造物自体は汀線に張り出した所謂「築出《つきだし》」の一種と解釈でき、佐志川河口近くに存在したと見られる前述の小ラグーンに接していた可能性が高い。本体を構成する盛土の下層から出土した遺物の年代観からすると、その成立は一三世紀前葉から一四世紀初頭までのいずれかの時期と考えられ、C区の池を持つ邸宅跡に前後して形成された人工造成地と見なすことができる。

これと同種と見られる施設は、同じ松浦党の根拠地の一つである五島列島の中通島（長崎県新上五島町）にも存在した。永徳三年（一三八三）七月一三日付の宇久覺等連署押書状案（『松』三―八三四、「青方文書」）には、同島「宿浦の突出の屋敷并その前のやしき」が記載されており、西九州地方の中世港湾の汀線には、こうした突堤状の埋め立て造成による構造物が分布していたものと知れる[13]。

この五島の例では「屋敷」との関連が窺えるが、佐志の検出遺構の場合も、岸から水面上に張り出した「懸作り」型式の建物や桟橋の脚部、或いは係船柱とも推測される「面取柱」（径一五センチ前後）が護岸杭列とは別に岸外の泥層中に打ち込まれており、同様に建築施設の併存が推測される。敷地規模やピット群の状況からすると、宅地跡と捉えるよりも「荷上場」といった船舶の停泊・繋留留施設としての機能に係る性格が調査サ

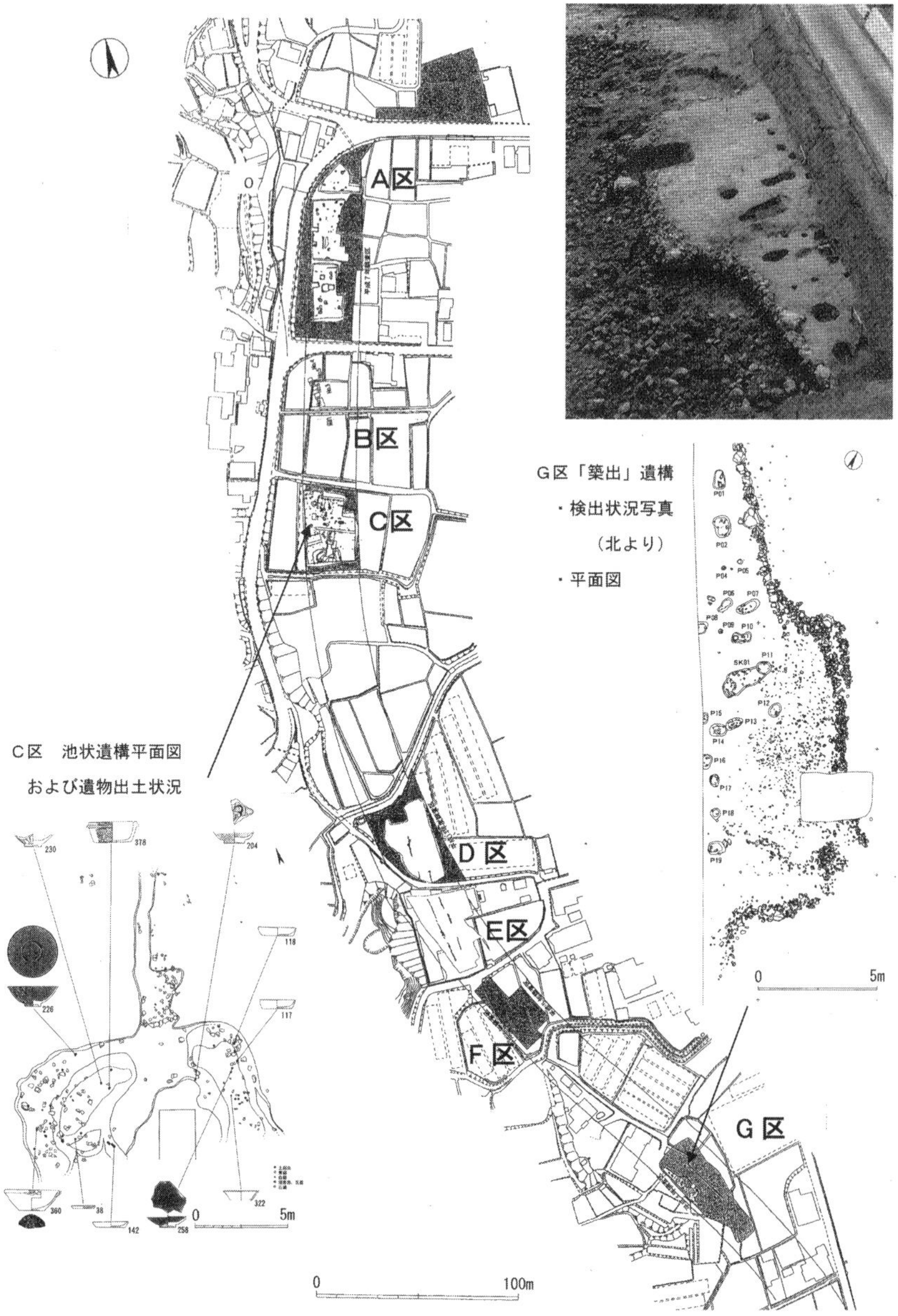

図３　　佐志遺跡群第Ⅰ（鎌倉期）段階　平面図（報告書①、④〜⑦挿図より作成）

イドでも検討されている。(14)

さて、この「築出」遺構の一〇〇メートルほど北側（D・E区）では、極めて規格的な南北軸の直線道路が検出されている。延長六〇メートルにわたるこの道は、幅員が五〜六メートルで左右の路肩に石列を配し、その上に土塁状の側壁を備えた事を暗示する盛土痕跡を残していた。後出する遺構との「切りあい」関係等により、一三世紀初頭から一四世紀にかけての所産の道路と推測され、「築出」遺構と連接していた可能性が高い。

これらの遺構群は、西九州地方の内陸部の一般村落遺跡では見られない特異な構造物跡であって、集荷基地としての港湾空間を構成していた特徴的要素と見なせる。

さらに一〇〇メートルほど北にあるC区の園池を備えた居宅は、これら港湾関連の施設群とほぼ同じ時期に成立・機能しており、港湾拡充と維持に関与した有力者層の在住を想像せしめる。一次史料上に確認できる佐志氏の活動初見と完全に一致した時期の遺構群だけに、当然の事ながら同氏の初期居館跡の有力候補にあげられる。

これらの空間よりもやや遅れて鎌倉後半期になってから、遺跡北域のA区での活動痕跡が現れ始める。元々この一帯は、一三世紀前半代までは性格不明の土壙が点在する程度の閑散とした遺跡景観であったのだが、遺跡南域で直線道路や「荷上場」が形成される一三世紀後半になると、青磁・白磁類などの出土遺物が一気に増加する。反面、遺構内容を見る限りでは、集落的発展を示すような劇的変化が生じているわけではなく、無数の小ピット群が現れる他、完形の土師器皿が一括投棄された土壙などが検出された程度である。

その中には、柱穴を壁下に穿った半地下式の建物跡らしき方形土壙なども混在するが、総じて無秩序な分布状態にあり、独立した一つの建物として柱位置を復元できるピット群は皆無に近い。言わば、バラックの集中地のような空間である。

こうした粗放な施設実態と遺物包蔵量とのギャップの意味は、後述するような後世の同区の性格との関連から読み解けるのだが、ともあれこのA区での遺物集積の様子は鎌倉最末期頃まで持続している。

(二) 第Ⅱ段階(図4)――南北朝期

一四世紀代を中心とする時期であり、大雑把に言えば南北朝期の様相に当たるが、前代D・E区の規格的な道路は廃絶して付近一帯が墓域に転じるという明確な変化が生じている。D区では、宝篋印塔の相輪部や土師器皿、所謂「口禿げ」口縁の白磁碗などを伴う石室部を持つ「塚」の残痕が見つかっていて、これを中心に複数の土壙(土壙墓の可能性あり)が分布する葬所の世界の展開が窺える。隣のE区では遺構自体も疎らとなり、調査区北半域で東西方向に軸線を取った柱穴列が検出されているのみである。掘方の形状や配列から塀の存在が第一に考えられるが、墓域の南限を仕切る境界施設跡なのかもしれない。

また、A区で見られた遺物の集積は一四世紀後半にさしかかると極端に減少し、元々が希薄だった遺構密度は更に低落して、性格不明の土壙や溝が僅かに点在する程度の荒野に近い景観となっていた。

このように、前代からの生活行為の停滞ないし中断を示す現象が生じているのとは対照的に、南のG区の係船地一帯では「築出」内部の造成面上に掘立柱建物が置かれる他、遺物も質・量ともにピークを迎えつつあった。龍泉窯系の青磁類に加えて朝鮮半島産の陶磁器類が増加し、象嵌青磁碗・皿・鉢類、粉青紗器などがまとまって出土している。この傾向は次段階(一五世紀代)まで継続し、李朝青磁・白磁・雑釉陶器などが同一箇所から見つかっている。この他にも、中国産の白磁香炉、天目碗など奢侈品と見なせる遺物も混在しており、生活必需品のみの搬入に止まらない盛んな集荷があったことを明示している。

第Ⅰ段階の鎌倉後期には屋敷地を形成していたC区では、池状遺構が埋没して新たな建物群が出現している。全部で三棟の小型建物(身舎の建坪は約八坪)があるが、屋根・壁の荷重が大きいことを示す「布掘り」状の柱穴を持ち、同じ方位軸を保って並んでいる点などから土蔵跡の可能性が指摘できる(図4右上)。一帯が居住

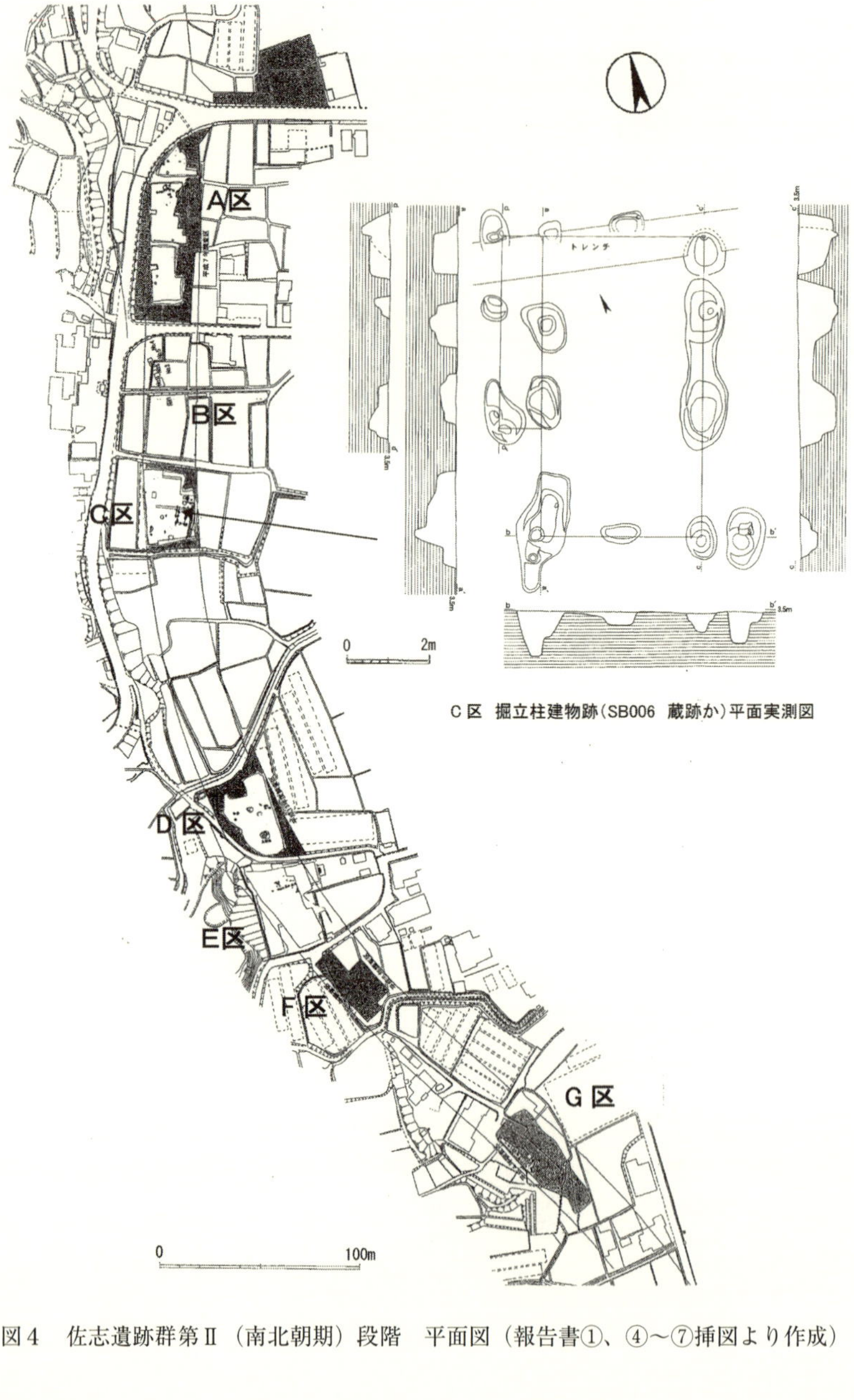

図４　佐志遺跡群第Ⅱ（南北朝期）段階　平面図（報告書①、④～⑦挿図より作成）

スペースから「倉地」へと性格を変貌させたものと考えられ、この空間の機能は次段階にも継続していく(後述)。

（三）第Ⅲ段階（図5）——室町期

一五世紀代を中心とし、下限は一六世紀初頭に置かれる時期である。室町期段階の様相として総括でき、最も多彩な施設の出現の結果、遺跡景観に大きな変化をもたらした。

鎌倉期の屋敷が途絶して南北朝期には倉庫群が新出したC区だが、今度は朝鮮産象嵌青磁碗や土師器皿、火舎、瓦質湯釜などが散布する遺構面上に、平滑な石材を列状に並べた基礎構造を持つ建坪一〇坪以上の小型建物が登場している(図5右半中央)。類似した遺構は、広島県東広島市河内町の薬師城跡[15](一五世紀後半〜一六世紀中頃)や兵庫県神戸市の兵庫津遺跡[16](一五世紀後半〜一六世紀前葉)などでも見つかっており、所謂「転ばし根太」の床構造の建物痕跡と推定されている。どちらも石列基礎の「土蔵」跡に比定されていて本例の小型建物跡よりも若干後出する施設だが、三者ともに室町後半期の遺構として一括でき形状・規模ともに共通性が高い。

重視すべきは、このC区の遺構が先行する掘立柱構造の倉庫群跡の直上層に形成されている点で、恐らく両者間には連続性があり、C区一帯が一四世紀後半以降には「倉地」として固定化していたものと推測できる。同区を内包し遺跡名にも冠されている旧字名「徳蔵谷」の源意とは、あるいはこうした港湾地に付帯する収蔵・備蓄機能の持続の記憶に由来するのではないだろうか。

次に、A区では鎌倉期に大量の遺物集積が認められたが、南北朝期になると遺物出土量が急落して空閑地に近い状態に転じ、この第Ⅲ段階に入ると再興隆の様相を示して調査区中央を南北に縦貫する道が発生している。D・E区で形成された石列側壁を持つ鎌倉期の計画的道路とは違って、非規格的な幅員形状(上幅一・五〜五・〇メートル)の「素掘り」の脆弱な切り通し道なのだが、これを主軸に幅一〜一・六メートルの小道が直交するように分岐しており、本道沿いに八ブロック以上の区割りが並ぶ空間を形成していた（図5左下）。各ブロック内での建物跡の痕跡こそ明瞭ではないが、何らかの生産活動に関わる集石土壙や井戸跡などが分布しており、京都や堺などの「小路」や「路地」に相当する枝道を派生させた、街区的空間が発生したことを窺わせる。

特に注目すべきは、出土遺物の内容の多彩さである。大量の一般雑器類に加えて、明代龍泉窯青磁碗の他に、高麗末期から李朝前期の象嵌青磁や粉青沙器の碗・瓶・小杯、雑釉陶器碗・皿などが一定量出土しており、朝鮮半島との通商の隆盛を明示している。さらには、磁州窯系鉄絵陶器（壺か）などの稀少品、ベトナム産の白磁稜花皿や白磁鉄絵短頸壺といった南海貿易による船載製品までが含まれるなど[17]、対外交易港としての室町期の佐志の経済的繁栄を語る資料が得られている。

こうした遺跡景観と遺物内容から、このA区では市場（「市庭」）に該当する商業活動地区が発生していたものと推定できる。定住家屋から構成される町並みとは異なり、「通り」に面して仮屋の露店が並ぶ定期市に該当するタイプで、正しくそれは『一遍上人絵伝』に登場する備前福岡の市を想起させる景観であった（あるいは先行する第I期の、殆ど何もない広場に大量の遺物が散らばっている空間の方が、実態としては近いかもしれない）。その点、井戸の検出は長期間の人間の活動があったことの証左であり、また、約三〇点のみながら銅銭の出土も一定の意味を持つと言える。遺跡名称にも使用されている当該地区の旧字名「中通《なかどおり》」とは、正にこの時期の場の性格に由来しよう。

また、この時期にはB区でも初めて生活圏の波及が確認でき、トレンチ調査ではあるがピット群や溝跡が検出されるとともに、朝鮮半島産と思しい雑釉陶器の徳利を納めた埋甕などが発見されたのである。これ以前の時代には認められない遺構拡散の動きが把握できたことで、集落全体の再生が証明されたのである。

ところで、調査時のA区市場跡の西脇には、阿弥陀三尊種子を刻す南北朝期頃の自然石板碑を安置した堂宇があったが（現在は新国道開通に伴い道路脇に遷座）、かつては道路状遺構の北側延長上付近に祀られていた。

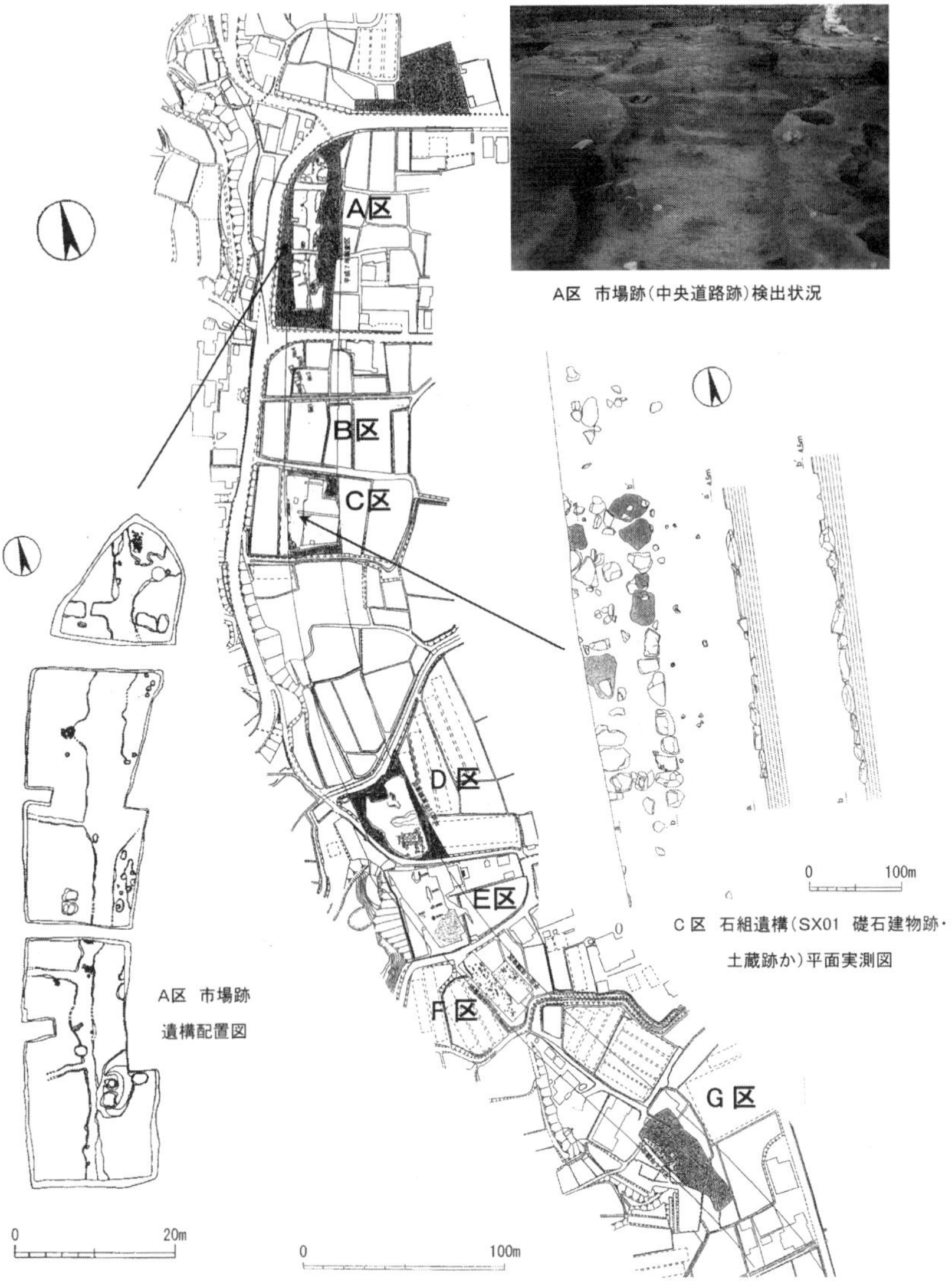

図５　佐志遺跡群第Ⅲ（室町期）段階　平面図（報告書①、④～⑦挿図より作成）

信濃海野宿に関する『秤の本地』（國學院大學図書館蔵）中の「西宮」蛭子神の勧進や、会津高田市を描いた『連釈之大事』（福島県立博物館保管）の「中御堂」などを具体例として、「故ニ宿町ヲ立ルニハ別而阿弥陀・薬師ヲ信仰申スヘシ」、「市町供物之事……住吉之大明神ヲ奉祭也」（『連釈之大事』）との観念に代弁されるように[18]、「市立」の前提であると同時に結界標識としての役割を担う宗教施設の併存が知られている[19]。これらは「市神」として祀られ後世に継承されるが、A区の自然石板碑もその一種と捉えることができ、この市場遺跡の北限境界と創始時期とを標示する存在と考えられる。その眼前の「通り」跡からは銅製懸仏も出土しており、ことさらに黙示的な意味合いを感じさせる。

さて、市場と「倉地」に並存するように、G区の荷上場（「築出」遺構）も中国・朝鮮産の遺物を伴いながら引き続き維持されている。ここでは一五世紀後半から機能低下が始まるが、その北側のD・E地区では発展的変化が生じ、盛土造成を施した上に、以下のような新たな生活空間が設けられている（図6）。

D区では、総柱の身舎に縁続きの下屋（中門廊か）が付属した特徴的な建物の一部が検出されている。礎盤替りの礫が装塡された直径一・〇〜一・五メートルもの掘方の柱穴が並ぶ様は、屋根規格の大きさを暗示している。長屋型式を主流とする一般在家の住居ではない。その北隣には堀と思しい幅二・五〜六・〇メートルで深さ〇・六メートル内外の溝が同軸で走行している。

これらの遺構からは土師器皿や火舎、鍋・釜類などの生活具だけでなく、朝鮮産象嵌青磁碗や中国産青磁の器台、磁州窯系鉄絵大皿、瓦器風炉、灰釉陶器香炉（産地不明）、石臼（茶臼か）などの奢侈品が相当数出土している。

南隣のE区では、鋼滓や炉壁の一部、焼土、大量の土師器皿を伴う数基の土壙が検出されたことで、鍛冶炉や土師器皿の焼成窯が分布する小規模な工房の成立が判明した。このエリアはD区の総柱建物と同一の敷地と考えられるが、その南側は谷状地が介在して空間上の断絶があることから、建物北隣の堀に挟まれた南北五〇

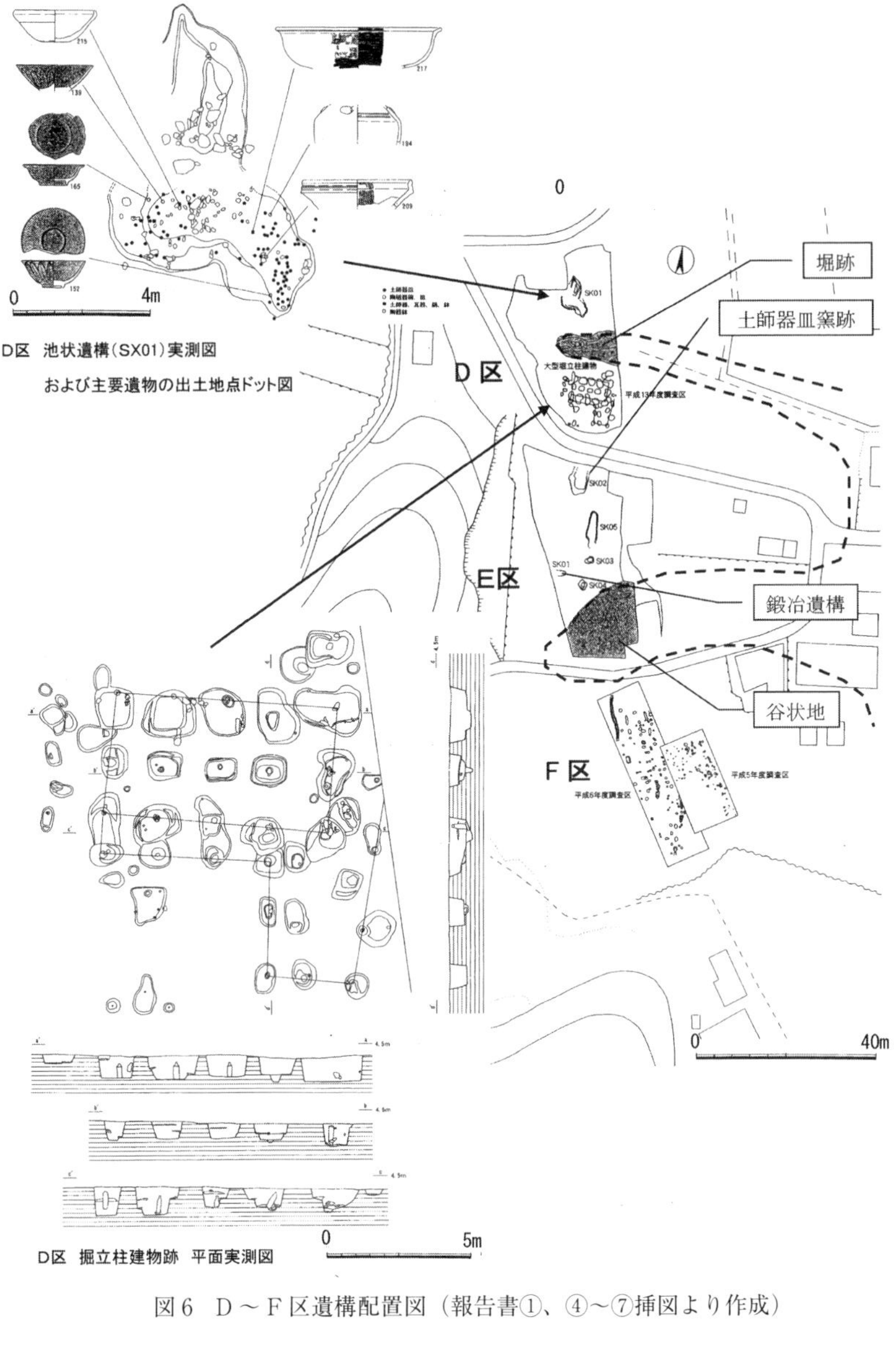

図6　D～F区遺構配置図（報告書①、④～⑦挿図より作成）

メートル前後を測る屋敷地が成立していたものと見なせる。出土遺物の質的優位性や特異な構造の建物の存在、閉鎖的空間のあり方等から地域の有力者層の居館跡としての可能性が高く、当然、佐志氏との直接的関係を第一に想定せざるを得ない。

なお、堀の北側でも長軸七・五メートル・短軸六・〇メートルを測る平面不定形の大型土壙が発見されているが（園池か？）、大量の完形の土師器皿を中心に、貼花双魚文小鉢（伝世品であろう）を含む中国青磁碗・皿類、白磁四耳壷、備前擂鉢（間壁分類Ⅳ期）といった陶磁器類が投棄されていた（図6左上）。そのため堀北岸にまで館の求心力の波及範囲が及んでいたと考えられる。

一方、E区南端の谷地外にあるF区では、小ピット群や溝からなる遺構群が見つかり、脆弱な建物群からなる生活区域が展開していたものと推定できる。中国産青磁香炉や滑石製分銅などが出土しており、館の成立に伴う周囲の付随集落の発生を示すものであろう。

これらの遺構群からの出土遺物の年代観からすると、D・E区に跨る館敷地自体は一五世紀に入って間もなく整備されたものと考えられ、内部の特徴的施設は一五世紀末期から一六世紀初頭頃の所産になり、A区市場とC区の倉地との併存時期があったものと理解できる。

以上のような、鎌倉後期に次ぐ二度目の盛期と位置付けられる第Ⅲ段階（室町期）の佐志遺跡群だが、この後一六世紀に差し掛かると急速な衰退を示し、考古学上の所見によれば一六世紀前半代で集落的発展を完全に停止したと判断できる。

ところで、試掘調査の点的なデータも交えた上で遺跡全体を俯瞰した時、これほどに多彩な遺構群が連続する反面、遺物・遺構ともに皆無に近い空白地が少なからず介在している事に気が付く。つまり、博多のような貿易「都市」ほどの施設密集度と連続性には達していないわけで、集落内に田畑や空閑地が混在する中世の地方港湾の半田園的な景観イメージがここで得られるように思う。この仮説は、発掘調査時に実施された古環境復元を目的とする遺跡堆積物中の植物珪酸体（プラント・オパール）組成分析によって、土層中より栽培種イネ属を検出したことで科学的にも補強できている。

そして、これまで見てきた遺構密集地においては、同一箇所での複数期に跨る重層的な活動痕跡を残す傾向が強いことが分かった。このことは、集落の構成要素が散在的に並立しつつも、中世を通じてその位置をほぼ固定化した状態で港湾地全体を形成していた事実を示している。つまり、各地区単位での土地造成が継続して行われていたにも関わらず、未開発地を飲み込むような全面的かつ網羅的な造成による集落規模での整備は遂に起きなかった。その実現には、住人相互の自律的な連携と集団化、もしくは強固な上位権力の積極的介入のどちらかが前提条件となるはずで、こうした空間形成上の土木量・計画力の差にこそ、博多や堺などの港湾「都市」と、地方湊津の付随「集落」との区分指標が求められると言えよう。

三　佐志の消長をめぐる歴史的評価

(一) 対外交易の興隆と鎌倉期の集落発展

ここからは、中世湊津「佐志」の伸長の理由とその特性に関して、前項で見た遺跡変遷を再確認しつつ、それを取り巻く周辺環境と歴史的背景を勘案した形での検討を加えてみたい。

まずは集落的発展の起点となる鎌倉前期だが、佐志川河口奥に想定できる小ラグーンに面して係船施設が発生すると、それに前後して「築出」周囲の荷上場（＝船着場）エリアから北進する直線道路が整備され、その直後に園池を備えた有力者層の屋敷地が道路の延長上付近で営まれた。

さらにその北側では、市場の初期形態に当たる物資集積地が発生し始める。藤田裕嗣氏が提唱した市・市庭景観の諸類型の発展過程[20]に立脚して考えると、その萌生形態とされる「無主荒野」を舞台にした市舎を持たない空間での売買行為の展開が、丁度ここでの風景に適合するだろう。遺構の希薄な開放的空間に相反して、白磁梅瓶や貼花竜文青磁盤等の外来陶磁器を含む大量の遺物が出土するというギャップこそが、「市庭」の原型発生の証左と見なせる。その実態が考古学的に把握できた事例として、非常に稀少な調査成果と言えるだろう。

つまり、佐志川流路に沿うように南から北に向かって集落発展が進んだと理解できるわけだが、河口付近から四〇〇メートルばかり北進すると上場台地の斜面が海岸線にせり出し、汀線から急崖が峻立するような狭隘な浜地に転じるため、市場跡の北側からは集落展開の余剰が物理的に無くなる（図2）。

そして、この地点を通過する海岸線の一本道を八〇〇メートルほど北上すると浦川の河口付近の低平地に至るが、ここに「唐房」地区が存在する（図1）。柳原敏昭氏や服部英雄氏による追究[21]によって、鎌倉期の宋商居住地「唐坊」の所在地が九州地方には一一箇所分布していることが判明しているが、この佐志「唐房（坊）」もその一つに数えられている。現時点ではその具体的内容を示す史料を見出せず、考古学的調査も進んでいないため規模・実相は全く不明なのだが、江戸末期の地誌『松浦拾風土記』巻一「唐房浦の由来」[22]には京都大雲寺五世の成尋が渡宋に先立ち、この地より母への別離の歌を託したとの伝説を紹介している。

『扶桑略記』第二九・同年三月一五日条（『国史大系』第六巻　経済雑誌社一八九七）によれば、成尋は延久四年（一〇七二）に「肥前国松浦壁島」で「唐人一船頭曾聚之船」に乗り渡海しているが、「壁島」とは現唐津市呼子町の加部島のことで、対岸の呼子浦から渡島し宋船に乗り換えたと見られる。この呼子と唐津・博多方面とを結ぶ往還が、唐房の北隣の現「浦」地区を通過していたことが、佐志勤が三男の湛に宛てた康永元年譲状（『松』一一－五五五、「有」）の四至記載（「浦河内のほり、紺野前大道より呼子仁通道のまゝ」、「浦河内の北、呼子道の東」）によって明確である。前述の佐志を経由する沿岸道の延長と見られ、佐志川上流の見借付近に存在した古代「賀周駅」から「登望駅」（唐津市呼子町大友）へ繋がる官道が前身であった。

したがって、成尋も佐志から唐房を経由して呼子・加部島に向かった必然性は高く、中世の大陸渡航ルート上の陸道中継点となっていた時代の記憶が、幕末の唐房には残っていたことを窺わせる[23]。

また、成尋を乗せた唐人船頭「曾聚」の船は、『元亨釈書』第一六「力遊」（『国史大系』第一四巻　経済雑誌社一九〇一）の記述では「孫忠」なる「宋商」の所有船とされている。この場合、呼子浦周辺に滞在したであろう中国系住人[24]に限らずとも、佐志「唐坊」に居留した宋商人の仲介を想定しても良いかもしれない。少なくとも、加部島・呼子を含む東松浦郡一帯で「唐坊」の存在を示す地所があるのはここだけであり、玄界灘沿岸の主要な渡船地を繋ぐ博多の網主のネットワークが、地域有力者と結束しながら機能していたこの頃（前註21服部氏論文）、松浦氏族が根拠とする佐志をその重要な中継拠点の一つにしていたとしても不思議はない。

そして、前掲の康永元年の佐志勤譲状に示されているとおり、唐房に南接する「浦河内」は佐志惣領家の所領であった。つまり唐房は佐志の中心集落と地理的に近接するだけでなく、佐志氏膝下の所領域に南北から挟まれた立地状態にあるわけで、広義の「佐志」の構成要素になっていたと見なすのが素直であろう[25]。

以上のような周辺環境の特徴を勘案した上で中世前半段階の「佐志」の空間構造を要約すると、荷上場と道路を備えた河口奥側の入海エリアと、市庭と「唐坊」からなる浜地エリアとに分立しており、この両エリアの中間に有力者の居館を核としたブロックがあったとの素描ができる。前述したが、このC区の居館形成とほぼ同時期に地頭御家人「扇」の事蹟を初見とする佐志氏の活動が明確となってくる。このブロックを当時の佐志氏館跡として特定するには、建物の規模と密度に卓越性もなく、堀・塀柵など閉鎖施設も未確認であるなど決定打に欠けるものの、その第一候補地に当たることは間違いない。

佐志勤がその譲状の中で、「当村鎮守若宮・濱田今熊野権現・同所八幡御神事之時者」庶子一致団結して「聊も不可有無沙汰」と勤仕を厳命している佐志八幡神社は、現在も佐志集落の中心にあって信仰の紐帯をなしている。その縁起によれば康和三年（一一〇二）からの鎮座と伝わり[26]、境内の西方二〇〇メートル弱の至近に例のC区の居館跡候補地が所在している。したがってこの社は、佐志集落の内部構成と配列上の核《コア》の一つであると同時に、佐志氏館の位置特定には欠かせないランドマークになっている。

次に、佐志における寄港地としての発展の政治的背景を少し考えてみたい。佐志扇・房父子の活動期である一三世紀中葉頃、佐志惣領家は五島列島の宇久島（長崎県佐世保市宇久町）の領主との血縁的結合を強めている。村井章介氏の論証（註5－一九九九年論文）によれば、実は扇自身が宇久家盛の婿となって養子縁組をしており、房の次弟「競」が宇久氏に入ってその惣領識を継ぎ、次の弟「湛」も宇久姓を名乗り庶子家を興している。さらに扇は中通島の有河氏族の「厚」を養子とし、その関係を介して同島地頭職の青方氏とも縁を結んだ。結果、佐志氏の血脈が宇久島を継承した上に、中通島にも複数の縁戚を抱える構図が完成したのである。

周知のように五島列島は当時の東シナ海通商の一大中継基地であり、慶元（寧波）からストレートに中国交易船が渡航してくる日本列島の玄関口に相当する位置を占めた。佐志氏一門がこの地の社会秩序に帰化する形で進出を遂げ、玄界灘と東シナ海に跨る縁戚関係を構築したことは（それも佐志氏側からの入婿・入養子関係を主体とする）、本拠地「佐志」への交易ルート確立と集荷能力の向上に当たって、政治的側面からの現実的なメリットを与えたに相違ない。佐志遺跡群での施設充実と輸入陶磁器の急増は、丁度これと時期を同じくしている。

さらには、宇久島内の代表的な中世遺跡である西泊遺跡、および宇久氏館跡と重複する山本遺跡とで採集・発掘された数千点に及ぶ中国陶磁器が、佐志遺跡群と同じ一三世紀から一四世紀前半代を中心とする[27]といった符号が認められ、宇久・佐志氏領域間に成立した物流ネットワークの稼動実績と解釈できる。佐志勤が嫡子「成」に「保志賀海夫」と船「二艘」を与え（前掲譲状）、娘「値賀姫壽女」には「石田海夫助次郎一類」（『松』二－五五九、「有」）を譲与していることでも明らかなように、船舶と操船要員をセットで相伝していた佐志氏ならではの活動地盤が見えてくる。

なお、前項でも強調したが、佐志遺跡群D・E区で発見された鎌倉期の直線道路の計画的な敷設の様は、少なくとも西九州地方における同時代遺跡では他例を見ない[28]。それだけに、地元の住民生活の中で自然発生的に形成されたような道とは考えにくく、整備に当たっては上位階層の関与を想定せざるを得ない。ここで忘れてならないのは佐志氏の鎮西御家人としての側面であって、京都や大宰府警護に従事する過程で当時の先進的都市の実情を彼らは見聞し体感していた[29]。「唐坊」に居留していた宋人の技術供与を想像するのは穿ち過ぎとしても、佐志氏が京・鎌倉の街路形成のノウハウを導入した可能性を指摘することは、決して飛躍した推論とは言えない。佐志氏による直接的な港湾整備を記した史料こそ実在しないが、公共施設の拡充の形で集落的発展に寄与したことを暗示するもので、これも同氏の広域的活動に基づく湊津の成長現象の一つと捉えられるだろう。

（二）集落の停滞と再興の背景――領主権力の浮沈との相関――

続く南北朝期は集落全体の停滞の時代であった。中通遺跡の「市庭」の機能停止、直線道路やC区の居宅の廃絶などは、鎌倉期からの成長傾向の中断を明示する現象と言える。この時期に顕著となる墓域の浸食は、「市庭」が発生する前提としての河口・浜地における無主地の本質的性格が作用した、ある意味で自然な成り行きとも解釈できる。物資集積と経済活動の停止が、本来の「場」が持つ無縁世界への回帰を招いたのであろう[30]。

その変質の背景として、佐志氏をめぐる政治的動向が関係していたと考えられる。この頃、佐志惣領家は一族間結合の解体に直面する多難な時代を迎えていた。文永一〇年（一二七四）一〇月の元軍襲来に際して防戦に当たった佐志房が、その嫡子「直」を含む三人の男子ともども戦没するという一大事が起きた。その後の佐志村地頭職継承をめぐって混乱が生じ、結局は直の嫡流ではなく弟「勇」の娘の継嗣に当たる「勤」が継いだ。その勤による康永年間の遺領分配後に庶子家の急速な自立化が進み、以後、同族間での複雑な所領相論が繰り返されていく（一―（二）参照）。この過程で、佐志惣領家の統率力が急速に低下していったことは想像に難くない。

勤の嫡子成の弟「披」は、「有浦・今里村」「長倉村」「諸浦村」など東松浦半島北西海岸部（現在の玄海町一帯）の所領や、新恩地三重屋荘（現在の佐賀市諸富町）の一部など、兄に比肩する知行地を父から分与された後（『松』二―五五四、「有」）、幕府方の有力属将として各地を転戦した。この庶子披の系統が「有浦」、「波多有浦」等の副姓を名乗り、一時は波多村地頭職をも兼帯するなど[31]、南北朝動乱に便乗した形で上松浦における北朝勢の首領的地位を占めるようになっていった。

さらに、披の三男「長」は、嫡流家「成」の名跡をも継承したと考えられる（前註5村井氏一九八二年論文）。その結果として、惣領が保持していた分族統括権の実質は、披とその嫡子「祝」の根拠地である有浦（玄海町）に発動起点が移ったものと見られる。延文二年（一三五七）に足利尊氏が九州下向に際して参陣を要請したのは、惣領家を継いだ「長」ではなく有浦の父披に対してであり[33]、一色直氏、渋川義行、今川了俊ら歴代の九州探題も披・祝父子に宛てて何度も軍勢催促を行っていて[33]、対外的な庶子家の台頭が如実に見て取れる。

こうした佐志氏所領の細分化と、惣領家の政治的地位の下降が表面化する時期が、遺跡の停滞期と一致しているのは単なる偶然ではあるまい。C区の邸宅跡の廃絶が、その象徴的現象とも捉えられる。佐志一族の惣領権が事実上他所に移り、松浦地方各所の散在所領を分割相続した庶子家の自立に伴って、領地内の要所を繋いでいた物流の求心力を佐志の地は低下させたはずで、このことがA区の市場跡での遺物量の急落現象に反映されているとも考えられる。

ただしG区にあった係船施設（「築出」）は前代から維持されており、居館の跡地では新たに「倉地」の発生を見る。したがって、港湾機能そのものは佐志氏の内的動揺に影響されず持続していたものと解釈できる。この点には、必ずしも領主の主導的役割を存続の絶対条件とはしない、中世の湊津特有の自立的性格が看取される。

しかしながら、やはり生活痕跡の全体的な希薄化傾向は否めない。その直接的理由は目下のところ不詳とせざるを得ないが、仮にC区居宅跡の主体を佐志惣領家に確定した場合、室町期に入っても同氏の活動実態が確認できる以上[34]、それ以前から存続する居所の途絶は他地点への館移転を意味するわけで、旧館に従属していた諸階層の生活圏の随行・移動、あるいは離散、およびその跡地一帯での消費活動の低落が表面化した結果とも考えられる。

一方、墓域となったD・E区の西側には、貞和元（一三四五）年に佐志勤によって開山されたとの寺伝を持つ佐志氏菩提寺の臨済宗南禅寺派光孝寺がある。その北隣には康永年間（一三四二～四四）に勤が大檀越として建立したと伝わる金剛山徳昌寺が並ぶ。調査区内で発見された塚跡もこれらの寺院創建に整合する年代の遺構で、その被葬者についても佐志氏族である可能性を想定したいところだが、確証は得られていない。しかし、寺と墓域とが勤の活動時期に創出された形跡を持つ点からしても、佐志惣領家の直接的関与により宗教的空間がこの一帯に成立していたと見ることが許されよう[35]。

そして、室町期になると佐志の再生の時代が到来する。「中通」の旧「市庭」には新たに街区的空間が発生し、倉地にはランク・アップした耐久性の建築物が導入された。そして、光孝寺の門前には居館を核とする生活圏が新たに出現している。

しかし、この時期の佐志惣領家がどのような変遷をたどっていたのか、皆目、見当が付かない。佐志長が明徳四年（一三九三）年以前に夭折した後（前註23波多祝後家源氏代定慶陳状案）、その名跡の継承者が明確ではない。北朝派一門の中核となった有浦の「披」系庶子家は、「祝」の跡をその娘「有浦千代寿女」が相続し、分族波多氏（南朝派）との所領相論を伴う紆余曲折を経て、「佐志寺田」姓を名乗る同族「勇」を養子に迎えて後継に据えた。この勇が応永二年（一三九五）に幕府より安堵を取り付けた東松浦地方における所領を見る限り、「当知行分」としての「有浦・赤木村・斑島」[36]と「波多一跡」[37]が主で、佐志近郷は対象となっていない。つまり、披以来、佐志氏族の実質的代表者に成長したこの庶子家も依然として有浦を根拠地とし続け、佐志に入部した形跡やその契機は見当たらないのである。[38] 佐志氏本流は一四世紀末期に「名字の地」から離散したのであろうか。

ところが、『海東諸国紀』は文明年間（一四六九〜八六）頃の「佐志」領主「上松浦佐志源次郎」による遣船を記し、遡って一四三〇年代にも佐志氏の頻繁な通交があったことを『朝鮮王朝実録』が記述している（次節）。したがって室町期の佐志には、対朝鮮交易の維持に尽力する佐志氏が再興していたことが明らかで、D・E区に再生された居館の性格は、それとの関わりの中で理解すべきであろう。

ただしこの居館が、先行する墓域を埋め立てて真上に建てられている事実は、前代の「佐志」の居住者との間に系譜的脈絡を持たない氏族が館主となったことを暗示するもので、南北朝期における惣領家佐志氏の内的紛糾・衰退と室町期「新」佐志氏の登場との間に、なんらかの交替劇があったことを想像せしめるのである。

そして、この室町中期以後の佐志氏の活動再開と密接な関係があると考えられるのが、その詰城と伝わる浜田城の存在である。この城は、佐志川を挟んで佐志遺跡群の東岸に対峙する半独立丘陵（往時は岬状地）上に所在し、佐志全体と唐房湾とを俯瞰できる要衝を占めている（図1、2）。港湾に臨む海岸線に突出した所謂「海城」の類型で、楠久氏の楠久城山（伊万里市）、黒川氏の姥ヶ城（前同）等と同様に、松浦氏族の拠点城郭に散見するスタイルである。

その創築に関する史料は皆無であり、江戸末期の『松浦昔鑑』や『松浦古事記』などの地誌類に佐志氏の居城として解説されているが、『松浦記集成』（前註22と同出典）に天暦元（九四七）年に「佐志将監」が築いたとの錯誤した年代観の沿革が記されているように、いずれも確かな典拠に基づいた著述とは言い難い。もっとも、佐志氏以外に城主となり得るような近隣勢力は見当たらないので、地域伝承の通り同氏の主城と理解するのが素直であろう。

標高四七メートルの山頂に歪な平面三角形の単独の主郭があり、そこから東西南北の四方に派生する尾根上に曲輪群を展開させている（図７）。主郭北辺には堀切を設けて以北との空間分化を果たし、西端に古拙な虎口空間を形成している。各尾根上の曲輪は自己完結した空間として連立状態を呈し、戦国末期の山城に見られるような相互補完的なプランをなしていない。同地方に分布する有浦氏の高江城（玄海町）[39]、日高氏の浦城（唐津市浦川内）、草野氏の鬼ケ城（同市浜玉町）等の一六世紀後半に機能していた山城に比べると、横堀や畝状竪堀の発達もなく、塁線（切岸）には自然地形の稜線を残した部位も多いなど、縄張・土木技術面での拙劣さが際立っている。

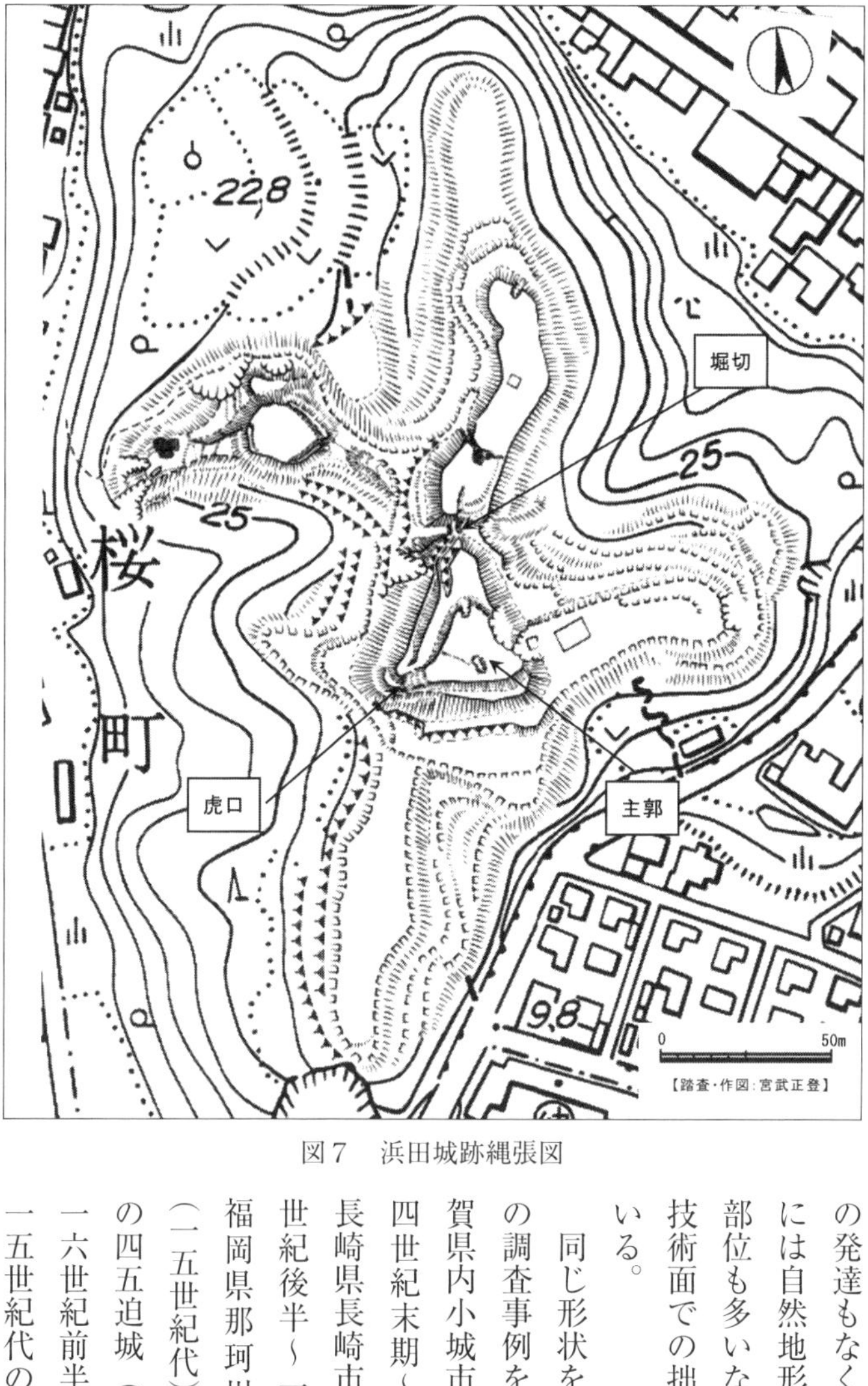

図７　浜田城跡縄張図

同じ形状をとどめた山城跡の調査事例を検索すると、佐賀県内小城市の千葉城跡（一四世紀末期～一五世紀代）、長崎県長崎市の矢上城（一四世紀後半～一五世紀中葉）、福岡県那珂川町の岩門城跡（一五世紀代）、広島県福山市の四五迫城（一五世紀中葉～一六世紀前半）というように[40]、一五世紀代の城郭に類似点が多い。

一方、主郭南端に設けた原初的な虎口空間の存在を考慮すれば、浜田城の場合は一六世紀前葉を最終整備の下限に想定できるだろう。

つまり、西日本の中世城郭の時代的特徴から見るに、浜田城跡は室町期山城としての標準的仕様を残しているものと評価でき、佐志氏の再登場時期と一致する一五世紀代から本格的整備に着手されたと理解できる。その一方で戦国ピーク期に拡充された様子が見られない点は、この城の廃城年代の判断根拠となる。

(三) 対朝鮮交易港としての繁栄

一五世紀代の佐志の空間構成は、佐志川河口を東西から挟むように館と山城が立地し、両者の中間地点の入海近くに佐志八幡宮が鎮座して、その北側の浜地に倉地と市場が、南端に荷上場が並存するという空間配列にあった。そこから出土している中国・東南アジア産貿易陶磁器の優品や多量の朝鮮産陶磁器は、対外交易の興隆の証しであり中継港湾としての佐志の再活性を明示している。とりわけ朝鮮産陶磁器については、博多や対馬ほどではないにしても現時点での松浦地方一帯の中世遺跡では群を抜く出土量を示し、肥前全体を見渡してもトップクラスにランクされている[41]。

『朝鮮王朝実録』には、この事象の背景となる佐志氏の盛んな通交の実績記事が頻出している。世宗一〇年(一四二八)一二月甲申条(「世宗荘憲大王実録」巻四二)の「到書一岐州志佐源公及佐志[42]」との記述が、室町期における同氏の通信の初例と思しいが、それ以後、頻繁な遣船の記事が確認できる。世宗一九年(一四三七)一二月丙子条(「世宗荘憲大王実録」巻七九)に「佐志胤、遣藤次郎等七人」(『李(2)』一九七七)、翌世宗二〇年(一四三八)正月辛丑条(「世宗荘憲大王実録」巻八〇)には「日本肥州佐志源所遣皮古時老等二人」(同前』)とある他、同年だけで七度もの遣使来航が記載されている。その後も半世紀以上にわたって朝鮮との通交は持続しており、成宗二四年（一四九三）八月癸未条（「成宗康靖大王実録」巻二八一）にも「上松浦佐志源次良（郎）」（『李（4）』一九七九）の遺船記述が見え、燕山君九年（文亀三・一五〇三）四月丁酉条（「燕山君日記」巻四九）「肥前州上松浦佐志源次良」（『李（5）』一九八一）の来貢記事まで往来の維持が確認できる。

ところが、徳蔵谷遺跡G区の荷上場・係船施設は一五世紀後半に入ると遺物出土量の低落化が始まり、一六世紀初頭段階では完全に機能を停止して「築出」は廃棄状態となっていることが発掘調査により判明している。この頃も続いていた対朝鮮通好とのギャップをどのように捉えるべきだろうか。

『海東諸国紀』の成立直後の文明四年（一四七二）、東松浦郡の最大勢力となりつつあった岸岳城主波多泰が壱岐に侵攻したが[43]、同島は佐志氏にとって朝鮮渡航の中継基地であった。世宗一一年（一四二九）一二月乙亥条（「世宗荘憲大王実録」巻四六）には「一岐・平戸等島、志佐・佐志・田平・呼子殿分任之」（『李（1）』）]とあり、『海東諸国紀』の「一岐島」項には「加愁郷（勝本）、佐志代官主之」と記されることから、一五世紀前葉から佐志氏は壱岐に基盤を持ち続け、対馬と対峙する島北の勝本浦を代官派遣により掌握していたと理解できる。この地の支配権の喪失は航路確保の上で深刻な痛手となったはずで、当然のことながら交易港「佐志」の機能に影響を与えたと考えられ、朝鮮系陶磁器の出土量減少は確かにこの波多氏の進出時期から顕著となる。

しかしながら、佐志氏独自の対朝鮮通好はなおも続いているわけで、この事件のみを徳蔵谷の係船施設の廃絶を招いた直接的原因とは見なし難い。そうなると、港湾機能の中心が徳蔵谷周辺から別の地点へ移動した可能性を検討する必要がある。現段階では考古学的データを欠くため憶測の域を出ないのだが、河口周囲の地形的余剰から考えれば、「中通」の市場に接した浜地などの唐房湾岸に近い位置に新たな停泊施設が発生していたと想定できそうである。

博多では、内陸側の入海に面した「博多浜」の湊津が中世前半の中心地区を支えていたのが、室町期になると博多湾に接する外海側の「息濱」での都市化が急速に進行してくる[44]。

唐津でも一三〜一五世紀頃までは、松浦川河口右岸の砂洲（後世の「虹の松原」）により形成された広大なラグーン「松浦潟」に依拠して小集落が分立していたものが、戦国期になると外海との接点である「満島」に渡船施設が形成されている。[45] 同所は砂州の先端付近に位置し、後に唐津城本丸の用地となった陸繋島（満島山）の東麓に当たる玄界灘に臨んだ浜地であった。

薩摩北東部の万之瀬川河口の上流部に発達した鎌倉期の湊（持躰松遺跡・鹿児島県南さつま市）も、中世後半になると停泊機能が低下し、一六世紀には野間半島近くの片浦・小浦など外海に面する湊津が中心的な寄港地に変わっていったことが、市村高男氏によって指摘されている。[46] さらに、これら南薩地方における主要港湾は、近世に近づくにつれて坊津を経て錦江湾入口に当たる山川港へと、より深い水深の湊津にターミナル機能の中心が遷移していった。[47]

このように中世後半になると、河口手前の内浦に所在した係船・出帆基地が、外海へと前進し再編される動きが九州のいくつかの港湾の共通性として認められるが、その現象の一要因として外洋航海用の船舶の発達との関係性があげられる。船体が大型化し喫水も深い船が増加するにつれて、和船の主流だった平底の「箱舟」の着岸に適した遠浅の湊津が忌避されるようになり、外海に接して一定の水深が担保された港湾の利用頻度が高まっていったと考えられる。この変化の歩調と内容について全国的に敷衍できるかどうかは、他地方での実例の個別分析と合わせて、背景にある政治・経済史、海事史上の転換点をめぐる全体検証を要することは勿論だが、とりあえず佐志のケースについても他例と同様に、河口内湾に依拠していた停泊機能の変化という視点から港湾の消長を探る視点が必要となるだろう。

おわりに　――今後の展望――

一六世紀前葉になると佐志の集落的発展は停止し、一連の発掘調査でも戦国期の所産の遺構はほとんど検出されていない。これと呼応するかのように、佐志氏の姿は史料上から完全に消えてしまう。前項で見たように、浜田城跡の残存遺構が一六世紀前葉までの形態を主体としている点は、当地における佐志氏の領主権力の存続下限を暗示している。

室町期を通じて継続していた朝鮮半島との交易は、中宗四（永正五・一五一〇）年の「三浦の乱」以後断絶し、翌々年の「壬申約条」後も従来規模での通交の復活はなかった。この一件が、佐志の経済的発展に致命的影響を与えたと見て大過ないだろう。

これまで示してきたように、佐志は中世の西九州における地方港湾の推移を理解する上での重要なモデルとしての価値を持つ。この遺跡で考古学的に実在証明がなされた荷上場や道、倉、市場などの各施設は、規模の差異はともかく他の湊津にも付属していたと見なすべきで、中世の港の基本的な構成要素と配列を知る伝手となり得る。

佐志が位置する松浦地方には、有浦、呼子、名護屋、山代（楠久）、黒川、御厨などの類似した中小規模の湊津が他にも多数分布しており、その各所で松浦氏族の領主拠点を抱えていた。『海東諸国紀』に列記される多数の遺船の主体者が基盤としたのがそれだが、佐志ほどのまとまった面積の発掘調査が行われた例は殆どない。それでも、中世の海上交易に係る史料と、それを裏付ける事物の現地発見例とが組み合った例もいくつか確認できる（図8）。

佐志氏の分流の有浦氏が本拠を置いた有浦では、圃場整備に先立つ発掘調査で鎌倉初期～後葉の荷上場跡と

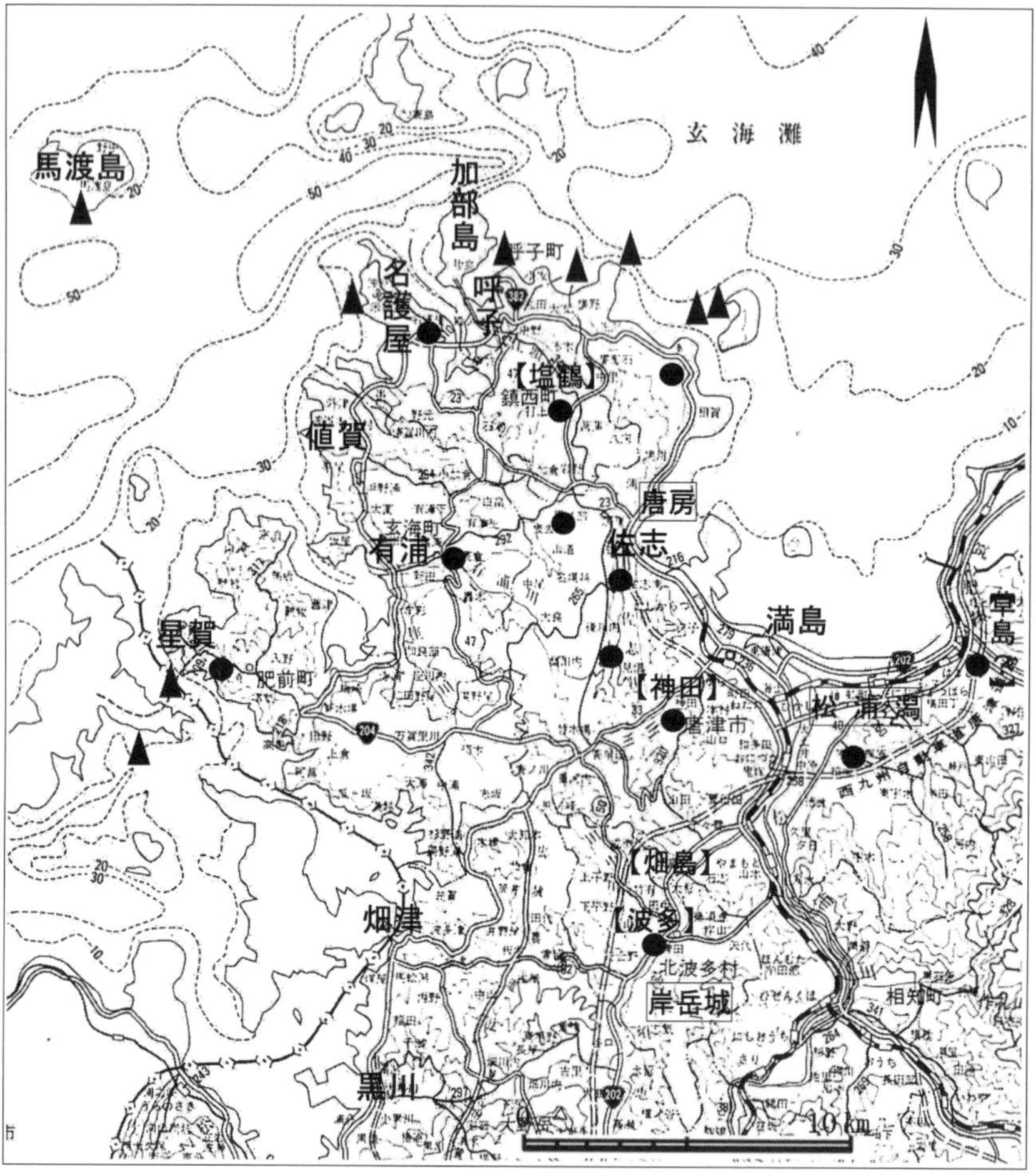

図8 東松浦半島の主要な中世湊津の所在地

【地名】…『海東諸国紀』に遣船の記載がある内陸部の領主の拠点

●…代表的な中世の集落遺跡

▲…中世の海没遺物（碇石など）の発見地点

写真1　名護屋の波戸沖沖海底で見つかった碇石を計測する筆者（山本祐司氏撮影）

推される石敷の臨海施設跡が見つかり、貿易陶磁器の他に銅銭を鋳潰して作った八稜鏡が出土している[48]。

松浦党名護屋氏の居館があった名護屋（那久野）は豊臣秀吉の朝鮮出兵基地として名高いが、室町期には「風波之険」を避ける良港として「本道之要津」と朝鮮側に認識された港湾だった[49]。その北端に位置する波戸岬一帯の海底では、相当数の中・小型碇石や完形の宋の褐釉四耳壺等の遺物が発見されており、本格的調査が待たれるところである（写真1）。

そして、平安末期から「唐人」の船が出入りした呼子では、鎌倉末期になると「遊君」が現れる程の経済的興隆が認められるが（前注24）、『蔭涼軒日録』[50]によれば文正元年（一四六六）二月十九日に足利将軍家や大内氏の遣明船が「呼子浦悪風起、船已欲破損……（中略）……私財大半沈海底、碇失者五」とあるように、大型外洋船の停泊港としての性格を室町期も維持していたことが分かる。現時点では呼子港内において関係遺物の発見例はないものの、港開口部の沖合一帯で大型碇石や宋白磁碗等が回収されるなど水中考古学上の研究対象として重要な情報が集中している[51]。その海域全体を見下ろす高台の上に、同所の領主で壱岐南西岸をも分領していた呼子氏の居館が存在した。

それ以外にも、交易の実績を語る何某かの残滓を伴った湊・津・浦・浜が肥前沿岸部には数多く存在しており、今回は網羅的に触れることができなかったが、史料面での優位性から多彩な都市的発展の様相を雄弁に語る大規模港湾（博多、兵庫、堺など）の対極的存在として、これら地域型湊津の丹念な復元的考察を個別に重ねていくことにより、中世日本における海運全体の維持基盤の正確な俯瞰が初めて達成できるはずである。

註

（1）石原道弘編訳『魏志倭人伝・後漢書倭伝・宋書倭国伝・隋書倭国伝　新訂版』（岩波書店一九八五）。

（2）菜畠松円寺山遺跡（唐津市教育委員会一九八四年調査）、西浦遺跡（『西浦遺跡』唐津市教育委員会一九八四）、神田中村遺跡（『神田中村遺跡』同前一九九二）、湊松本遺跡（『湊松本遺跡（2）』同前一九九五）、鶏ノ尾遺跡（『鶏ノ尾遺跡（2）』同前二〇〇三）など。

（3）申叔舟著・田中健夫訳注『海東諸国紀――朝鮮人の見た中世の日本と琉球――』（岩波書店一九九一）。

（4）『唐津市内遺跡確認調査（9）――土地開発に伴う市内遺跡確認調査報告』（唐津市教育委員会一九九四）、他。

（5）佐志氏を主題とした先行研究は非常に少ない。富岡行昌「佐志氏の継承について」（『松浦党研究』一一九八〇）、同「松浦党佐志氏の系譜――『有浦文書』を主とする考証――」（『同』一六一九九三）によって領主的発展の基本的整理がなされているが、村井章介「今川了俊と上松浦一揆」（『日本歴史』三三八一九七六）、同「有浦文書と斑島文書」（福田以久生・村井章介編『改訂　松浦党有浦文書』清文堂出版一九八二）、同「鎌倉時代松浦党の一族結合」（鎌倉遺文研究会編『鎌倉遺文研究Ⅱ　鎌倉時代の社会と文化』東京堂出版一九九九）により、実証的補完と部分訂正がなされている。

（6）瀬野精一郎編『松浦党関係史料集』第一（続群書類従完成会一九九六）所収七一号文書。以下、同書からの史料引用の場合は『松』巻数－史料番号、「史料群名」の順で略記する。

（7）『松』一－一三〇、「有浦家文書」。以下、この史料群の構成史料の場合は「有」とのみ略記する。

（8）それ以前の任治元年（一二四〇）に、「佐志九郎増」が筑前国怡土庄内篠原・安垣両村の領有を、「妻女草部氏為相伝私領」との理由により幕府から認められている（同年閏一〇月二日付・関東裁許状案〔『松』一－六九、「中村文書」〕）。「増」は系譜類では「扇」の父とされ、これを佐志氏の動向の初見事例としたいところだが、前後の事蹟が不明瞭であるうえに、扇から房への家督移譲のわずか四年前の件でもあることから慎重を期すべきだろう。
(9) 正和二年（一三一三）□月一〇日付・佐志浄覺譲状案（『松』二－三〇三、「有」）。
(10) 永徳元年（一三八一）一〇月一五日付・「佐志寺田阿波次郎」宛・今川了俊書下写（『松』三－八一八、「斑島文書」）、他。
(11) 同年一二月二五日付・足利尊氏宛行状案（『松』三－六八四、「有」）。
(12) 佐志遺跡群に関する一連の唐津市教育委員会既刊の調査報告書は、以下の通りである（刊行年次順）。
①唐津市埋蔵文化財調査報告書第五七集『徳蔵谷遺跡（1）』一九九四（担当・田島龍太）。
②唐津市埋蔵文化財調査報告書第六三集『徳蔵谷遺跡（2）』一九九五（同前）。
③唐津市埋蔵文化財調査報告書第六八集『徳蔵谷遺跡（3）』一九九六（同前）。
④唐津市埋蔵文化財調査報告書第七八集『佐志中通遺跡』一九九七（担当・岩尾峯希）。
⑤唐津市埋蔵文化財調査報告書第一〇四集『佐志中通遺跡（2）』二〇〇二（同前）。
⑥唐津市埋蔵文化財調査報告書第一一〇集『徳蔵谷遺跡（4）』二〇〇三（同前）。
⑦唐津市埋蔵文化財調査報告書第一一七集『徳蔵谷遺跡（5）』二〇〇四（同前）。
⑧唐津市埋蔵文化財調査報告書第一二〇集『佐志中通遺跡（3）』二〇〇五（同前）。
なお、発掘調査担当者としてこれらの報告書作成にも携わった田島龍太・岩尾峯希両氏には、調査現場での様々な情報提供や出土遺物の実見等の便宜を図って頂いた。この場にて謝意を示したい。
(13) 九州における他の実例としては、やや降って一六世紀代の所産ではあるが、北九州市の小倉城の築城層よりも下層から、杭木を岸外に打ち並べた高さ一メートル前後の粗雑な石垣が検出されており、これも低湿地に張り出した造成空間を支える護岸遺構と見られる。同所は紫川河口に成立した中世の湊津で、対岸に「日過」を抱える水陸交通の要衝地であった。物資集積地であり消費地でもあった港湾集落に通有する施設痕跡の発見例と見てよい（『小倉城跡2』財団法人北九州市教育文化事業団一九九七）。ちなみに、調査サイドはこの遺構群を近世小倉城の前身となる戦国期小倉城の遺構と推測しているが、これを裏付ける城郭特有の関連遺構（堀切、虎口、土塁等）が併存している様子はない。なにより、九州他方を含む西日本一帯の中世城郭跡において、低湿地帯を埋め立てて何重もの石積護岸を施した造成地の実在は確認されていない。

(14) 報告書(註12-①)上では、係船施設としての性格を指摘する一方で、①船の溯上の問題、②強固地盤形成の理由、③遺構直上には冠水時の泥土堆積がない、等からの自問を提起している。佐志遺跡群での最初の発掘調査例だけに周辺の関連遺構の情報が全く無い状態での検証であって、従うべき慎重な分析姿勢であろう。①については、前述した佐志川河口の小ラグーンの存在と、中流の字「汐入」での河川改修に伴う発掘調査における鎌倉期の護岸杭列の発見により河川管理の事実が判明したことで(『汐入遺跡(2)』唐津市教育委員会 二〇〇七)、海上と直結した河川水運の実動が説明できる。②と③については冠水を前提としない荷揚げ用の「築出」として解釈すべきであろう。

(15) 『薬師城跡』(財団法人広島県埋蔵文化財調査センター 一九九六)。

(16) 内藤俊哉「兵庫津の町並の変遷──兵庫津遺跡第一五次調査の成果から──」(一九九八~二〇〇〇年度科学研究費補助金〈基盤研究A-1〉研究成果調査報告書『考古学発掘資料による建物の復元方法に関する基盤的研究』研究代表者 玉井哲雄 二〇〇一)。

(17) 徳永貞紹「肥前神崎荘・松浦荘域の中世港湾と貿易陶磁」(『貿易陶磁研究』No.18 一九九八)。

(18) これらの「市」関係史料は、国立歴史民俗博物館編『〈歴博フォーラム〉中世商人の世界──市をめぐる伝説と実像』(日本エディタースクール出版部 一九九八)中の、徳江元正・久野俊彦翻刻「Ⅱ資料編」による。

(19) 桜井英治「市の伝説と経済──十四~十七世紀──」(五味文彦編『中世を考える──都市の中世』吉川弘文館 一九九二)、伊藤正義「市場の空間」(註18文献)。

(20) 同氏「市庭と都市のあいだ──地理学からの研究視角──」(『中世都市研究1──都市空間』新人物往来社 一九九四)、同「日本中世における市庭と広場」(『国立歴史民俗博物館研究報告』第六七集 一九九六)。

(21) 柳原敏昭「中世前期南薩摩の湊・川・道」(藤原良章・村井章介編『中世の道と物流』山川出版社 一九九九)、同「中世前期南九州の港と宋人居留地」(『日本史研究』四四八 一九九九)、服部英雄「日過と唐房」(大庭康時・佐伯弘次・服部英雄・宮武正登編『中世都市研究10──港湾都市と対外交易』新人物往来社 二〇〇四)。

(22) 「成尋法師入唐したる時、母より名残を詠じたる文を送られ、其中に形見ともならんやと、袈裟のふくさを封じて

忍べども此の別れ路を思ふには唐紅の涙こぼる、
後白河院の御宇保元二丁丑年、俊成卿千載集を撰しに此歌を見て、皇帝あはれに思召し、集にさせ玉ひしなり、母の侍女は入唐の噂さを聞き、悲しくも思はれしに其の沙汰に及ばずして旅立けるにより、ふみを認め、人をして跡をしたはせ、此所にて成尋に逢ひければ、侍女の文を渡しぬ、入唐の折から、袈裟の房を送り、歌を詠みやられしに、其歌千載集に加入し玉ふ事、目出度舊跡なればとて、後にからふさの浦とは名付けぬ、今は唐房と訓して其故事をつたえり」（吉村茂三郎編『松浦叢書』第一巻 一九三四〔名著出版 一九六四復刻〕）。

(23) 成尋が出帆した頃の「壁島」は松浦氏族石志氏の所領で（康和四年九月二三日付・源久譲状案〔『松』一―七、「石志文書」〕）、以後の伝領経緯は不明ながら、南北朝期までには、佐志一門の実質的首領となっていた庶子家佐志（波多有浦祝の嫡女「千寿」の所有へと移行している（明徳四年一〇月日付・波多祝後家源氏代定慶陳状案〔『松』三―八七七、「有」〕）。つまり、最終的に佐志一族は渡海地「壁島」にも進出を遂げ、膝下の「唐坊」「佐志」との海運直結を果たしていたと考えられる。

(24) 「呼子」も佐志と並ぶ中世の玄界灘沿岸部の代表的港湾地である。貞観一八年（八七六）三月に平戸・五島地域を外交上の要衝と位置付け肥前国より独立させた際（『日本三代実録』第二八・同年三月九日条〔『国史大系』第四巻 経済雑誌社 一八九七〕、連動して六月に航路上にある小値賀神島神社を昇格させているが、一緒に現・平戸の志々伎神社、呼子加部島の田島神社を昇格させており（『同前』第二九・同年六月八日条）、古代からの玄界灘航海上の重要中継基地として国家的に認識されていたことがわかる。鎌倉期においては、安貞二年（一二二八）一二月一〇日に山代固が所領の一部を「呼子遊君」に放券する（正和三年卯月一六日付・鎮西下地状案〔『松』二―三〇九、「有」〕）というように、遊女の活動が認められるだけの経済的繁栄からして、「都市的」空間が形成されていたと推測できる。したがって、滞在宋人の活躍も想像できるが、具体的史料に恵まれず同地での発掘事例もない。

(25) 現在の唐房地区は、集落を貫通する浦川河口に依拠した独立港町の呈をなすが、藩政末期の新田開発以前の浦川流路は集落の背後を北上して幸多里浜に抜けていた（三好不二雄、他監修『日本歴史地名大系四二――佐賀県の地名』より「浦村」平凡社 一九八〇）。旧字「唐房」の範囲が現浦川を境界とせず内包しているのは、その河川付け替え以前の名残と考えられる。つまり、中世の唐房と中通遺跡A区の市庭跡とは、唐房湾の海岸線を共有して南北に連続・直列する位置関係にあったことがわかる。

(26)『唐津市史』一二三六~三七頁(唐津市史編纂委員会 一九六二)。

(27)塚原博「中世五島の港と流通」(註21二〇〇四文献)。

(28)同じ鎌倉期を中心とした交易関係遺跡である長崎県松浦市の「楼階田遺跡」では、幅一・二メートル前後の「石敷道路」跡なる遺構が延長八〇メートルにわたって検出されている(『楼階田遺跡』長崎県教育委員会・松浦市教育委員会 一九八五)。しかしその形状は、石列の間に角礫が充填された様相にあり、肝心の「路面」には低平な箇所がほとんど見出せず幅員も狭い。しかも周囲の空間よりも五〇センチ前後高く構築された施設で、全体として緩やかに湾曲した線形を辿り、中途に「折れ」を持つ。要するに、人や荷駄が往来する「道」としての有効性の点での疑問が拭えない遺構解釈であり、結句、石塁基底部の残痕といった形態に近く、境界標識、区画、防風、空間防衛といった複数の可能性からの再評価を行うべき対象である。

(29)佐志房が扇から譲りを受けた時の弘安二年の関東裁許状案(前註7)には、「去寛元二年上洛之時、扇於京都痢病仕候刻……」とあり、上京中の扇の発病をきっかけとする惣領職委譲が理解できる。扇の在京の六年後の、建長二年(一二五〇)の京都閑院殿修造において、房と見なせる「佐志源次」が、築垣造作の担当として名を連ねている(『吾妻鏡』同年三月一日条「閑院造営雑掌目録」)。つまり、右掲の裁許状案にも「肥前国御家人佐志四郎左衛門尉房」と明記されるように、佐志氏は京都大番役を勤仕する御家人としてのステータスを歴代保持していたことがわかる。

(30)網野善彦『増補 無縁・公界・楽――日本中世の自治と平和』(平凡社 一九七八)、二瓶喜博「無縁概念と市場の成立」(亜細亜大学商学部編『亜細亜大学経営論集』三一巻一号 一九九五)。

(31)康暦元年(一三七九)一〇月四日付・「波多大和権守跡」宛・今川了俊安堵状(『松』三-八一四、「有」)、他。

(32)二月七日付・「佐志源蔵人」宛・兵庫助氏量書状(『松』三-六九二、「斑島文書」)。

(33)(延文元年カ)八月一日付・「松浦波多源蔵人(披)」宛・一色直氏書状(『松』三-六八九、「斑島文書」)、貞治(六年カ)七月二六日付・「松浦佐志蔵人三郎(祝)」宛・渋川義行軍勢催促状(『松』三-七四七、「同」)、応安四年一〇月三日付・「有浦三郎(祝)」宛・今川了俊軍勢催促状写(『松』三-七五七、「有」)、他。

(34)年未詳七月廿五日付・「佐志殿(長か)」宛・今川仲秋書状(『松』三-八五九、「斑島文書」)、他。

(35) 佐志八幡宮境内の東に、佐志氏累代の墓所あるいは「佐志将監」の供養塔と口伝される「ショーゲンサマ」との小祠があり、幕末の『唐津拾風土記』中「光孝寺由来」には「佐志将監源勤、法名來雄院殿文侯道本大居士、八月朔日、年號不分、墓所八幡宮より濱手により」と記す（吉村茂三郎編『松浦叢書』第二巻 一九三八〔名著出版一九六四復刻〕）。この「佐志将監」とは、諸系譜上には波多氏族として現われ、佐志祝の嫡娘有浦「千代寿」女の波多村地頭職所有に異を主張して今川探題に訴え出た「（波多）武」の「舎弟」（前註23波多祝後家源氏代定慶陳状案）に当たり、「勤」を名乗った。延文四年（一三五九）七月には南朝勢と戦った少弐頼尚軍に姿を見せ（『太平記』「菊池合戦事」）、応安五年（一三七二）には惣領家「長」との連署で「一揆」の裁定を伝達している（同年七月二二日付・「寺田与三」宛・佐志長等連署書状〔『松』三－七六七、「有」〕）。「佐志」に纏わる江戸期の著述には、この「佐志将監」を起源とする解説が多く、浜田城の創築者ともされている。何故この人物が佐志地区で偶像視されたのか不明だが、佐志惣領家の「勤」と同名である上、その活動期に続けて事蹟を残したために、地域の口碑上での誤謬が生じたのではありまいか。

(36) 同年七月二五日付・「佐志寺田」宛・今川了俊安堵状写（『松』四－八八六、「有」）。

(37) 同年閏七月二五日付・「有浦女地頭代寺田阿波守」宛・今川貞臣安堵状写（『松』四－八九〇、「斑島文書写」）。

(38) 富岡行昌氏は前註5の一連の整理において、佐志惣領「成」の没後に弟「披」がその惣領職・地頭職を継承したと理解し、そのため佐志本家の名跡を有浦系庶子家が名実ともに継いだ形で、以後の佐志氏の浮沈を論述している。恐らく動乱期における披・祝父子の奮戦ぶりから判断されたのであろうが、実際には一次史料上に披の惣領家相続の証左は見当たらず、その子孫の伝領知行地の内容にもそうした経緯は読み取れない。服部英雄氏が周防仁保庄の平子氏や安芸三入庄の熊谷氏らに注目して、「南北朝の内乱と家の交替」の様子を著しその全国的波及を説いたように（『歴史を読み解く――さまざまな史料と視角』九八～一一八頁 青史出版 二〇〇三）、佐志氏の場合も、あくまでも惣領家・庶子家の秩序関係の逆転現象と捉えるべきで、惣領家自体の庶子家による吸収消滅を意味するものではないだろう。

(39) 内部の遺構確認を目的とした発掘調査が実施されたことで、出土遺物等から一六世紀末葉頃まで機能していたことが証明されている（『高江城跡調査概報』玄海町教育委員会 二〇〇三）。

(40) 各城の発掘調査報告書は、例示順に次の通りである。『千葉城跡 妙見遺跡』（佐賀県小城市教育委員会 二〇一〇）、『矢上城跡』（長崎市埋蔵文化財調査協議会 一九九九）、『岩門城跡』（那珂川町教育委員会 二〇〇六）、『四五迫城跡』（広島県芦品郡新市町教育委員会 一九九二)。
(41)降矢哲男「韓半島産陶磁器の流通――高麗時代の青磁を中心に――」(『貿易陶磁研究』No.22 二〇〇二)。
(42)日本史料集成編纂会編『中国・朝鮮の史籍における日本史料集成――李朝実録之部(1)』(国書刊行会 一九七六)。以下、同出典については『李(巻数)』刊行年のみを本文中に略記している。
(43)長節子『中世日朝関係と対馬』二四九頁・二七三頁(吉川弘文館 一九八七)。長氏も断っているように、この波多氏による壱岐攻略の一次史料は殆ど見出せないが、「有浦家文書」の年未詳三月二一日付・「浦里殿・寺田殿・有浦殿」宛・波多泰書状(前注5福田・村井氏編一九八二文書集の一六一号文書)に見える「佐志大方之様之御意之趣、兎角被仰候、……雖然究淵底致佗言候之間……」とは、この一件に関わることであろうか。
(44)大庭康時「港湾都市博多の成立と発展」(註21二〇〇四文献)。
(45)宮武「中世唐津の市と港」(『中世都市研究4――都市と宗教』新人物往来社 一九九七)。
(46)同氏「一一~一五世紀の万之瀬川河口の性格と持躰松遺跡――津湊泊・海運の視点を中心とした考察――」(『古代文化』第五五巻第二号 二〇〇三)。
(47)宮武「鹿児島県南さつま市坊津沖海底潜水調査の成果と概要」(『アジア水中考古学研究所会報――NEWS LETTER――』通巻2号 二〇〇九)。
(48)『長倉遺跡』(玄海町教育委員会 一九九六)。
(49)『朝鮮王朝実録』世祖一二年(文正元・一四六六)閏三月戊戌(二七日)条(「世祖恵荘大王実録」巻三四『李(3)』一九七八)
(50)同年四月二日条(竹内理三編『増補 続史料大成二一 蔭涼軒日録』臨川書店 一九七九)。
(51)宮武「松浦地方沿岸部における水中考古学研究の可能性」(九州・沖縄水中考古学協会 学術シンポジュウム予稿集『わたつみのタイムカプセル――アジアの水中考古学最前線――』同会 二〇〇三)。

近世的御用商人の成立

――戦国期佐賀地域の鉄砲調達を例に――

鈴木(宮島)敦子

はじめに

一六世紀は日本と西欧との交流が始まった時期である。それは天文一二年（一五四三）種子島への鉄砲の伝来（「鉄炮記」）によって始まったと言われる。これ以降鉄砲は国内に急速に流入し、鉄砲の入手こそが戦国大名にとって戦闘を勝利に導く必須条件となった。各地の戦国大名は鉄砲類（鉄砲・塩硝・鉄砲玉）をどの様に調達したのか、それを支えた商人、またキリスト教宣教師の活動はどのようであったのであろうか。

本稿では、九州地域とくに佐賀地域の戦国大名龍造寺氏の鉄砲及び塩硝（火薬）・鉄砲玉の具体的な調達方法を検討する。さらに、鉄砲類の調達に尽力した龍造寺氏の御用商人の具体的な活動のあり方を検討しつつ、戦国期から近世への移行期のなかで彼ら御用商人がどのように変質していくのかを考察して行きたい。

一　龍造寺氏の鉄砲類の製造・使用実態

（一）鉄砲

国内での鉄砲製造がどの程度進んでいたのかについては、宇田川武久氏の研究[1]があるが、具体的な実態については不明な点が多い。

九州地域については、戦国大名大友氏がいち早く鉄砲の製造を行ったようであり、室町将軍からの製造依頼を示す書状が現存している[2]。

また、鉄砲調達の具体的なあり方は、天正一九年（一五九一）朝鮮出兵時に肥後の加藤清正が国元に宛てた書状が参考になる。

> よるひるのさかいもなく、たまくすり《玉薬》こしらへ候て、こし可申付候事、一、てつほ《鉄砲》ハさかい《堺》へ申遣候共、四文めのす《つつ》ニ可申付候事、一、くまもと《熊本》のてつほうはり《鉄砲張》ニ、国之かち《鍛冶》、又ハひらど《平戸》、ありま《有馬》のかぢ《鍛冶》をやといそへ候て、これを大一《第一》ニはかのゆき《計の行き》候様ニ可申付候事、くまもとのかぢ《熊本の鍛冶》ニてつほう《鉄砲》かすかすおおく《数々多く》出来候ハすハ、其方くせ事たるへく候事（括弧内は筆者注[3]）

これによると玉薬（火薬）を国元で作らせていること。四匁筒の鉄砲は摂津国堺（鉄砲鍛冶の居住地）に製造を依頼したこと。熊本での鉄砲製造には、国元や平戸（長崎県）有馬（長崎県）の鍛冶屋を雇い仕事が順調に行くようにすること、を命じている。この時期には九州でも平戸・有馬・熊本などに鉄砲鍛冶が居住していたのである。

なお、佐賀では天正一九年城下町建設と同時に移住した（現佐賀市高木瀬町長瀬から同市長瀬へ）刀鍛冶の橋本一族は、幕末に大砲製造に活躍したことが知られるので[4]、戦国期に鉄砲製造に関わっていたとも想像される。しかし、それに関する史料は今までのところ存在しない。

さて、龍造寺氏が合戦において鉄砲を使用したことを裏付ける史料は存在する。以下である。

①元亀元年（一五七〇）大友軍（戸次鑑連）との巨勢原の戦い（佐賀市巨勢町）において、河を挟んで「鉄砲軍」を行ったとの記述が鉄砲使用の初見史料である。

一豊後衆事、去四月廿三日至龍造寺取懸候哉、当日及合戦龍造寺得勝利、豊後衆大手負仕成、手前堅固之由承知候、同廿八日豊州衆寄近陣候之処、龍造寺衆鉄砲数百丁にて射伏、近陣をも不居候而本之陣所へ引退候由候哉、誠心地能趣候、

一去月四日龍造寺へ豊州衆相動、河を隔候而互ニ鉄砲軍候つる、龍造寺以行豊衆河を引渡之及一戦宗徒之者二百余人討捕之由ニ候哉、龍造寺衆無比類行候[5]、

以上の記述は、吉川元治が堀立壱岐守にあてた書状に載るものだが、龍造寺軍が「鉄砲数百丁にて射伏」て大友軍を撃破したこと、さらに「河を隔候而互ニ鉄砲軍」を行い、龍造寺軍の行動は「無比類行」であった、としている。龍造寺・大友両軍が鉄砲の撃ち合いによる合戦を行ったことが分かる。

②『水江臣記』[6]には、次のような鉄砲使用の記述がある。

鶴田越前家老分之者ニ被申付候ハ、（中略）八月時分、しげ村ニ苅田仕由承、多分権左衛門ニ而候半と存、八月廿日夜家頼六、七人召連、つきおとしに伏兵仕罷在候、然処ニ権左衛門しげとうの弓を張弓ニメ、鉄

炮・抜槍なと持候而、七、八人、また梻（初）ニ縄を巻候而参候者六、七人、都合拾四、五人参候を、真先ニ参候権左衛門を、善太郎鉄炮ニ而打倒申候、（以下略）

この事件は、靏田越前が天正四年（一五七六）に死去しているので[7]、それ以前のことである。苅田を行った敵方との抗争に鉄砲が使用され、小競り合い程度の場面でも使用されるほどに、鉄砲使用が一般化していたことが分かる。

③天正一二年（一五八四）対島津軍との島原の合戦（沖田畷の戦い）についてルイス・フロイス『日本史』[8]には、龍造寺軍の「鉄砲隊」がモスケット銃（大鉄砲？）一〇〇〇梃・大砲二門を備えた整然とした隊列を組んでいた様子が描かれている。

隆信は自分に従うその他大勢の身分の高い殿たちを率いていた。前衛、すなわち軍勢の正面に、隆信は千梃近い鉄砲隊を伴ったが、それらの鉄砲は火縄銃、あるいはマラバルの小型銃ではなく、大筒に似た大型の銃砲であり、一人の男が肩に担いで運搬するには苦労するほどであった。すぐその後に、千五百の鍍金の槍が続き、その後を長刀と、大筒の火縄銃の別の隊列、および弓矢を携えた列が進んだ。さらに小型ではあったが二門の大砲を携えていた。というのも、それを発射できる者がいなかったからである。すぐそれに続いて、最初の隊列のように他の鉄砲隊が進んだ。それらは全部で三千ないし四千に達するであろうと言われた[9]。

ところで、前述の『水江臣記』には、この合戦に参加した人々の中に「鉄砲七拾人」であったり、「鉄砲大将ニテ戦死」であるなどの記述があり、龍造寺軍は鉄砲大将が率いる鉄砲隊を組織していたことは事実である。

④文禄元年の朝鮮出兵時には、後藤生成（龍造寺隆信の二男）のもとで「鉄砲衆」六九名が編成されている[10]。前述のように加藤清正も鉄砲を領内からできる限り集めるようにと命じているが、龍造寺領国全体でも、大量の鉄砲が調達されたと考えられる。

龍造寺氏の鉄砲使用例は、決して多くはないが、天正一二年の段階で、フロイスが記すような充実した鉄砲隊を編成できるほどに、鉄砲を使いこなしていたといえよう。

では、鉄砲に不可欠な塩硝（火薬）・鉄砲玉についてはどのような史料が残存しているであろうか、次にみていきたい。

（二）塩硝

塩硝は原料となる硝石が国内では産出されないために、主に輸入に頼った。龍造寺隆信が弟の長信に宛てた書状（年未詳）からその点が分かる[11]。

（前略）就塩硝用所、此方へ請取申候銀子五百六十九文め一分ニ而候、こまかね此ニ而ふき候而遣候へハ、殊外つゐ申候、成松刑部請取申候間、若又南蛮衆へ頼申候而も、重々銀つへ候てハニ而候、乍去、我等も先々當用ニて候間、つゐ之儀ハ不入由存候而、殊外きう〳〵と申付候而ハ遣候、（以下略）

難解な部分があるが、隆信は塩硝の購入に銀を用意し、南蛮衆へ購入依頼をしている事が分かる。

また、塩硝の自家生産も行われており、毛利元就は家臣に塩硝製造のために「馬屋之土」を集めさせ[12]、「土硝法」と呼ばれる方法で塩硝生産を行っていた。加賀国五箇荘（富山県）でも縁の下の土を利用して塩硝を製造しており、これは石山合戦の際に大坂本願寺に提供されていたという[13]。

では龍造寺氏の塩硝生産の事例をみてみよう。

二三日は無音ニ居候、境目無何事候歟、節々可示預候、然は、先日如申候、今程塩硝煎申候薪、過分ニ入候間、小城之清水山江夫丸申付、薪取度候、彼山々口之儀、案内申候、為御存知候、随而當時任現来ニ、水鳥一番進之候、可有賞翫候、恐々謹言、

霜月九日　　隆信判

和泉守殿まいる

申給へ[14]

これによると、龍造寺隆信は弟の長信に清水山（小城市）からの「塩硝煎薪」の調達を命じている。この史料と類似した書状が他に三通あり[15]、「塩硝煎の薪」調達要求は、「今程焔硝煎申候薪百荷大望候[16]」のように大量であったり、「塩硝煎候薪之事、（中略）及月迫候へハ、別条障而已候間、近日中頼存候[17]」のように緊急を要したりなど、日々の戦いに大量の塩硝が使用されている様子を想像させる。龍造寺氏においても塩硝が部分的であれ、自前で調達されていた事実が確認できる。

ちなみに、肥後国での塩硝調達の事例としては、文禄二年（一五九三）の朝鮮出兵時に加藤清正は、国元に向けて塩硝の調達を「熊本、高瀬、川尻の町屋一間に焔硝二百目つつ申付[18]」るように命じている。このうち高瀬（熊本県玉名市）は大友宗麟時代に南蛮船が石火矢を載せて寄港している。また、川尻（熊本県熊本市）も緑川と加勢川河口に開けた港町であり、中国貿易も行われ、加藤清正が再整備した物資集散地であった[19]。このように高瀬・川尻はともに中国貿易の拠点となる港町であり、海外からの塩硝の集積地と成りうる立地であったと言えよう。

一五六二年に明で編纂された『籌海図編』には、他の有明海に面した港として高瀬の他に寺井・蓮池・嘉瀬等が載っており、佐賀地域の塩硝の入手は比較的有利であったと考えられる。

(三) 鉄砲玉(鉛玉)

鉄砲玉の製造については出土遺物から確認できる。佐賀県内では、国人領主神代氏の山内城址(佐賀市)から出土した鉛玉・その鋳型[20]、同じく国人領主筑紫氏の勝尾城址(鳥栖市)からの鉛玉やるつぼなどから[21]、城内で製造されていたことが裏付けられる。

鉄砲玉の原料は一般的には鉛が使用されるが、鋳物製品の再利用による例もみられる。朝鮮出兵の際に鍋島直茂軍は鉄砲玉が不足し、在家から「唐かねの大はんどう(飯銅)」を買取って、「切り割り」して鉄砲玉としたという[22]。ちなみに、永禄初年甲州の小山田信茂は、富士山北室神社から悪銭を供出させ鉄砲玉にしているなど[23]、鉄砲玉の材料には様々な鋳物製品が再利用されていた[24]。

ところで、近年の鉛同位体比分析の研究は目覚ましい進展をとげ、国内で出土した鉄砲玉の原料鉛が輸入品であるのか国産なのかの産地特定が可能となった[25]。例えば、田中城趾(熊本県和水町和仁・天正一五年の秀吉軍との戦いで落城)では出土した鉄砲玉五六個のうち半数以上が外国産との結果が出ている。また、寛永年間にあった島原の乱の原城遺跡から出土した二〇〇個のうち五〇%以上が国内産とのことである。鉛の使用割合が国内産のものへと徐々に増加していく傾向を示している[26]。なお、江戸期に入り戦争がない時代となると、日本は鉛輸出国へと転換するが、それは島原の乱以降のことである[27]。

では次に、佐賀地域では鉄砲類の海外からの調達はどの様になされたのかを具体的に見ていこう。

二　龍造寺氏の鉄砲類調達と御用商人の活動

（一）戦国大名とイエズス会宣教師の行動

龍造寺隆信はキリスト教を迫害したために、宣教師たちからは「大悪魔」[28]と言われるほどであった。しかし、ある時彼は司祭（コエリョ師）に対して「熱心に（訪問を）請うので、断り難」[29]かったため訪問すると厚くもてなし、「ポルトガルの定航船に、自領に来てもらいたいと切願」して、そうなれば「伴天連たちが教会を建てたりキリシタンをつくったりすることを許可しようと約束し、教会のともになりたいと告げた」[30]という。

これと類似した行動を大友宗麟もとっている。[31]さらに南蛮船入港を切望する戦国大名の実情がより具体的に分かる史料が以下のものである。[32]

態令啓候、（略）将又此比南蛮船必可罷渡候、然者彼舟横瀬浦・平戸之間ニ着岸候者、豊州至伊佐早・後藤、別而可被仰談事可為一定候、殊手火箭・石火矢等敵方ニ過分ニ可罷成候、其分ニ候てハ高来此方為ニなるましく候間、何とか以才覚、彼舟福田・戸町・口之津辺ニ着岸候様ニ調法為可申、（以下略）

五月二日　　純忠

この文書は、肥前大村の大村純忠が長崎の福田氏に宛てたものと考えられる。南蛮船が横瀬浦・平戸間の港に入港すると、豊州（大友氏）と伊佐早（諫早市）・後藤（武雄市）の三氏のもとに手火矢（鉄砲）・石火矢（大砲）が渡ってしまう。何とか才覚を巡らせて南蛮船が福田・戸町（以上長崎市）・口之津（南島原市）あたりに着岸するようにせよ、と命じたものであり、南蛮船によって鉄砲・大砲が国内に持ち込まれていたことを示している。

龍造寺氏や大友氏が宣教師に対して、自領内に南蛮船が着岸するように懇願した理由がよく分かる史料である。

次に一五八〇年一〇月二〇日付のロレンソ・メシアのイエズス会総長宛の書簡[33]を挙げておこう。

結局、有馬の城そのものが焼け落ちた。そこで、巡察師は有馬殿も他の者も、彼ら自身が逼迫しているために対応できない、この尋常ならざる窮状を見て、彼らが絶望せぬように、また、自ら滅ぶことのないようにするため、なしうる限り救援することを決意した。司祭は、かくも多数の貧者を救い、今や甚大なる潰滅の危機に瀕した同地のキリシタン宗団を救うことほど有意義な施しはないと考えた。（中略）また、この目的のために定航船を利用して十分に蓄えておいた鉛と硝石を彼らに提供したが、以上のことに約六百クルザードを費やした。

宣教師らが龍造寺氏による有馬攻めの際に、窮地に追い込まれた有馬軍に対して、定航船（貿易船）を利用して、蓄えておいた鉛と硝石を提供し、戦況を一変させたことを語ったのである。すなわち、宣教師らは鉄砲・大砲に加えて鉛・硝石も国内に持ち込んでおり、鉄砲類全般にわたる物資を手中に納めていた。彼らはキリスト教の布教許可を得る代償として、鉄砲類を提供する「死の商人」だったのである。

以上のように戦国大名自らが鉄砲類調達に動くだけではなく、御用商人と言われる人々も鉄砲類の獲得に動いたのは勿論である。この時期に著名なのは堺の豪商千利久であり、彼は織田信長・豊臣秀吉の下で武器全般の調達に力をふるった。

西国の戦国大名毛利氏には御用商人として渋谷氏や赤間関代官を務めた堀立氏がおり、彼らは鉛や塩硝をはじめとする兵站物資の調達を担った[34]。

では、龍造寺氏や鍋島氏の場合はどうであろうか。以下にみていきたい。

（二）龍造寺・鍋島氏の御用商人の経営展開

ここでは天正一九年、秀吉の朝鮮出兵に際して塩硝調達に関わった龍造寺・鍋島氏の御用商人たちの経営について検討を加えていきたい。

今年ノ秋、御国中端々迄諸国ノ商人大分入込烟硝ヲ買取ニ付、平吉平兵衛気ヲ付密ニ承リ合セケル処、明年太閤殿下高麗御陣ノ由ニテ、諸国ノ大名ヨリ烟硝探促有之段商人共申スニ付テ、早速其段鍋嶋平五郎迄言上ス、即被遂披露処神妙ノ至リニ被思召、然ハ平兵衛急度肝煎ヲ以テ力ノ及ヒ煙硝相調へ可申、代銀ノ儀ハ先以其方取替可差出御意ノ旨被申渡、平兵衛御請申上銀子ノ儀ハ差出可申、乍然某一手ニテ相調へナハ延ヒ〳〵ニナリ、存ノ様ニ煙硝手ニ入申間敷、願クハ御領中ノ町人頭々へ被仰付神文ヲ以テ肝煎候様ニ可被仰付ト申上ル、平五郎同意アリテ自筆ニテ町人頭々へ烟硝ノ割付平兵衛相談ノ上相整ヘラル、夫ニ付平兵衛右ノ人数召寄セ申達シ、連判ノ神文仕ラセ手前ニ請取置ク、右ニ付町人中ヨリ如御割付烟硝七千六百斤早速致調達、平五郎迄差出

右烟硝七千六百斤之内

四千六百斤　町人中調

三千斤　平吉平兵衛自分調

七百斤　右近形部

五百斤　同五郎右

五百斤
真嶋蔵人
五百斤
永松三郎右
五百斤
段源右衛門
五百斤
七田左馬允
三百斤
博田杢左衛門
三百斤
高木二郎兵衛
五百斤
右近次右衛門
三百斤
中願寺新左
五百斤
平吉惣五郎

右之分急度尋出、代物之儀平吉平兵衛へ談合候而可然候、私之手前差置、急度可被指越候、不可有油断候、

以上、

九月廿五　　　　　　平五　印[35]

これによると、天正一九年、平吉氏は朝鮮出兵準備段階で塩硝払底となる状況をいち早く察知し、平五（鍋島平五郎）に伝えている。その結果佐賀の商人一一人を取りまとめ、資金は彼らが出資した上で塩硝七六〇〇斤（史料による）を調達した。この調達において、他の商人が七〇〇斤（一人）、五〇〇斤（七人）、三〇〇斤（三人）の出資であるのに対し、平吉氏は三〇〇〇斤の多量にのぼり、その経済力は群を抜いている。

（あ）平吉平兵衛（形部丞・茂慶）とはどのような商業活動を展開した商人なのであろうか。「平吉氏由緒書」（以下「由緒書」と略す[36]）によると、平吉刑部丞の祖父は紀伊熊野より小城郡深川へ来住し深川姓を称した。父対馬守は加瀬庄に移り住み、千葉氏の家臣で富貴の平吉新兵衛の娘を娶り平吉姓となり、その後商売に成功したとする。

ここでは「由緒書」の要点を書き記してある『直茂公譜考補　五坤[37]』から引用して以下にみておきたい。

（前略）肥前一番ノ冨豪ニテ九州所々ニ在府屋ト云ヲ立置、刑部ニ至リ隆信公以来ノ御懇意ニヨリ知行ヲモ可被下ノ旨被仰出シカトモ、福有ノ者ニテ自由ヲ考ヘ御断リ申上ルニ付、侍ニ被召成、加瀬両町其外御国七ケ所ノ津代官幷ニ船ノ司サヲ被仰付、金銀諸御用ヲ達シケリ、朝鮮陣ノ時主従十八人ニテ公ノ御供イタシ、翌年帰国ノ節朝鮮人八人連来リ、其子孫加瀬町へ在リ、（以下略）

「平吉刑部」が嘉瀬津に住していたことは『天正十七年御祓賦帳[38]』にその名が記載されていることからも証明される。当時の嘉瀬は「嘉瀬津[39]」と称される嘉瀬川の河口に開かれた港町であり、前述のように『籌海図編』

にも載っていることから、日中貿易船が入港していたと考えられる。

また、平吉氏は「嘉瀬両町(40)其外御国七ケ所ノ津代官幷ニ船ノ司」とあり、『籌海図編』に載る肥前国内の寺井・蓮池の港などの「代官」や「司」であったと想像される。

このように肥前国内の海上交通・流通の大動脈を掌握するとともに「由緒書」には、「天正之中比、上方筋瀬戸内、野嶋・久留嶋・犬之嶋とて、海賊共徒党を組取構、（中略）往来之諸人致困窮、直茂様上方筋御用をも難相整候ニ付而、刑部之允より船を仕立、海賊之大将江使を以申遣候ハ、他国之儀ハ不存、肥前鍋嶋領内之船を無異儀於被差通」とある。平吉氏が資金（銀子）も負担したうえで、鍋島氏領内の船舶の瀬戸内海自由通行権を獲得していたのである。

以上のように、平吉氏は自己の資金力を背景に、龍造寺領内と他地域とを結ぶ海上ルート・流通ルートを一手に掌握した。先述の「由緒書」からは、この流通ルートの掌握を背景に九州所々に「在府屋」（割符屋）を置き金融業も展開したことが分かる。

また「金銀諸御用ヲ達スル」とあることから、龍造寺・鍋島氏の財政・資金調達にも深くかかわった。『直茂公譜考補　五坤(41)』には以下のような平吉氏に関する記録が載る。

太閤御帰洛且御領地御案堵ノ御祝儀トシテ、御進上ノ白糸五十五斤・判金弐枚御用ナレトモ御所持ナク平吉刑部差上ル、尤黄金一枚不足ニ付、関東筋ヨリ相整へ御用相達ス、七月廿日御登被成此節平吉へ賜ル御書ニ云、

今度就上洛色々用所申候處、白糸五十五斤・金弐ツ、此内壱ツ調達之由得其意候、何も返納不可有疎候、為存知候、恐々謹言、

此節心懸之段兼而之首尾顕然候、何様不可有忘失候〳〵、

七月十八日　信生　御印
平形
進之

すなわち、天正一五年（一五八七）豊臣秀吉は龍造寺政家に知行安堵を行ったが、その御礼の上洛時の献上品（白糸・金）調達とその経費の捻出をすべて平吉氏が負担した。平吉氏が御用商人であったことを示す好事例である。

天正一九年（一五九一）の朝鮮出兵時の塩硝調達についてはすでに述べたが、この出兵に平吉氏は一八人の家人を連れて従軍し、「御渡海之船致用意候様ニ」命じられ、「御船諸入具・賄方・番匠之賃米」まで調えたという。また、「高麗御用太刀・刀・船釘ニ至迄、御領内惣鍛冶ニ平兵衛より可申付旨被仰付、□炭・地かね所持仕候故、早速ニ相渡御用相整候(42)」とあり、領内の鍛冶職人を統括し、原料の地鉄や燃料（薪炭ヵ）も確保しているなど、平吉氏は龍造寺氏の「兵站基地」を担う御用商人であった。

次に海外貿易との関わりをみておこう。「由緒書」には次のような事が書かれている。

一、已前は乱世ニ而、金銀之類致拂底候之故、天正十六年之比、御上御用ニ黄金御入用ニ付、刑部之丞より銀子六百五拾目、長崎之山本ばるたさる入道相頼、唐天川江黄金調ニ差遣候、此比ハ日本ニ而黄金調達難成ニ付、天川迄申遣候由（以下略）

ここには、龍造寺氏からの黄金の調達を請け、平吉氏は銀を「長崎之山本ばるたさる入道」に預け、天川（マカオ）において黄金に換金するよう求めている事が分かる。当時、石見銀山からの銀は世界の産出量の三分の一に達していたと言われており、中国（マカオ）で換金して利を得る投資方法が盛況であった[43]。平吉氏もこの運用方法で利益を得ていたようで、直接経営ではなく、貿易商人を通じての投資（間接取引）をしていたと考えられる。

このように、平吉氏は龍造寺氏・鍋島氏への銀貸し・資産（金・銀）運用（海外投資を請負う）など龍造寺氏の財務全般に深く関わり、財務担当者たる地位を築いていたのである。ちなみに、佐賀市嘉瀬町嘉瀬津の蓮乗院には平吉氏が建立したという朝鮮出兵記念碑が現存する。この「嘉瀬蓮乗院」は『葉隠』によると、隆信の側近と考えられる増誾が居住した寺である[44]。

以上のような活動を展開した平吉氏は、各地の戦国大名のもとで活躍した、いわゆる御用商人と同質の者であったと言えよう。戦国期の御用商人については、以下のように定義されている。

すなわち、富国強兵をめざす戦国大名の必需品や食糧や兵器などの軍需物資の調達・輸送、人夫の徴発に関わるなど兵站を担った。また、情報収集や領主間交渉の内使を勤めるなど武士には出来ない各種の用向きを担当した。活動の反対給付としては領内の自由通行権や独占的販売権などを得て、一般商人の統制（商人司・町役）やその他徴税請負など、戦国大名財政に深く関わった。江戸以降の御用商人との大きな違いは戦国期特有の兵站を担う役割が大きかったことである。

（い）次に朝鮮出兵時の塩硝調達に参加した、右近・中願寺・段の三氏はどのような活動を展開したのか見ていきたい。この三氏は『勝茂公譜考補』によると、「天正十九年、蛎久ヨリ佐嘉へ町引キ移シノ時、六座町・伊勢屋町・中町・白山町ヲ始ニ御引ナサレ、其後、段々諸町立、其節、蛎久ノ右近刑部・中元寺新右ヱ門・団良円此三人、数代ノ富家故、町人頭仰付、引移サル」とあり、佐賀城下町成立時に城下町商人の統制を行う「商人頭」となったという。藩との結びつきが強化されたと言えよう。

①右近氏

朝鮮出兵時の塩硝割当を負担した一人である右近氏については、『直茂公譜考補　五坤』のなかに以下のような記述がある。

右近刑部ハ家柄ナレトモ公（鍋島直茂…筆者注）御約束ニテ町人ニ被召成、嘗テ町家ヲ蛎久ヨリ佐嘉へ引移サレ、諸町次弟ニ被相立時其支配ノ儀刑部へ被仰付、最初ニ六座町相建、其後伊勢屋町相立、由是刑部ハ六座町罷在、子ノ孫右衛門ハ伊勢屋町へ住居、旅人宿致スベク被仰付、屋敷地料父子二代ハ除免セラレ、且前邊ヨリ御用相立シユへ定米五拾石孫右衛門マテ拝領サセラル、其後御断リ申上ケル、刑部死去ノ節御懇命ヲ蒙リシニヨリ、公へ遺物トシテ繻珍タビイ二巻孫右衛門持参献上ニ及ヒシ処、御前へ被召出難有御意被成下、刑部葬地蛎久栖龍院へ知行被相付、御立寺ニ被仰付ト、

以上の記述から元来右近刑部は蛎久に居住する商人である[45]（このことは『天正十七年御祓賦帳』でも確認できる）。彼は天正一九年の佐賀城下町建設にあたり、佐賀城下六座町に移住し旅人宿の経営（これは他地域からの行商人取締を行うことに通じる）を命じられ、「定米五拾石」を拝領したという。また右近刑部の墓所は蛎久の栖龍院であると記されるが、これは現在確認できる。

また、『元茂公御年譜　五』には右近刑部の孫利右衛門について、次のような記述がある。

右近孫右衛門子利右衛門ハ当時町人と成、為商売長崎に罷在候処、有馬一揆御退治として江戸より御下国の由聞付、早速長崎を打立佐嘉へと志し、急ニ道にて諫早に参り懸り聞合けれハ　元茂公今少し以前当所ニ御着陣の由也、刑右衛門倩思いけるハ、日峯様御筋目之儀ハ　元茂公にて被成御座候、自然の時ハ罷出

候様にと、日峯様より割符まて被下置候付、以前よりの御厚恩を　元茂公へ可奉報と思ひ定め、（中略）此節の御供奉願の間、有馬へ被召連被下候様申上候趣（中略）数年商売方に相馴、長崎の案内も心得居可申候条、嶋原御陣場御用候間、於長崎田中二左衛門を手伝ニ取、竹木・楯板・縄・菰・細引等を致調儀候通、被仰付けり、此後利右衛門再度長崎致往来、御用之品々相調へ、嶋原へ指廻し御帰陣迄相勤候也、（以下略）

これによると、右近氏は長崎でも商売（御朱印船貿易）を行っており、緊急の御用に対応可能なように「割符」（通行手形）を与えられていた。そして島原の乱（寛永一四年＝一六三七）に際しては、「嶋原御陣場御用」を務め、「竹木・楯板・縄・菰・細引等」の調達にあたったという。先に平吉氏が朝鮮出兵時に務めたような「兵站部」を担った。また、前述のように「旅人宿」の経営を命ぜられ「定米五拾石」を拝領したことは、平吉氏が「知行」を給付された（「平吉氏由緒書」によると断っている）のと同様であり、戦国期から近世移行期の御用商人の特質であろう。その点からみても平吉氏に代わって、右近氏は鍋島藩の御用商人の地位を獲得しつつあったのである。

②中願寺氏

中願寺氏については寛政元年（一七八九）の『巡検録』[46]に江戸からの巡検氏が「呉服町ニテ中元寺居宅御覧成され、仰せられ候は、右は役人にても候哉」とのことだったので「金銀包み、極印判屋」であると答えたとある。中願寺氏は佐賀城下町の長崎街道に面した呉服町に大きな邸宅を構え、「判屋」（金銀貨の包装やその鑑定、旧「米筈」〈藩札〉と金銀貨との交換も行う）[47]を営んでいたのである。さらに『重茂公御年譜』[48]の宝暦一一年（一七六一）の条には、「御用聞町人中元寺三左衛門義、前々ヨリ石火矢十挺持チ伝エ、（中略）町屋ニ所持無用ノ事ニ付キ、献上仕リ度ク、尤モ、島原御陣ノ節モ差シ上ゲ、御用相立チタル由先祖留書コレアル」とある。「島原御陣」（島原の乱）の際に石火矢（大砲）を提供していた事が分かる。先述の右近氏同様に「兵站部」

を担っており、近世移行期の鍋島藩の御用商人の姿を示している。

③段（団）氏[49]

『勝茂公譜考補』によると「団」・中願寺・右近の三氏は佐賀城下建設時に蛎久から佐賀城下に移り「商人頭」となったとある。しかし、『天正十七年御祓賦帳』では「段源右衛門」は「かせのいまづ（嘉瀬の今津）」に居住しており[50]、中願寺・右近両氏が居住する蛎久には同族の者も記載されていない。その点から考えると段氏は嘉瀬今津に居住していたが、佐賀城下町建設を契機に嘉瀬から佐賀城下へ転居したと考えられる。平吉氏が嘉瀬に留まったのとは対照的な動きであり、この時段氏は近世的御用商人への変質を目指したのである。

以上三氏の活動について検討してきた。彼らは戦国期から龍造寺氏の御用商人として活動してきたが、城下町建設に伴い佐賀城下に移住し、商人頭となって鍋島氏との関係を強固なものとし、戦国期の御用商人からの変質を図ったと言えよう。

ところで、江戸前期の御用商人については、城下町に拠点を持ち、商業・貿易（御朱印船貿易・糸割符商人）・貨幣（蔵元・札差）・鉱山・林業・運輸などの経済面に貢献して都市商人を支配する立場になる蔵元・札差がその代表的な存在である。すなわち、藩の年貢米や専売品の流通から金融に至るまでを取り仕切り、藩経済の担い手となった商人である。「商人頭」三氏の動向は、上述の範疇に入る活動をしていると言え、その点からみて戦国期の御用商人から近世的御用商人へと変質を遂げつつあった、といえよう。では、三氏の海外との交易はどのようであったのか、最後にみておきたい。

三　まとめ　平吉氏と右近・中願寺・段氏（佐賀城下町建設時商人頭）の台頭

戦国期は流通を通じて国内外とつながることで、多大な利益を得た人々がいた。その一人が平吉氏であり、彼は龍造寺氏の御用商人として海外からの塩硝購入に奔走した。それに協力した右近・中願寺・段氏らも海外交易と深くかかわる人々であった。

「平吉氏由緒書」には、平吉氏は商人として活動するために龍造寺氏からの知行を辞退するなど、武士的な主従関係を極力排除しようとする行動が見られる。国内外とつながる嘉瀬津[51]を商業経営の拠点とする平吉氏であったから、活動の自由を求め佐賀城下町建設後もここに止まったと考えられる。

それに対し中願寺氏・右近氏・段氏は佐賀城下町建設時に佐賀城下に引き移り、中願寺氏に見られるように藩財政を担う地位を築いた。なかでも、彼らは寛永八年（一六三一）に開始された糸割符制度の下で海外とのつながりを求めて、朱印船貿易に参加していく。その活動の様子を武野要子氏の研究[52]からみておこう。

糸割符制度下での佐賀藩への割当は白糸五丸（二五口）であり、これを一五人の商人で分担した。内訳は一〇人が二口であり、五人が一口であった。二口を獲得したのは、右近孫兵衛・団野（段ヵ）源右衛門・団野（段ヵ）如閑・中元寺三左衛門等であり、平吉清右衛門・平吉彦太夫は各一口である。かつて朝鮮出兵の際に主導的立場で活躍した平吉氏の地位が、右近・団野（段ヵ）・中元寺氏などと逆転していることが分かる。三氏は、利益の大きい朱印船貿易で主導的立場となったのである。

さらに、中願寺氏は鍋島氏が寛永一九年（一六四二）長崎警備を命じられると、陣所の「売物頭人」となり、先述のように佐賀城下で「判屋」を営み、佐賀藩の御用商人としての地位を築いた。また右近氏は「伊勢屋町にて旅人宿仕り候様に仰せ付けられ候」とあるように、佐賀城下町で宿屋を営み、旅人の統制を行った。そして、島原の乱に際しては、「竹木・楯板・縄・菰・細引など」の調達を行い、「此後刑右衛門再度長崎致往来、御用之品々相調へ嶋原へ指廻し御帰陣迄相勤」め「嶋原御陣場御用」として活躍したという[53]。段氏については武野要子氏によると、「寛文一一（一六七一）年藩が決めた町人頭五人のうちの一人」で「団野源右衛門氏は天正・文禄ごろの頭人段源右衛門と同一家系であろうか」としている[54]。

このように彼らは、「旅人宿」「判屋」「糸割符」など藩・城下町にとって不可欠な商売を営み、存在価値を高め、近世的御用商人へと変質したのである。

註

(1) 宇田川武久『東アジア兵器交流史の研究』吉川弘文館、一九九三年。
(2) 田北学編『大友編年史料 二二』一四。
(3) 『下川文書』『熊本県史料 五』所収。
(4) 長野暹『佐賀藩と反射炉』新日本出版、二〇〇〇年。前田達夫「佐賀藩築地反射炉と鉄製砲」『日本歴史』八一一、二〇一五年、一二月。佐賀城下町の長瀬町は、城下町建設時に初代藩主勝茂が現在の佐賀市高木瀬町長瀬から肥前忠吉ら多くの鍛冶屋を移住させて作られた(『佐賀市史 第二巻』二二四頁)。
(5) 秋山伸隆「『堀立家証文写』について」『内海文化研究紀要』第一六号、一九八八、広島大学文学部内海文化研究施設編。
(6) 『水江臣記』秀村選三編『九州史料落穂集』第五冊、文献出版、一九八六年。
(7) 「鶴田家文書」九〇『佐賀県史料集成 第六巻』所収。なお、『大分県先哲叢書 大友宗麟 資料集第五巻』一六六四では天正四年に比定している。
(8) 『完訳フロイス 日本史 一〇』中公文庫、二〇〇〇年。
(9) 前掲注『完訳フロイス 日本史 一〇』。
(10) 「武雄鍋島家文書」四六『佐賀県史料集成 第六巻』所収。
(11) 「多久家文書 多久家有之候御書物写一」一二七『佐賀県史料集成 一〇』所収。
(12) 『萩藩閥閲録 遺漏』児玉弥七郎書上。
(13) 板垣英治「加賀藩の火薬一 塩硝及び硫黄の生産」『日本海域研究 三三』二〇〇二年。江戸期になると火薬は加賀藩の藩専売品となる。
(14) 前掲注「多久家文書 多久家書物 一」一〇。

(15)前掲注「多久家文書　多久家書物　一」一三、四一、一〇六。いずれも龍造寺隆信書状である。
(16)前掲注「多久家文書　多久家書物　一」一〇六。
(17)前掲注「多久家文書　多久家書物　一」四一。
(18)「加藤清正文書集」『熊本県史料　五』所収。
(19)角川地名辞典『熊本県の地名』。
(20)佐賀大学教養教育機構教授宮武正登氏のご教示による。
(21)鳥栖市教育委員会の島孝寿氏のご教示による。
(22)『葉隠　中　聞書　第六－一七五』岩波文庫、二〇〇四年。
(23)渡辺世祐「鉄炮利用の新戦術と長篠の合戦」『国史論叢』。
(24)近年（二〇一六年九月二六日）、沖縄県うるま市の勝連城（一四～一五世紀に海外交易で繁栄した）跡で三～四世紀ローマ時代の銅製コイン四枚が出土した（同時に一七世紀のオスマン帝国のコインやコインとみられる円形の金属製品五点も出土した）と報道された。これは銅貨が西欧から資材として輸入されていたことを示していると考えられよう。
(25)平尾良光「鉛玉が語る日本の戦国時代における東南アジア交易」平尾良光等編『大航海時代の日本と金属交易』思文閣出版、二〇一四年。
(26)前掲注平尾良光「鉛玉が語る日本の戦国時代における東南アジア交易」。
(27)岡美穂子『商人と宣教師――南蛮貿易の世界――』東京大学出版会、二〇一〇年。
(28)前掲注『フロイス　日本史　一〇』。
(29)「一五八二年二月一五日付、長崎発信、ガスパール・コエリュ師のイエズス会総長宛書翰」『一六・一七世紀イエズス会日本年報　第Ⅲ期六巻』。
(30)前掲注『フロイス　日本史　一〇』。
(31)前掲注宇田川武久『東アジア兵器交流史の研究』一五八頁。
(32)「福田家文書写」外山幹夫『中世九州社会史の研究』吉川弘文館、一九八六年。

(33)『異国往復書翰集』。

(34)前掲注秋山伸隆「『堀立家証文写』について」。

(35)「直茂公譜考補　六」『佐賀県近世史料　第一編　第一巻』所収。「平吉家文書」『佐賀県史料集成　一七巻』所収。

(36)これに関する研究は、武野要子『藩貿易史の研究』（ミネルヴァ書房、一九七九年）が詳しい。

(37)『佐賀県近世史料　第一編　第一巻』所収。

(38)『天正十七年御祓賦帳』は、天正一七年伊勢御師橋本氏が肥前国内の旦那にお祓いを配布した際の帳簿である。配布地名と旦那名、配布品目が記される。鈴木敦子『中世地域社会と流通』（同成社、二〇一一年）に詳しい。

(39)『天正十七年御祓賦帳』には「かせの上町」と「かせのいまづ」の二つの地名があり、「平吉形部殿」は「かせの上町」に記載されている。当時の嘉瀬地域は新旧の二つの地区から形成されていたと考えられる。本来の嘉瀬津は、古代には肥前国府の中世では千葉氏の居所である小城の外港であった。さらに蛎久の町で取引される物資は、多布施川・嘉瀬川を経て嘉瀬津へ、さらに有明海から国内外へと運ばれたであろう。平吉氏が「御国七ケ所ノ津代官幷船ノ司」（「平吉家由緒書」）であったのは、嘉瀬津に居住したことで発生した営業権を拡大した結果であろう。ところで、平吉氏は享保年間（一七一六～三六）の終わり頃から零落している。その要因は近世御用商人へと脱皮出来なかったことと同時に、嘉瀬川の流路改修（享保一五年〈一七三〇〉と寛延三年〈一七五〇〉）により嘉瀬津が港としての機能を果たせなくなった（『久保田町史』）ためと考えられる。

(40)両町とは「かせのいまづ」と「かせの上町」（『天正十七年御祓賦帳』）をさすと考えられる。

(41)前掲注『佐賀県近世史料第一編　第一巻』所収。

(42)「平吉家由緒記」（「平吉家文書」『佐賀県史料集成　十七巻』）。

(43)日本人商人は多量の銀の板を商品として持ってきて比較的安い値段で売っていく」『フィリピン諸島記』（アントニオ・モルガ）。

(44)『葉隠　聞書第六－四〇』岩波文庫、二〇〇〇年。

(45)『天正十七年御祓賦帳』の記載によると、「蛎久」には右近・中願寺をはじめとする商人名が記載されている。また、「龍造寺村」には鍋島直茂等や龍造寺政家などの鍋島氏や龍造寺氏の重臣などの家臣名が記載されている。この事から戦国期の龍造寺領国において龍造寺氏の居城周辺には商人も居住する大規模な城下町は存在せず、経済的機能は蛎久が担っていたと考えられる（前掲注鈴木敦子『中世地域社会と流通』に詳しい）。
(46)『佐賀市史　第二巻』一九八二年。
(47)前掲注『佐賀市史　第二巻』二五九頁。
(48)『佐賀県近世史料　第一編　第四巻』所収。
(49)段氏は「団」とも記すが、『天正十七年御祓賦帳』には「段」で表記される。一六世紀の一次史料は今のところこの『天正十七年御祓賦帳』だけであるので、本稿では「段」で表記する。
(50)「かせいまづ」には段氏の一族と考えられる「段伊豆守」の名もある（前掲注鈴木敦子『戦国期の流通と地域社会』）。
(51)服部英雄「中世小城の景観・海から考える」『中世肥前千葉氏の足跡』佐賀県小城市教育委員会刊、二〇一一年。
(52)前掲注『藩貿易史の研究』。
(53)前掲注『元茂公御年譜』。
(54)前掲注『藩貿易史の研究』一四九頁。

融合する文化

日中交流の現場とその遺産
——『存誠長崎筆談』の世界

井上敏幸

はじめに

日本と中国の文化交流が、長崎を拠点として、江戸時代初期より幕末まで、唯一の中国への窓口として続いたことは周知の通りであるが、佐賀藩初代藩主鍋島勝茂が長崎警備の役を任じられた寛永十九年（一六四二）以来[1]、二百年を超えて長崎を守り続けた佐賀藩は、警備の中心であったばかりでなく、文化交流の面においても、常に時代をリードする中心的役割を担っていたことは、容易に考えうることであろう。長崎に入ってくる新しい文化に、最初に触れる立場にあったのが佐賀藩だったからである。新しい文化の到来とその時点における接触の様相、また、その後の受容と継承の歴史を、端的に見ることができるのが、隠元禅師が伝えた黄檗禅である。隠元禅師の来朝（承応三年〈一六五四〉）以前から、佐賀藩の藩主や上層武士達は強い関心を示し、情報収集に勤め、いち早い接近をはかっていたことが知られ、『新纂校訂隠元全集』（平久保章編、開明書院、一九七九年刊）に見い出せる佐賀藩主達は、初代藩主勝茂、第二代光茂、小城初代藩主元茂、第二代直能、蓮池初代藩主直澄、以下親類同格・家老格等六名の都合十一名に及んでいる。この数値は、他藩の追随を許さない突出したものであった。この佐賀藩における黄檗禅への関心の強さは、いうまでもなく中世以来佐賀の地に培われた臨済禅の伝統があったからである。北条時頼に請われ、建長寺開山となった渡来僧蘭渓道隆の、日本最初の弟子と称された、小城の三間山円通寺開山若諾宏辯の評価は高く、建長寺の「海東法窟」対し、円通寺は「海西法窟」と呼ばれたといわれる。この臨済禅の高風が、徳川家康に厚い信頼を得、江戸時代極初期の文教政策を一任された足利学校第九世庠主閑室元佶を育てたのだと考えてよいのかも知れない。慶長五年（一六〇〇）関ヶ原の合戦において西軍に組した佐賀藩は、滅亡の危機にあったのであるが、この元佶が家康を動かしたことで、佐賀藩は存続することになったといわれる。その後、元佶は、南禅寺の僧位を受け、紫衣を賜ったのである。勝茂は、翌年円通寺末の古跡を再興し、三岳寺を創建し、元佶を開山に迎えた。勝茂にとって、元佶開山の三岳寺は、まさに救国の寺であり、元佶が幼少時得度した本寺三間山円通興国禅寺は、佐賀藩の永遠を祈願する寺だったのである。元佶亡き跡の勝茂は、三岳寺の第三世瑞岩慶順に深く帰依した。佐賀城北の国分村出身の慶順の秀れた資質を認め、京都東福寺における秉払《ヒンポツ》（住持に代わり説法すること）執行を命じ、寛永元年（一六二四）には、三岳寺の第三世に迎えている。その後、三岳寺の住職は三十四年間に及ぶのであるが、寛永六年（一六二九）から明暦三年（一六五七）示寂にいたるまでの二十八年間、円通寺の住職を兼ねていた。その間、鎌倉建長寺の一七九世に、また承応三年には南禅寺の二七七世に任ぜられ、紫衣を許される。偶然とはいえ、承応三年が、隠元渡来の年であったことが、改めて注目されるのでる。この勝茂の慶順への信頼の深さは、そのまま臨済禅への帰依の深さであったわけで、新しい臨済禅である隠元一派の渡来を、一藩をあげて迎えることになった根本の理由は、いま述べてきた通り、肥前の国に脈々と伝わる中世以来の臨済禅の伝統であったといってよいように思う。隠元や、隠元に続いて渡来した木庵・即非等に印可を得た次世代の唐僧・和僧達が加わって活発に布教活動を広げていくことになるが、この世代の数少ない和僧の中に、小城出身の潮音道海（寛永五年〈一六二八〉～元禄八年〈一六九五〉）と梅嶺道雪（寛永十八年〈一六四一〉～享保二年〈一七一七〉）

の二人がいる。潮音は江戸を中心に関東で、梅嶺は近江を中心に関西で最先端での活動を行ったことが特筆されるが、肥前国においては、佐賀藩を中心に浸透し、江戸時代中期以降幕末にかけての黄檗寺院の数は、全国第一位だったといってよい。竹貫元勝著『近世黄檗宗末寺帳集成』(2)の「江戸期成立の黄檗寺院国別所在数」によれば、肥前と近江とが特段に多く、

延享二年(一七四五)　全国総数八九七ヶ寺の内肥前六五ヶ寺・近江六六ヶ寺
天保十四年(一八四三)　全国総数九六三ヶ寺の内肥前八六ヶ寺・近江六八ヶ寺
万延元年(一八六〇)　全国総数九七〇ヶ寺の内肥前八六ヶ寺・近江六八ヶ寺

のごとき数値が示されている。こうした黄檗禅流行の時代の中で江戸中期の文化を代表する二人の文人が生まれたのである。佐賀蓮池藩龍津寺開山化霖道龍の弟子で、煎茶道中興の祖と仰がれる月海元昭、後の賣茶翁(延宝三年〈一六七五〉~宝暦一三年〈一七六三〉)と荻生徂徠ら蘐園《けんえん》の人々に中国語を教え、当代第一等の漢詩人等と交わった龍津寺第三世大潮元皓(延宝六年〈一六七八〉~明和五年〈一七六八〉)の二人である。隠元の渡来以来百年を超える黄檗禅の伝統と、肥前の文化的風土が、この江戸時代中期を象徴する文化人を生んだといってよく、賣茶流の煎茶道は、脈々と現代に繋がり、漢詩人であり学者である大潮の名は、日本漢文学史上にその名を耀かせているのである。この二人の活躍こそは、まさに日中文化交流の歴史が齎した文化遺産であったということができよう。

日中文化交流とその遺産という視点から、改めて近世の佐賀における文人文化を見てみると、隠元による黄檗宗の渡来とその遺産とはまた別様の世界の展開があるように思う。本稿で取り上げる貞享三年(一六八六)の鹿島市民図書館所蔵写本『存誠長崎筆談』(以後『筆談』と略称する)に描かれている世界がそれである。『筆

談』の内容は、貞享三年時点での日本人の対中国文化意識が生の形で現われているものといってよく、その生々しい現場(3)を通して、貞享三年の時点で何が齎らされ、後世に何が伝えられ現代に遺されているといえるのかを、考えることにしたい。

一『存誠長崎筆談』

本書は、現在鹿島市民図書館に所蔵される写本一本のみで、他に所在は知られていない。本書は、旧鹿島藩主邸より流出したもの（書冊類四八五点）を、昭和六二年に鹿島市民図書館が購入した書冊中の一点である。ただし、本書には、鹿島鍋島家蔵書印等は一切ない。しかし、本書上下巻の直書外題は、貞享三年頃の直條自筆と判断され、本書は恐らく代々藩主邸に伝来したものだったと推測される。

書誌

佐賀県鹿島市民図書館蔵。請求番号、書冊31。写本。大本（縦二八・八×横二一・五糎）。袋綴。上下二巻。本文共紙表紙。紙捻綴。料紙　楮紙。外題　左肩直書直條自筆上（下）巻「存誠長崎筆談上（下）」。目次・内題・尾題等なし。蔵書印等なし。保存状況、表紙下方五分の一弱、水濡れ等により破損。上冊下方に一ヶ所、鼠害の穴（径一・三糎）がある。本文墨付全（上冊一八・下冊一六丁）三四丁。上・下冊ともに、喉《のど》に丁付がある。上冊の丁付は、「一～十七」までで、最終丁にはない。下の丁付は、本文の「一～四・六～十三」までで、続く附録三丁（十四～十六丁目）にはない。下冊喉の丁付より、第五丁目の欠丁が確認される。附録第一丁目は、縦書の位牌図を横に綴じ込み、第二・三丁目は六～八行書の筆談の原稿である。本文行数毎半葉　上冊一〇行、下冊一〇～一四行。字高　上冊二三・四糎、下冊二二・五糎。書入れ・朱点など上冊には著者による後補書入れ（墨書）があり、下冊には、著者による朱・墨二種類の後補書入れがある。また、下冊本文には、朱点と朱引が施されている。本書の著者は、並木六郎右衛門存誠で、書写も、上・下冊ともに著者の自筆であると判断される。ただし、書写の時日については、上・下冊の間に約一ヶ月の隔りがあって、上冊は、貞享三年九月初、あるいは中旬、下冊は、十月初、あるいは中旬にかけてと推測される。上・下冊で、墨の色が多少異っているのも、この約一ヶ月間の隔りから説明できるように思う。

構成

本書の内容は、著者並木六郎右衛門存誠が、貞享三年九月初旬（八月下旬とも）より十月初旬までの、長崎滞在中に中国人と取り交わした筆談を、筆談ごとに一ッ書を置いて一ヶ条にまとめ、上巻に三〇ヶ条、下巻に四四ヶ条の都合七四ヶ条にまとめたものである。ただし、上巻の第一丁表から裏一行目にかけての文章には一ッ書はない。内容から序文として書かれたものといってよい。本書が、一種の報告書といった性格のものであるため、序文とよぶのは、ふさわしくないとの判断があって、前置ということで冒頭に置かれたかと思われる。下巻も、冒頭第一丁表の八行分の文章には一ッ書はなく、上巻同様、序文の役目を持たせつつ、前置の形で文章を書きつけたままだったと考えられる。この二つの冒頭の文章が、序文の意識（前置でも同じ）でもって書かれたことは、比較的素直に理解されるけれども、末尾の書き方は、上・下巻ともに最後の条まで一ッ書を置いてしまったために、筆談と後書との区別がつきにくいものとなっている。また、上・下巻の、末尾は、上巻「並木六郎右衛門　吉岡十郎右衛門殿御披封」、下巻「十月九日　並木六郎右衛門　吉岡十郎右衛門殿披陳」のごとくに書簡の宛名書の形が取られているため、どこからが筆談の内容か、吉岡への報告なのか、また直條への伝達の依頼なのか、分かりにくいのである。区別がつけにくい末尾の条々は、上巻は二八・二九・三〇の三ヶ条、下巻は四四条一ヶ条である。したがって、本書における筆談の条数は、上巻二七条・下巻四三条で上・

下巻合わせて七〇ヶ条ということになる。

並木六郎右衛門

本書を著した並木六郎右衛門については、信頼するにたる並木昌純家の系図が失われている現在、正確には把握できないが、現在鹿島市古枝に住まれている並木氏所蔵の系図「並木昌之家系図」(4)によれば、「並木氏　菅原姓　温夫・存誠居士　別号昌純　六郎右衛門其道　宝永七年寅六月五日卆のごとくであり、六郎右衛門の別号が昌純であり、居士号を「存誠」と称したことが分かる。鹿島市民図書館蔵の「昌之」の系図（『覚書菅原姓並木氏』(5)によれば、昌之は、「並木兵右衛門昌武　三男甚兵衛」とあることが分かり、昌之の父が昌武と称したことを知りうる。また同館蔵の『堤系図』(6)「信安　市郎兵衛」の条には、「実　並木六郎右衛門昌純入道存誠弟」との添書があり、同館蔵『並木系図』(7)の「信俊　並木道暦」の条にも、「並木六郎右衛門入道存誠弟」の添書が存し、「信俊」の右肩には「此《これ》以前、並木六郎右衛門系図ニ出」との書き入れが見い出せる。以上を整理してみると、存誠つまり昌純の父昌武には、昌純と三男昌之、それに昌純の弟と記された信安・信俊の都合四人がいたことになる。しかしこれだけでは、昌純が長男であったか次男であったかは分からないが、このことを解き明かしてくれる資料が天理大学附属図書館蔵『古義堂諸生初見帳』である。(8)第二冊目の二ヶ条の記事がそれである。

貞享〔四年〕丁卯五月三日
一　並木六郎右衛門　鍋島備前守殿家来、中西喜兵衛殿より手紙参候而逢申候、喜兵衛殿ハ丹波守殿京都屋敷之役人也。
〔元禄四年辛未〕十二月十一日
一　並木玄昌　唐本や又兵衛伝手にて中江平八同道被出候、鍋島備前殿家来也、舎兄並木六郎右衛門前角《まえかど》被出候。

この記録を見てみると、昌純は、貞享三年九・一〇月、長崎に行き、その翌年の五月三日に、佐賀本藩の京都屋敷の役人中西喜兵衛の紹介で、古義堂へ入門を果していることが知られる。その四年後の元禄四年十二月十一日に、並木玄昌が唐本や又兵衛の伝手《って》でもって入門していることもわかるが、「鍋島備前殿家来也」と身分を記録したあとに、「舎兄並木六郎右衛門前角被出候」とある添書に注目したい。この添書は、今回入門した並木玄昌は、四年前に入門した並木六郎右衛門の実の弟にあたることを、「舎兄」（実の兄）の一語で示していたのである。この『初見帳』の記録から、昌純が玄昌の兄であることが確認され、昌武の息子達五人の内の長男から三男までの順番は、長男昌純・次男玄昌・三男昌之と考えて間違いないように思う。この古義堂『諸生初見帳』の記事によって、鹿島藩からの入門者が二人いたことに驚かされるのであるが、昌純の入門が、長崎訪問の次の年であることに注意したい。長崎に出向いたことで、日頃からあった昌純の文人文化、殊に漢文学への強いあこがれに火がついてしまい、古義堂入門となり、弟も兄の影響を受けて同じく入門となったと推測されるが、この兄弟の記録が意味しているものは、いま 述べたことのみではなく、佐賀鍋島藩全体の文化度、特に当時の漢文学への注目度を測るバロメーターとなりうるものといえよう。こうした側面からの研究が必要であることを痛感する。

　さてこの家臣昌純を、主君直條はどのように遇していたかを、直條生涯の文事を集めた一大叢書『楓園家塵』（二二〇余冊）[9]の中で見てみると、巻百九所載の直條の「賀㆓スル並木一粟翁ノ七十ノ筭㆒ヲ文」の中に、父親昌武の生涯と、昌純が跡を継いだこと、さらに、子孫のことにも筆が及ぼされている。この「賀文」は、巻百九の前後の作品より貞享四年（一六八七）の執筆と推測され、昌武はこの年七十歳だったことになる。そして昌武の人となりを、「我家三代ニ勤労スルコト、殆《ほとんど》五十余年。頃歳《けいさい》致仕（巻百四十八の「壬戌元旦詩」に「一粟子去歳致仕」とあり、昌武は天和元年（一六八一）に跡を昌純に譲ったことがわかる）シ、閑居ス。幼《おさなき》ヨリ学ヲ好ミ、孔孟ノ風ヲ慕《したい》、兼《かねて》医業ニ精《くわし》ク、能《よく》兵家ノ書ニ通ズ。書ヲ読ミ、道ヲ楽シミ、子弟ニ教諭シ、日夜孜孜《しし》トシテ止《やま》ズ。」（原漢文）のごとくに記している。すなわち、昌武は、鹿島藩創設以来の家臣であり、学問・医学・軍学に通じていたこと、そして天和元年に致仕、その後は閑居し、読書三昧で道を楽しみ、子弟に教えて止まない人物であったといい、続いて跡を昌純が継いだことを記し、「其《その》余ノ子孫十数人、皆《みな》字ヲ識り、武ヲ習《ならう》」といって、並木一族が、学問を　重んじたことを称えている。そして、自分と昌武の間柄を「余翁ヲ識ルコト已ニ久シ」（原漢文）と言い、昌純との関係を、「三十年ノ忘形（互いの身分等も忘れた間柄）ナリ」（原漢文）と述べていた。この記述によって、昌武は元和元年（一六一八）生れで、天和元年（一六八一）致仕、そして貞享四年（一六八七）で七十歳だったことが知られる。一方長子昌純は、貞享四年まで三十年間、つまり万治元年（一六五八）より、その時四歳の直條の学友として出仕し、天和元年（あるいは二年）に並木家を継いだと推定される。昌純が直條と同年、あるいは二・三歳上であったと仮定してみれば、昌純の生年は明暦元年（一六五五）ないしは、承応二・三年（一六五二・三）生れということになる。とすれば、本書が書かれた貞享三年（一六八六）、直條は三十二歳、昌純は三十二歳から三十五歳ということになる。

吉岡十郎右衛門

並木昌純が、本書を吉岡十郎右衛門へ送っていることは、上・下巻それぞれに附されている前書と後書によって知られるが、吉岡十郎右衛門がどのような人物で、昌純とどのような関係を持ち、また、直條とどのように接した家臣であったかを、簡略ながら見ておくことにする。吉岡十郎右衛門に関する系図類は、鹿島市立図書館蔵の『吉岡氏覺』(10)一点のみで、この覚書には、直條公御代、吉岡十郎右衛門、於テ二江戸一ニ卒ス。謂フ三有リテレ之《これ》家不ズト二相ヒ立一タ。御懇《ごねんごろ》之者故、名跡斗《ばかり》兵右衛門ニテ相ヒ立ラル。

とあって、直條に仕えていたが、江戸で急死したため、跡が絶えてしまった。しかし、「御懇《ごねんごろ》之者故」、名跡のみは残ったと記されていることが注目される。このことについては後にいま一度取り上げることにするが、これ以外に吉岡十郎右衛門の名前が出てくる資料がある。延宝五年（一六七七）十二月廿一日の奥付を持つ立石新兵衛入道良以著述の鍋島文庫蔵の写本『鹿島書付』[11]がそれである。吉岡十郎右衛門が出てくる一条は、延宝五年九月時点の鹿島藩の教育体制を記したもので、その体制は、四書講読・兵法・仕付ヶ方の三部門と弓的と乗馬の稽古の五つとなっており、それぞれの部門に教師と責任者が配されていたことが知られる。第一部門「四書講読」の項については、

御家中年寄中之子共達、其外若年之者共ニ、今度備州様御下国前迄者《は》、某《それがし》（著者、立石新右衛門良以）幷《ならびに》　吉岡十郎右衛門両人ニテ、大学・論語致シ二講談一聞《きか》セ申候得共、其以後ハ、手透無《これ》レ之《なき》ニ付、御前江も申上、納富小十郎を素読之師ニ定《さだめ》、御傍之御小姓共を始、年若キ者共不《のこ》レ残《らずいたし》致二書読一候。依《より》レ之ニ其《その》心遣人ニ板部内記・嬉野彦右衛門被二仰付一候。

のごとくに説明されている。これによって、直條が藩主となって初めて入国（鹿島へ戻ってきた）した、延宝元年六月まで、吉岡十郎右衛門は、立石新兵衛良以とともに、四書講読ないしは素読の師匠を勤めていたことが分かるのである。『系図』と『鹿島書付』で知られる情報は以上のごとくであって、年齢や直條との関係等については知りえないのであるが、さいわいにも、直條の『楓園家塵』には、吉岡十郎右衛門についての記事が散

見する。最も詳しいのは、巻百三十五所載[12]の元禄四年（一六九一）三月二十三日に草された「告ゲル二侍生信興一文」である。冒頭に「侍生信興、字子譲、吉岡氏」と記したあと「今茲《いまここに》仲春二十三日、疾病俄ニ起リ、遂ニ没ス二于江都ノ我ガ楓園居一。享歳四十五。」と述べており、子譲は、直條より八歳の年長であったことが分かる。元禄四年四十五歳より逆算して、生年は正保三年（一六四六）だったことになる。子譲の出自については、「汝ノ之父祖、歴仕スルコト二我家一ニ四世、既ニ百餘年ナリ」と、鹿島鍋島藩創立以来の家柄であることを述べ、直條との関係については、「我與《と》レ汝、自《より》レ幼同ジクスレ遊ヲ」と記していることから、幼年時より遊び相手として召し出されていたと思われる。続いて、「汝比及《このごろ》ビ二成童一ニ、負レ笈ヲ留《りゆう》二遊《ゆう》ス于洛陽一ニ」とあり、成人した頃には、京都に出て、学問に励んだことが知られる。先に見た並木六郎右衛門兄弟と同じ古義堂であったかどうかは、残念ながら確認できないが、並木兄弟を京都遊学にかり立てた要因の一つにこの吉岡子譲の先例があったことは間違いないであろう。そして彼の勤務ぶりについては、「十五年前、相ヒ従ヒテ東ニ来リ、自後未ダ三嘗《かつ》テ一日ダニ離レ二我ガ左右一ヲ也」と述べている。十五年前とは、延宝四年（一六七六）のことであり、子譲は三十歳、直條は二十二歳の時より、二人は片時も離れることはなかったということになる。そして子譲の人となりについては、「汝ノ禀性《ひんせい》、温和敦篤《とんとく》、樸實貞静、不レ好マ二華飾一ヲ、能ク慎ミ二言行一ヲ、文事武備、勤《つとめ》而《て》不《やま》レ已《ず》」という理想の人物だったと称賛し、また、その能力の高さを「汝無レ不レ預《あずかりしらざることなし》二知或ハ校字、我ガ蔵書、或ハ揮毫、我ガ述作一ヲ、其労孔《はなはだ》多シ矣。」のごとく、直條の学問の全てを理解し、掌握していたと記して、その労を犒《ねぎら》っていたのである。『楓園家塵』巻九四所載[13]の小祥忌の七絶「悼ム二侍生吉子譲一去月二十三日俄ニ死」において、その能力の高さを「二十年来作《な》シテレ群ヲ就テレ毫ヲ助クルコトレ我ヲ最モ精勤ス」のごとくに回顧していた。学問において一身同体であったといってよかったのかも知れない。すでに見たが、『鹿島書付』でもって知られる鹿島藩士子弟に対する学問・教育の体制が見事に整備されていたことには、やはり注目しておきたい。島原の乱（寛永十四・十五年〈一六三七・八〉）後の新しい文治の時代を迎え、如何に生き延びていくかの問題に直面した佐賀藩は、他藩にも増して、学問・教育重視の方針を取ったのではなかったか。関ヶ原の合戦で西軍に組して家康に謝罪し、島原の乱においても、軍令違反の罪を犯して逼塞を命じられるという、二重の汚名を注ぎ、かつ信用回復を勝ち取るという新たな目標が出来たことでもって、学問・教育の推進・整備が、本藩のみならず各支藩においても、急速に進められたことが考えられる。江戸の林家や京都の学塾への藩士の留学が多いことも、こうした藩の姿勢の反映であったといって間違いない。佐賀藩の学問・教育は、貞享・元禄期を迎ええて、前代に比して特段の進歩を見たといってよいように思う。

成立過程

先に、上・下巻の成立時期に、一ヶ月弱程度の隔りがあるのではないかと記したが、その一ヶ月弱の間隔《ズレ》は、どのような事情があったからであったのか、また、その事情とは、具体的にどのようなことであり、このことは、本書の成立に関してどのような意味合をもつものだったといえるのか、といった点について、上巻の前書・後書と下巻の前書・後書および猶々書とを読み解くことを通して、上巻・下巻それぞれの成立過程を考えてみることにする。本書の筆者並木昌純が置かれている立ち位置を確かめておくことが、本書の内容の把握また本書の価値を考える上で重要であると考えるからである。

まず、上巻の前書と後書とを掲げる。

上巻前書

㋑於長崎《ながさきにおいて》、宏才ノ唐人ニ遇申候《もうしそうろう》て、詩文・筆談等仕《つかまつり》候。㋺御慰ニ指上申候様ニ被為成御意之趣《ぎょいなさるるのおもむき》、謹而奉《つつしみてそのむ》得其旨《ねをえたてまつり》候。夫《それ》ニ付《つき》、㋩先書ニモ申上《もうしあげ》候様ニ、唐人六七人、近付罷成《ちかづきにまかりなり》候。某《それがし》旅宿之《の》所ニモ、毎度□来《きたり》申候。書翰取合《とりあい》、詩文贈答、少々筆談等仕候。大形今度□上《あげ》候。㊁其元御徒然《そこもとおんつれづれ》ノ御慰ニモ、自然罷成《まかなり》候へハ、某大幸不浅《あさからず》□□奉存《ぞんじたてまつり》候。今度邂逅《おもいがけなく》ニ長崎へ罷越《まかりこし》、漢土(原本士に誤る)儒生ト出合申候□□□題ニヨリ面白キ事、段々咄申候。併大通事《(原本辞に誤る)》・中通事《(原本辞に誤る)》ナトハ□□□□入申候。又小通事《(原本辞に誤る)》ハ、学文方ハ不通ニ御座候《ござそうろう》。夫《それ》ニ付《つき》、筆談ヲ以《もって》相□□廣博者《こうはくのものども》共、サゾヤ咲敷《おかしく》御座候半、痛入《いたみいり》申候。右通ニ書付仕《かきつけつかまつり》候へバ、□近□問申候處御座候。又同事《おなじこと》弐人ニ問申《といもうし》候へハ、相違ノ所モ御座候ニ付《つき》、弥定難仕《いよいよさだめがたくつかまつり》候事モ御座候。

上巻後書

一御用ノ事、弥五兵衛不申上《もうしあげず》候段、先書ニ某迄被仰候趣相達《それがしまでおおせられそうろうおもむきあいたっし》候。

一右書付之通《かきつけのとおり》、可然《しかるべく》㋠御披露所希《ごひろうねがうところ》ニ候。㋷悪筆・落字中《カ》々麁略ニ御座候。殊ニ某《それがし》心随《まかせ》ニ仕候而、書付申候へバ、必以□□□□敷存《しくぞんじ》候。

一聚仙香　一誠隣香　一縉紳　一進士名題

某罷帰《それがしまかりかえり》候跡ニモ、随分相尋《あいたずね》申候様ニ、弥五兵衛ニモ□□□々方々ニタノミ申候へ共、無之由《これなきよし》申来候。

並木六郎右衛門

吉岡十郎右衛門殿　御被封

上巻本前書冒頭の傍線部㋑「長崎に於《お》いて、宏才《こうさい》（大きな才能）の唐人に遇い申し候《そうろ》て、詩文・筆談等仕《などつかまつ》り候」、㋺「御慰《おなぐさみ》に指し上げ申し候様に成御意之趣《ぎょいなさるるのおもむき》、謹而奉得其旨候《つつしみてそのむねえたてまつりそうろう》」の一段は、手紙文特有の意味の取りにくいものであるが、この㋑㋺の文脈の繋がり具合は、次のように考えられるように思う。㋑は、昌純がこの手紙（上巻前書）よりも前に、子譲に送った手紙に書いた、長崎における自分の体験を、子譲が要約した形で反覆するように綴られた一文だったと考えられる。そして続く㋺の「御慰《おなぐさみ》に指し上げ申し候様に御意被為成の趣」の「御慰」は、主君直條の「御慰」のために差し上げたいという子譲の意志を言ったもので、続く「謹《つつし》んで其旨《そのむね》を得奉《えたてまつ》り候」は、確かにあなた（子譲）様の御考えを理解致しました、という一段だったと読みとれる。前書中の㊁の「其元《そこもと》御徒然《おんつれづれ》ノ御慰ニモ、自然罷成《まかなり》候へハ、某大幸不浅《あさからず》」にも、「自然《しぜん》（ひょっとして）罷成《まかなり》候へば、某《それがし》大幸《たいこう》不浅《あさからず》」ということの一節で、昌純が言わんとしていることは、今回私が指し上げました『長崎筆談』（今論じている上巻本をさす）が、子譲様の徒然を慰め申し上げることになるというようなことがございますれば、私にとって、これ程しあわせなことはありませんということだった。したがって、本書の上巻は、吉岡十郎右衛門子譲の「御慰《おなぐさみ》」のために執筆されたものと考えられる。㋩の「先書」の折の、長崎における詩文・筆談等の報告として書かれたもの（以後「初回本」と呼ぶ）とは別の本だったということになる。この初回本と、今回子譲に呈した本書上巻本（以後「上巻本」と呼ぶ）とには、多くの相違点があることを、縷々書き連ねたのが、前書㋩の「先書」以下、末尾「相違ノ所モ御座候ニ付《つき》、弥《いよいよ》定《さだめ》難《がたく》仕《つかまつり》候事モ御座候」までの文章であった。初回本と上巻本との差異は、初回本が、要点をのみ記すことを旨とした簡略本であったと思われるのに対し、上巻本は、初回本とは逆に、長崎での体験を、㋑「詩文筆談」以外の体験をも含め、具体的に、出来る限り事実のままに、細大漏らさず記述する、いうなれば、初回本で簡略化した部分を補うことを目的として記述したといってよいように思う。雑多な、不確かな記事の中に面白い咄もあって、子譲様の「御《お》慰《なぐさみ》」になりうるのではないかと考えたからです、と言っていたと読みとれるからである。

さて次に、本書下巻本の成立過程を見てみることにする。下巻本の前書および後書には、上巻本と違って日付がある。前書には、文中に「當月廿二日より彼地《かのち》へ罷越《まかりこ》し候《そうろう》て、今月六日罷《まかり》帰《かえ》り候」とあり、後書の最後に「十月九日」とある。この日付が、貞享三年（一六八六）の十月九日であることは、本文中（下5条）に「去年ハ丑ノ年ニテ」という記述があることより分かるのであるが、他にも貞享三年であることを示す記事が、下巻の本文中に見受けられる。その一つが、下1条中の「心越和尚」の記事である。水戸に招かれていた心越が、兄蒋尚郷に会うために長崎に戻って来たのが、貞享三年八月であったことが[14]知られており、本書の記述は、このことを伝えていたといってよいからである。また、心越が貞享三年三月五日に亡くなった唐通事可遠に挽詩を捧げたことが知られているが[15]、その可遠の位牌をめぐる記事が下巻24条に見受けられることからも、貞享三年であることがわかる。また、上巻24条に「当年唐人都合銀高六千貫目ノ公儀ヨリ御割付」という記事があるが、この記事からも本書の執筆が貞享三年であることが分かる。「六千貫目」の「割付」とは、貞享二年秋に、幕府が発布した、唐船の年間総貿易額を六千貫（十万両、ちなみに蘭船は五万両）に制限する、いわゆる「貞享令」を踏まえたもので[16]、それが初めて実施された「当年」、すなわち貞享三年の割付が六千貫目であることをいっていたからである。上巻本もまた貞享三年の成立であることを疑う余地はないことになる。

下巻本後書の「十月九日」が貞享三年で間違いないことになれば、下巻本前書の中の「先月廿（原本當に誤る）二日より（中略）今月六日」の日付も、当然貞享三年九月二十二日より、十月六日までのことと考えてよいことになる。いま下巻本前書の九月二十二日の日付、および後書の、十月九日の日付にこだわったが、それはほかでもない、直條に貞享三年九月十九日の日付が書き込まれている書牘「與二存誠一書《そんしょうにあたうる》」があって、その中に、本書の成立に関する記事があるからである。『楓園家塵』巻百四に初稿、同じく巻百九に再稿が収められている[17]。いま、再稿本によって、必要部分を抄出する。

與《と》二山人野客一、圍レ棊連レ句《ごをかこみくをつらぬ》乎。與《と》二古老逸士一、舉レ酒啜レ茗《さけをあげめいをすする》乎。存誠堂中之《の》雅興、宛然トシテ在リ二目前一リ。況《まして》命ジテ二吉岡子一ニ告向長崎之事《ながさきにむかうことをつぐるにおいておや》。想其書既達之《おもうにそのしょすでにたっせん》。若到二彼島一《なんじかのしまにいたり》、與ト二華人一相逢《あいあい》、筆談シ譚語シテ、問ヒ二中華之文章一ヲ、訪《と》ヘ二中華之《の》山水一ヲ、則チ頓ニ得ン二新功一ヲ。不レ堪ヘ歆羡之至一リニ、所レヲ聞ク細書シ以テ示レセ之ヲ。

これを口訳すれば、次のごとくである。

隠居している人や在野の人達と、碁を圍み句を連ね、あるいは古老達や徳の高い人と酒を酌み交わし、茶を啜るという風雅な時を過して楽しんでいる、存誠堂中のそなたの姿が、そのまま目に浮かぶ。文人趣味のそなたに、吉岡子を通じて長崎行を告げよと命じた。おそらくその書は達していよう。そなたは、長崎に到り、中華の人と逢い、筆談し、譚語をして、中華の文章を問い、中華の山水を訪え。さすれば即座に新しい実のりが得られよう。うらやましくて我慢できない程だ。聞き集めたことを、つぶさに書き送ってくれるように。

「與二存誠一書」では、この文章の前に、三行程の挨拶文を置いているが、この文章の後十一行には、八月初旬から九月十九日までの直條自身の江戸藩邸楓園における文人生活が報告されている。大概を簡略に示せば次のごとくである。

八月初めより喪に伏し、中秋の月を賞することができなかったが、重陽の日には登城した。十三夜は雨で、尚絅堂で吉岡等と雨を聴くことになった。十七夜には、月下に奇書を読んだ。また、人見卜幽が近頃出版した。『東見記』(18)を読んだが、観るべき書と思うので、そなたに送ろう。

後文冒頭の八月初めの喪とは、貞享三年八月五日に亡くなった叔母、島原藩松平家初代藩主忠房の室永春院のことであった。父直朝の一歳下の妹直姫は、若死した学問好きの世子好房の身代りとして、直條を可愛がり、直條もまた深く母のごとくに慕い、三田の忠房邸を訪うことしばしばであった。本書上巻前書冒頭「御慰《おなぐさみ》(ロ)ニ指上候様に被レ為レ成二御意之趣《きょいなさるるのおもむき》、謹而奉レ得二其旨《そのむねをえたてまつり》一候」の「御慰」とは、この直條の叔母との死別の哀しみを慰めるためのものだったのである。直條は八月五日から九月十六日まで喪に服し、その間に六十二首の歌を詠み『秋の山すみ』(19)と題した日記体の歌文集を編み、叔母の死を悼んでいたのである。『秋の山すみ』は八月五日晩より二十六日迄、つまり三・七日の法事迄は日々記であるが、あとは九月五日・十日・十六日に記事と詠歌があって、十六日の記事に続けて跋文がある。この叔母の追悼に心を奪われ、哀しみに沈み込むばかりの直條を、すぐ傍に居て見かねた吉岡子譲が、何か元気付ける方法はないかと考え、思いついたのが、並木昌純を長崎に派遣し、新渡の文人文化の情報を直條に届けさせるという企てだったかと思われる。この想像が許されるとすれば、吉岡子譲が企画を立てた時日は、貞享三年八月中・下旬頃で、並木昌純はその企画を鹿島で承けて、八月下旬から九月初旬にかけて長崎に出向き、喪中の直條の心情も考慮し、華やかな世間の咄や俗事はなるべく避けた形の初回本（上巻前書で二人が「先書」と呼んだ書簡）を江戸で受けとった吉岡子譲が、意気消沈している直條に見せたのである。日時は決められないが、叔母追善の日々記を終えた後の八月末から九月十日までの間ぐらいに手渡したのではなかったか。この初回本に気分を晴らすことができた直條は、おそらくすぐに、自分が求めている文事に関する条々を列記し、再度並木昌純を長崎に遣わすようにと、吉岡子譲に命じたのではあるまいか。直條・吉岡子譲・並木存誠の三者の関係と役割を以上のごとくに想定した上で、下巻本の前書と後書、および猶々書、さらに下巻のみにみられる指示書それぞれの意味を考えてみると、その構造は意外とスムーズに読み解けるようである。

下巻前書

前半

某《それがし》儀、貴様より之御紙上委細承届《のいさいうけたまわりとどけ》、長崎ニ(イ―1)被仰付候趣《おおせつけられそうろうおもむき》、奉得其意《そのいをえたてまつり》(原本當に誤る)(ロ―1)、先月廿二日より彼地罷越候而《かのちへまかりこしそうろうて》、今月六日罷帰《まかりかえり》候。

後半

(イ―2)被仰付候条々、於長崎《ながさきにおいて》、唐人・地下人承候趣《にうけたまわりそうろうおもむき》、左ニ(ハ―1)書載仕《かきのせつかまつり》候。(ニ―1)逐一被遂御披露可被下《ごひろうとげられくださるべく》候。大抵此書《たいていこのしょ》ヲ書《かき》申候事、(ロ―2)十一日ニ罷《やめ》、佐賀便御座候ニ付、指越申候《さしこしもうし》(ママ)仕《つかまつり》候。夜日共書申候へバ、必以書違《かならずもつてかきちがい》モ可有御座《ござあるべく》候間、御読直可被成《おんよみなおしならるべく》候

指示書（首）一㋑—3御請申上候《おうけもうしあげそうろう》条々、左㋩—2ニ書載仕《かきのせつかまつり》候。

本文　（下1条〜下43条）

指示書（尾）右之申上候段、㋥—2可預御披露《ごひろうにあづかるべく》候。

下巻後書

㋑—4御紙上之《の》通ニ、中華之《の》咄等、少々承《うけたまわり》候事共御座候。右之御用ノ㋑—5物ヲ㋩—3書立《かきたて》申仕候而、㋭脇事《わきこと》ハ今度不能書《かくあたわず》候間、段々可申上候。禿筆《とくひつ》ニ而難尽事共《つくしがたきことども》多々御座候。翅《つばさ》モ御座候ハヾ、五日逗留罷越《とうりゅうにまかりこし》候而、加番与存《かばんとぞんじ》候。

㋺—3十月九日　並木六郎右衛門

吉岡十郎右衛門殿　御披陳

猶々書

猶以申入《なおもってもうしいれ》候。然者《しかれば》、今度某儀《このたびそれがしぎ》長崎罷越《へまかりこし》候儀、㋺—4四五日逗留と被成御意候《ぎょいなされそうら》へ共、中々左様ニ而者（原本共に誤る）罷成《まかりなる》儀ニ而無（原本無を脱す）御座候。㋺—5十二日居申候而《おりもうしそうろうて》さへ埒明キ不申《もうさず》候。長々逗留申候儀、如何《いかが》ニ存候而《ぞんじそうろうて》、㋑—6承《うけたまわり》候事なとに不係《かかわらざる》ノ所御座候。以上

下巻本前書冒頭文「某《それがし》儀、貴様より之御紙上委細承届《のいさいうけたまわりとどけ》、長崎ニ㋑—1被仰付候趣《おおせつけられそうろうおもむき》、奉得其意《そのいをえたてまつり》」の中の、㋑—1「長崎に仰せ付けられ候趣」が、先に検討した、直條の貞享三年九月十九日付の「與二存誠一書」中の「若到《なんじかのし》二彼島《まにいたり》一、與ト二華人一相逢《あいあい》、筆談シ譚語シテ、問ヒ二中華之文章一ヲ、訪《と》ヘ二中華之《の》山水一ヲ」という命令であることは明確であり、

この命令を拳拳服膺しているのが、㋑—2「被仰付候条々」であり、指示書（首）の㋑—3「御請申上《おうけもうしあげ》候《そうろう》条々」さらに後書の、㋑—4「御紙上之《の》通ニ」、㋑—5「御用ノ物」、そして猶々書の㋑—6「承候事」であったといってよい。下巻本においては、直條のこの命令が、一〇〇パーセント並木昌純の頭を占領していると見て誤らないであろう。と同時に、その命令に従って探索した結果を報告しなければならないという意識が、前書後半の㋩—1の「左ニ書載仕《かきのせつかまつり》候」であり、指示書（首）の㋩—2「書載仕《かきのせつかまつり》候」であり、はたまた下巻後書の㋩—3「書立《かきたて》申仕候」、さらに言えば、前書㋥—1「逐一被遂御披露可被下《ごひろうとげられくださるべく》候」あるいは指示書（尾）の㋥—2「可預御披露《ごひろうにあづかるべく》候」のごとく、直條へ自分の報告を披露してほしいと強く願い出てさえいたのである。ということは、下巻本の内容は、ほぼ直條の指示通りに長崎中を歩き廻って得た、学問・文事に関する報告書であったと断じてよいものだったのである。したがって、内容的にもそのまま読み取ればよく、筆談の現場の様子も分かり安いものとなっているようである。

さて、最後に検討しなければならないことは、下巻本の成立過程と執筆日時の確定ということになるが、このことは、下巻本前書の前半と後半、後書および猶々書の執筆順序を、それぞれの文章の中に出てくる日付、あるいは日数の記述を吟味することを通して、おのずから決定することができるように思う。

下巻本前書前半部は、下巻本が、先月（九月）二十二日に鹿島を立って長崎に滞在し、今月（十月）六日に鹿島に戻ってきた、その間の長崎での筆談などによって記述したものであることをまず冒頭に述べた部分であって、充分に前書の役割を果たしているといえ、問題となるものはない。ところが、この冒頭文を念頭に置いて後書の日付「十月九日」を見てみると、存誠は、十月六日に鹿島に戻り、三日後の十月九日には本文を書き終え、吉岡十郎右衛門への宛名をも書き添えることで、下巻本は成稿を得たと考えられるのであるが、前書後半部の文章の中に、「大抵此書《たいていこのしょ》ヲ書《かき》中候事十一日ニ罷《やめ》」という一節があって、十月十一日迄、存誠は、本書を手元に置いて訂正を加えていたことが知られる。しかし、なぜ前書前半の十月六日の日付の後に、下巻後書の十月九日よりも後の十月十一日の日付を持つ文章が前書後半の中にあるのか、不審である。九日の次にかかれているのが普通である筈だからである。そこで、改めて前書と後書、および猶々書を見てみると、前書の後半部四行が、前半部に比べて、一字分下げた感じで書かれており、一行目はさほど違和感は感じないけれども、二行目から四行目までの三行は、詰まった感じで文字が小さくなっており、一行の字数が、二・三文字多くなっていることが分かる。この見方でもって、今度は、再度猶々書を見てみると、猶々書は、本文よりも二文字程高い所から書き始められ、一行の文字数も、本文よりやはり二・三文字多く詰めた書き方がなされていることがわかる。この二ヶ所の文章は、本文とは異った共通の書き方がなされたものであることが認められる。すると、この二ヶ所の文章は、前書と後書が書かれた後で、同時に書き込まれたものであったと見て間違いないであろう。さらにいえば、前書後半部は、前書前半部と指示書（首）との間に余白があったが故に、猶々書の場合も、後書の後に二行分の余白があったために、そこに四行分の文章を詰め込もうとして、四行分の文章の内の二行分が、余白を超えて、ノドの部分に詰め込められた形の書写となったと考えられる。いま、下巻本の書写は、十月九日に一応の成稿を得たあと、十一日迄、存誠の手元に置かれ補訂・書入れなどがなされていたと述べたが、これは、おそらく、下巻本の後に添付されることとなった、附録七点をどのように処理するかの問題を含めて、作業として残されていたからであると考えられる。ところが、急拠十一日の佐賀便で送るという事態が発生し、存誠は、慌てて前書の後半の余白部分と、猶々書後の余白部分に、言訳けを含んだ文章を書き付けたのである。この書入れをしたために、今度は、前書の前半・後半全体と本文の第一条との間が詰まってしまい、本文の始まりを明示すべく、残っていた一行の余白にわざわざ一つ書を置いて指示書（首）を書き入れたと思われる。この措置をしたために、本文末にも、指示書（尾）を書き入れることになったものと考えられる。この指示書（首・尾）の書き入れでもって下巻本の後に、筆談の折に使用された原稿紙三枚が、時間の都合でそのまま添付され、佐賀便で送り出されることになったと考えられる。附録1～7は、それぞれ本文に採用されているといってよいが、附6のみは、採用されていないようである。したがって、内容的には、ほぼ本文と重《かさ》なるといってよいが、付録は、筆談の折に書かれた原稿そのものである可能性が高く、そうした意味での希少価値が認められるといってよいであろう。附1の位牌図に細字で書き込まれた文章「是ハ楚菴ト刈相公ト、何事ヤラシハラク相談申候而書申候。」は、まるで実況放送のように筆談の現場を伝えており、また、附4の場合は、楚菴が書いた大振りの文字の肩に、細字で「楚菴書申候」と、後で存誠が書き入れていることが明らかに分かるからである。附1～7は、本文の確認、あるいはその理解を助ける資料であると同時に、十七世紀後半の筆談の原《なま》資料として希少価値を有するものであることを、ここで強調しておくことにする。

二　筆談の現場

『存誠長崎筆談』上巻本二七条・下巻本四三条の全体像を把握するために、筆談を行った日本人と中国人、筆談が行われた場所とその内容（話材）の四項に分けた一覧表を掲げることにする。

最初に、筆談が行われた場所から見ていくことにする。まず、一覧の日本人欄を見ると、本書の著者存誠が全条にかかわって出てくることはいうまでもないが、存誠と通事とが連記されている条が、十五ヶ条（通事十五回、西村七兵衛二回、榊弍左衛門一回）あり、それらの条では、存誠が、通事を中に置いて中国人と筆談を交わしていたことが考えられる。また、上25・下1の条では、存誠と宿主七兵衛とが連記されているが、この宿主七兵衛は、実は宿主であると同時に通事であった。存誠は、下1の条で「唐人宿　仕《つかまつり》候亭子《ていし》（亭主に同じ）、名を七兵衛と申《もうす》。是《これ》ハ通事《つうじ》を仕《つかまつり》候」と説明しているが、七兵衛は、唐通事西村家の初代で、名は道秀、号を石林と称した。寛文十二年（一六七二）五月十八日小通事に任命され、五人扶持を与えられた。[20] 貞享期の唐通事は、大通事四人、小通事五人であったといわれている。[21] また下28の話材の中に榊弍左衛門の名がでてく

『存誠長崎筆談』一覧

	日本人	中国人	場所	内容
上1	存誠・普敬・碧潭	五官	崇福寺（福州寺）	清朝高官の呼称を問う。文国老・武国公・相公、三公と申す。
上2	存誠・普敬・碧潭	五官	崇福寺（福州寺）	大清両京・十三省　福州太守姓名は部院。同処軍門は金潮。
上3	存誠・普敬・碧潭	五官	崇福寺（福州寺）	武夷山への里程を問う。答曰、出茶上好。福州到武夷山十日路、と書く。
上4	存誠・碧潭	五官	崇福寺（福州寺）	崖山に茶有り。好いのは一斤一両。蒙山は、山頂に茶あり。晴明の日、数千人登り、弓で射落して取る。王公も常には飲み得ず。
上5	存誠・通事	黄重華・汪相公・刘相公	通事邸	霊芝を問う。黄重書して曰く、雲南・泗川・河南に在り。徐福、日本に来るも得ず。汪相公、薬には生しきを服してよしと申す。
上6	存誠	黄重		周の宝、今にありや。黄重書して曰く、鼎これあり。
上7	存誠・通事	汪相公・刘相公・朱珩・黄重		鮎を出し、字を問う。日本俗、年魚・鮎魚・鰷魚。黄重書して曰く、唐山、鰷魚。
上8	存誠	楚菴・刘相公	通事邸	通事の料理に鯛が出る。貴邦鯛ありや。楚菴書して曰く、海中之を知る。劉相公、字書に見えず。
上9	存誠	楚菴		料理にカサマカニ出る。この蟹、貴邦に有りや。楚菴曰く、蘇抗近海地方に有り。
上10	存誠	楚菴（唐山三人）		タバコ・キセル、日本人にかわりなし。この字、タバコは莨宕かと問う。楚菴書して曰く、煙と名づくと。
上11	存誠・通事	汪相公・黄重・王鼎元・刘相公	存誠宿所	酒杯、興に乗る。肴に海月を出す。水母かと問へば、海蜇と書くと申す。海月は大なる誤りと通事に申す。

上12	存誠・通事	王鼎元・汪相延カ・刘相琦・黄重華	存誠宿所	鱸魚・蓴菜、来年、塩・干持参有り度し。約を堅くす。存誠七言絶句一首を汪相公・刘相公・黄相公に呈す。
上13	存誠・普敬・碧潭・林宗順	童元基	興福寺（南京寺）・林宗順居所・存誠宿所	芙蓉・蘭を画かせる。存誠宿所にて、自作七絶の批点を求む。陳圖南像額を画かせる。存誠と童元基、七言絶句の酬和。
上14	存誠	黄重		錦・綾を問う。莽緞、南京にあり。錦緞、呉地蘇州にあり。
上15	存誠	黄重		黎花酒。問、蘓州松江里程。黄重答、百八十里、一日に到る。問、會稽山。答、浙省快舡、一日に到る。日本に到る、順風五日。問、萬里長城・燕山・湟川・梅川。龍虎山の天師は、子孫伝流である。東坡孫有りや、有り栄翰。杜甫、愷献。大清朝子孫の存否。
上16	存誠	童元基		童元基、唐地圖を以って、十三省を教う。更に細図を求むるも、長崎にこれ無し。問、明朝皇孫、姓を隠し名を埋む。問、呉三桂孫、逃げ遁れて去る。問、國姓爺孫、大清に帰降し、現在北京に在り。問、孔聖人孫、今朝に在り、名毓秀。問、孟子孫、今翰林官、亮撰。問、程子孫、處道官、名又木塭。問、朱子孫、粮道官、名子和。問、顔子孫、河南按察司官克聖。
上17	存誠 弥五兵衛悴 紀太郎	楚菴張殿・王鼎元・唐人五人（三名は不明）	存誠宿所カ	存誠、五律一首を呈す。楚菴、和す。楚菴書、日本夷に非ず。日本近来文教を重んじ、礼譲を崇ぶ。頗中華の風有り。中国と杭衡す。楚菴問、紀州・尾張・水戸の尊卑。水戸様に召し出さるるの由、「前にも申通りに、風聞に任す。」問、西湖周囲、答十里。問、孰か勝る。答、西湖小景・洞庭、宇宙の大観。問、君山。洞庭の中に、君山、山上に湘妃廟有り。李群玉、黄陵廟詩。彼是にて此の如く評論を遂ぐ。
上18	存誠・山浦玄安		山浦玄安宅	医師山浦玄安、朱文公墨跡所持、一覧に行く。名印フタシカ。その文「和不流訓在中庸」以下百二二言。
上19	存誠・山浦玄安		山浦玄安宅	龍画、無名印。唐人カ、見陳容と申すよし。

	日本人	中国人	場所	内容
上20	存誠・山浦玄安		山浦玄安宅	朱子像・孔子像・登鯉、潘安仁。
上21	存誠・山浦玄安		山浦玄安宅	三教像、釈迦中・左孔子・右老子。
上22	存誠・山浦玄安		山浦玄安宅	巻物、孔子・顔子・其外七十賢。右の外、奇怪道具。
上23	存誠	楚菴・黄重・王鼎元、唐人二人	存誠宿所	小さき笠を問う。笠着けているのが礼。笠ぬぐは自由の体。これ、中国人戴く人なし。飾りの毛、旱牛の尾、紅色・茜草染。韃靼、中国に入り服色を中国制に改む。朝帽には品級が有る。
上24	存誠	楚菴・汪相公・黄重華	存誠宿所カ	楚菴、元政・丈山詩を問う。存誠の、孰《いずれ》勝るやの問いに、二詩工・力相い似ると答う。酒宴、手以って止む。律義第一と見ゆ。楚菴曰く、清潭足れり。若し屢杯酒を以って煩せば、敢て上堂せずと。某、酒宴は、君子の交りと、一笑す。猩々、狒々、獅々の有無を問う。汪相公、呈五絶一首。存誠、呈七絶一首。姑蘓古跡、楓橋の楓樹の存亡を問う。黄重書ス、『海内奇観』一部「庫内」にあり。ただし、当年唐人都合銀高六千貫目の公儀よりの御割付のために、中々買取り出来ずと云々。
上25	存誠・西村七兵衛	楚菴張荊藩・黄重	存誠宿所	半弓・弓・剣士のこと。また、楚菴は、弓馬に秀れ、文武を兼ねていることを自らいう。問、江南梅花。黄重答、遍地倶に有り、但し、江南独り占む。酬和詩、存誠五律一首、張荊藩五律一首。存誠が帰ることを知り、数日の清潭を謝し、詩の添削が出来なかったことを詫びる。
上26	存誠	楚菴張殿奏・黄重・刘相公	存誠宿所カ	楚菴、存誠へ送別の扇面・手拭を送る。扇面に、張殿奏の七律一首を記す。
上27	存誠・弥五兵衛		存誠宿所カ	童元基に送る詩「求江南梅画」七絶一首。陳圖像、弥五兵衛持ち越し申さず。名印すまざる故か。依頼が多く隠れて居るため、会えず。その他も済まず、今回報告できず

下1	存誠・西村七兵衛	張殿奏、字荊藩、号楚菴	存誠宿所	姓張、名殿奏、字荊藩、号楚菴。当年五月に来朝、水戸様より召寄せられるとも、荊藩より望むとも。水戸様へ詩文指上げる。唐人宿七兵衛に泊る。近日、心越和尚・葉清祐・使者など下る。決定は当月末、否ならば、来月末漢土に帰ると。荊藩は、南京の奉行で学文一篇の人。五度程出合う。
下2	存誠・普敬・碧潭	童元基	童元基宿所	当年童元基来朝、彼の宿所に行く。御意に従い普敬・碧潭、詩を見せ批点を請う。存誠も詩を呈す。童元基も一詩を作る。
下3 下4	存誠	汪相公・王鼎元・刘楚琦・黄重華	存誠宿所	汪相公（名相廷）、王鼎元、不学好術。刘楚琦、画工。黄重華、有学。この四人南京商客。御屋敷近辺に宿す。存誠宿へも毎度参る。
下5	存誠			去年丑の年の及第の仁有るべし。姓名を尋ねるも、北京のこと故、相しれざるよし。
下6	存誠	黄重		書付を以って、問桜花。桜の作り花を捜し出して示す。黄華、書き申す、色白、赤は無しと。杜甫の西蜀詩によって尋ねる。
下7	存誠			康熙皇帝、毎年行幸ありや。文武どちらを好まれるか、文を御好みという。
下8	存誠・通事	楚菴		当時、中華にて博学第一人の姓名を問う。楚菴、書申す。
下9	存誠	楚菴		北京閣老姓名を問う。四閣下　一位明珠、一位杜立徳、一位呉正活　一位壊了　右の通り、楚菴答う。
下10	存誠	童元基		明〔史撰集のこと〕を童元基に問う。綱鑑と答う。選集名、大復集・眉公集等、十部を挙げる。
下11	存誠・碧潭	五官	崇福寺	康親王のことを尋ぬ。碧潭、通事を仕る。康熙帝のをぢにて、三年以前死去と答う。

	日本人	中国人	場所	内容
下13	存誠	楚菴		満官に名高き学者ありや。楚菴、博学者なし、読書者はあり。
下14	存誠　通事 長崎者	汪相公・黄重		問う、楮・蛩は禁止の物か。汪相公・黄重、禁の物と申す。蛩の種渡り申さず、楮皮は渡るも、日本にては唐様に漉かずと申す。
下15	存誠・通事	楚菴・刘相公		孔聖人神主（位牌）のこと。刘相公に画かせる。
下16	存誠・通事			神主の長さ、たて三尺六寸。
下17	存誠・通事			神主の横幅壱尺。
下18	存誠・通事			両脇、龍二つ、上にも龍二つ作り付ける。珠に戯れているように作り、珠を入れる。珠は金みがき。
下19	存誠・通事	楚菴		銘は「大成至聖文宣王」と楚菴に書かせ申す。今度、指し登せ申す。
下20	存誠・通事			台は、上に合わせ恰合よく作る。
下21	存誠・通事			銘は、金を膠にて点じる。
下22	存誠・通事			木は、何にてもよし。その訳は別に無いとのこと。
下23	存誠・通事			銘のわき、漆にて塗る。
下24	存誠・碧潭	唐人		唐人に神主を作らせるようにと碧潭に依頼。碧潭、可遠の位牌を唐人に示す。唐人、木は柏・椎がよいという。可遠と孔子が同じとは。
下25	存誠・弥五兵衛・唐本屋忠兵衛			温公通鑑は、およそ弐百七八十目。廿一史、当年弥五兵衛入札、五百目。唐本屋忠兵衛に見せると、この本悪し、スリケシなどあり、大名様方の本ではないので、脇に払ったという。

下26	存誠	黄重		人彡（参）、沢山上黨より渡るかと尋ぬ。黄重、人参、北京・寮東に在り。皇帝出身の所と書す。
下27	存誠・弥五兵衛・毛奐民	唐人	存誠宿所 毛奐民居所	黄熟香、廣東より出る。依頼者が持参、疑わしきも、二十目を五匁に買う。聚仙香・越隣香のこともあり、弥五兵衛と医師毛奐民のもとへ行き見せると、似てはいるが違うという。知人が持っているので持参するというも、帰る日まで来たらず。のち弥五兵衛より届けば指し上げるが、いまは、やや疑わしい黄熟香を、少々指し上げる。
下28	存誠・弥五兵衛・毛奐民・角長有・榊弐左衛門・鶴屋利右衛門・團如宋・團自宋・トリウリ（一人）	黄華・楚菴・童元基	存誠宿所 毛奐民居所 鶴屋利右衛門宅	聚仙香・黄華に尋ぬ。江南揚州府に出る、越隣香は知らず、と書す。楚菴・童元基に問う。漢土には、市店にあり、日本へは持ち来らず、という。某、弥五兵衛と毛奐民に参り尋ぬるに、唐人たしなみに持つものという。角長有・榊弐左衛門に申し入るるも急には叶いがたく、取売の者に捜させるも尋ね出すことできず。舟津町の乙名鶴屋利右衛門宅へ、某も行き、そこに居た團如宋・自宋にも、香三種とともに、縉紳・進士名録・郷試題名録も頼むが、帰るまでに間にあわず。しかるに、弥五兵衛入札の内の残りの書物の中に『遵生八牋』あり。その書中に「聚仙香ノ法」あるを見て、その書、ここにあるや中国にあるやを毛奐民に問い合わせしも、居場所不明。私はそのまま帰えるも、弥五兵衛には、よくよく事情を説き、その書の記載で調合ができるかどうかを聞き知らせるようにと命ず。
下29	存誠・弥五兵衛			聚仙香の法一式を書き残し、『遵生八牋』を以って、奐民より承るようにと申し置く。
下30	存誠			包装の法、唐人に尋ぬるに、有り合わせに仕るとの事、銀五枚にて教えるよし。ただし、扣える。
下31	存誠	刘相公		梅花紙張について、刘相公は、常の紙張で、梅花・四時の木などを四方に画いただけのものだという。望み次第に画くが、紗に画く。当月末帰国するが、来年来た時に画こうと云う。

	日本人	中国人	場所	内容
下32	存誠・碧潭・普敬	存誠・碧潭・普敬	存誠宿所カ	牙色道眼は、碧潭に持参を頼み、楚菴に見せ、着方も習う。その作り方は、紙にて、銀三十目にて作るよし。作り方は、仕立てている所を写す以外にないと云う。そこで普敬に相談し、来年の御帰国以降に、普敬の知人に何時でもあつらへさせることができる、ということなので、銀三十目の払いを済ませる。
下33	存誠・弥五兵衛	童元基立山・楚菴	存誠宿所	童元基に対面し、御用の絵を画かせるも、去年とは易っている。芙蓉・蘭の二幅を指し上げる。蒙山・琴軒の大字、孟幹説も書き、立山と署名する。陳圖南像に印形無きゆえに、弥五兵衛に頼み、そのまま置いておくこととする。したがって今回は指し上げず。なお、説を楚菴が書いたとのこと。
下34		刘相公		蒙山・琴軒の大字、御意にかなうのであればよいが。大字は、額か掛物か、横か竪か、等々が分からぬまま、唐紙四ツ切りに書かせる。
下35	存誠	刘相公・童元基	存誠宿所カ	蘭・芙蓉を刘相公に画かせたので指し上げる。墨絵なり。長崎では童元基より下手だといわれているが、この蘭はよく出来ている。刘相公は、人物がよくないと聞き、陳圖南像は画かせず。
下36	存誠	童元	存誠宿所カ	童元基に中国での佳作を二度に及び尋ぬるに、ようやく一詩を書く。今回指し上げる。
下37	存誠	童元	存誠旅宿カ	童元、筆談にて、「江東日暮雲」（杜甫）「池塘芳草生」（謝霊運）に匹敵する、明清両朝文士の佳作を問う。詩を書くも、印を押さず。
下38	存誠・唐本屋忠兵衛・角長有・團ノ如閑・取買ノ者数人		存誠旅宿カ	『縉紳』『進士題名録』『郷試題名録』につき、筆談をそのまま指し上げる（附3・附4・附5）。国禁故、取買の者・唐本屋忠兵衛・角長有・團如閑、屋敷借家者等に頼み捜すも見当らず。

下39	存誠・角長有・長有怍・竹岡三右衛門		竹岡三右衛門宅	医者角長有怍の唐学の師、竹岡三右衛門。長崎にて学者と呼ばれ、唐人の扱いになれたる者にて、稲佐山辺に幽居す。
下40	存誠・竹岡三右衛門		竹岡三右衛門宅	三右衛門云う、『縉紳』は墨巻の類。及第者の姓名・文等迄書載せる。あるいは長崎に所持のものもあるか。『殿式』というものもある。これは天子が直に問われるもの。及第の文は、七篇。墨巻七・八十丁。殿式　十四・五枚。再度探索するも無し。
下41	存誠・弥五兵衛	童元基・汪相公・刘相公		右書物・香類、来年来朝の時忘れず持参する様申し置く。唐人は童元基・汪相公・刘相公らに頼む。刘相公書物商に付き、念を入れ相頼む。別に童元基にも頼む。弥五兵衛にも長崎で捜すように言ってある。
下42	存誠	黄重		進士題名録　普天下中三百六十名。
下43	存誠	黄重		郷試題名録。来年持越すという。
附1	孔聖人牌位図　横書き牌位図　大小器　後補書入れ有り			
附2	聚仙香　越隣香			
附3	縉紳　進士題名録			
附4	郷試題名録			
附5	大清朝進士及第高才姓名并詩文等請聞之			
附6	当時能書名			
附7	黄機　当時官名			

るが、弐左衛門は、彭城家二代の仁左衛門宣義と考えられる。彭城仁左衛門は万治二年（一六五九）十月大通事となり、延宝二年より六十三歳で亡くなる元禄八年まで唐通事の最上席を勤めた。[22] この彭城仁左衛門の養子となったのが、下39・下40に出てくる竹岡三右衛門であったと推定される。竹岡の「竹」は宛字で、「武」岡が正しいが、この武岡三右衛門は、元禄五年、彭城仁左衛門の養子となり、継右衛門と名を改め、元禄八年九月、仁左衛門の辞職が認められるやいなや、跡役として大通事となったことが知られる。[23] この三人の通事以外に二人の通事が話材として下1と下24の二条に出てくる。その一人下1の「葉清祐」は、「近日ハ、心越和尚・葉清祐、夫《それ》ニ使者なども被罷下《まかりくだられ》」とある文中に出るが、この葉清祐は、おそらく唐通事潁川家二代藤左衛門、葉茂猷ではないかと思われる。初代藤左衛門の婿養子となり延宝三年（一六七五）六月二日大通事となった。二代藤左衛門は、福建省出身の葉我欽の子で、葉茂猷と名乗っていたことが知られるが、[24] 諱《いみな》あるいは別号が、清祐であったかどうかは不明。ただし、年代的に考えて、清祐が諱あるいは別号であった可能性は高いように思う。

この「心越和尚・葉清祐、夫《それ》ニ使者なども被罷下《まかりくだられ》」という一文を再度読み直してみると、「心越和尚・葉清祐」が被罷下《まかりくだ》った一行の中心だったのではなく、「使者」つまり、水戸光圀の意を滞した使者が主役で、その使者のために通事が添えられ、心越はその一行に同行することになったかと推測される。というのは、天和二年（一六七四）四月に没した朱舜水の後任として、舜水の孫毓仁[25]に推挙された張斐が、[26] 貞享三年七月長崎に来航したため、光圀の命を受けて、小城藩出身の舜水門人下川三省を連れ、急拠長崎へ下ることになった藩儒大串元善[27]こそが、この文章にいう「使者」だったと考えられる。そして、心越が同行することになった理由も、張斐らと、心越の兄蒋尚卿が長崎へ来航したからだったと考えられる。大串元善は、九月八日に四回目の会談をもち、光圀に会い、明朝回復の思いを述べたいと念じつつ、江戸からの返事を待っていたがやがて帰国てしまう。[28] 結局、張斐は舜水の後任とならなかったことは、周知の通りである。さて一方の心越は、光圀の配慮を得て、八月無事兄蒋尚卿との再会を果すことができたのであるが、心越には、いま一つの目的があった。それはこの年の三月五日に没した、かつての琴の親友可遠の墓に詣でることであった。可遠は、何家第二代仁右衛門[29]で、諱は兆晋、号は心聲子と称し、寛文八年（一六六八）より十年間小通事を勤め、貞享三年三月五日に没したのである。心越は、五月になって可遠の死を知り、輓詩の七言二章を作ったのであったが、この可遠の名が下24条に出てくるのである。この一条の話材は、存誠が、孔子の位牌作製を唐人に依頼すると、よく分からないというので、崇福寺の碧潭に頼み、三月に没した可遠の位牌をもってきてもらい、楚菴に見せた所、格別変りはないというので、ここに写し止めたというものである。ここで、改めてなぜ碧潭がこともあろうに可遠の位牌をサンプルに借り出して来たかを考えてみると、かつて可遠が、主君直條の七絃琴の師を勤めたこと[30]を存誠が熟知し、碧潭もまたそのことをよく知っていたに違いないからである。この碧潭は、日本人欄冒頭に、普敬[31]（一六三五～一六九四）とともに多出するが、普敬と碧潭とは親子であった。普敬は、即非に印可を受けた鹿島鍋島家菩提寺円福山普明寺の開山となった桂巌明幢[32]に得法し、桂巌の初住道場である鹿島能古見の円通山福源寺の修造に勤め、前後二〇余年に及んで住した黄檗僧であった。普敬の一子が黄檗僧碧潭であり、崇福寺に住し、玉岡海昆[33]のもとで修学し法嗣となり、後に、玉岡が貞享三年に創建した竹林院の第二代住持となるのである。直條は、存誠を長崎に派遣するに当って、まず普敬を同行させて長崎を案内させ、入り組んだ中国人達との交渉役に、華音が達者な碧潭を利用することを、まず思いついたに違いない。筆談が、崇福寺で五回、興福寺で一回行われていることも、この二人のことを考えれば、全く不思議はないといえよう。

次に、筆談が行われた場所について考えてみると、筆談の場所は、通事邸（存誠の宿所である小通事西村七兵衛邸（上11・上12・上17・上23～上27・下1・下27・下28・下32・下33・下35～下38、不明通事邸上5・上8）・崇福寺（上1～上4・下11）・興福寺（上13）・童元基宿所（下2）の四ヶ所が考えられ、また、事物を探索するために尋ねた先は、医者の山浦玄安・毛奐民宅、学者の竹岡三右衛門宅、それに舟津町の乙名鶴屋利右衛門宅であった。毛奐民は居住を許された中国人と見てよく、筆談は必要ではなかったと考えられる。このように見てくると、筆談の場は、ほぼ通事邸が中心であったことがわかる。その通事邸での筆談の様子を見てみたいが、その前に通事邸の宿とはどのようなものだったのかを見ておくことにする。下28に出てくる、大通事の第一席を占め、名声甚だしかった彭城家第二代仁左衛門宣義は、家資巨万に至り、奉行や代官に匹敵するといわれた(34)。また、下24の話材の中に出てくる小通事可遠の場合を見てみると、その屋敷は広大だったといわれ、寛文七年・天和元年・貞享元年と幕府の御上使一行三五・六人を宿泊させていることが知られる(35)。存誠の宿所である同じ小通事の西村七兵衛の場合も、少くとも可遠と同程度の規模を誇る屋敷だったと考えられる。七兵衛は、黄檗僧となった弟鐵心が、聖福寺の開基となり開山に進んだ時に、兄として大きな援助をしたことが伝えられているからである(36)。この広大な屋敷を宿として、直條の文事の手伝いとしての任務に従った侍臣並木存誠は、異国文化の最先端の街に身を置き、中国文化の情緒の中にほとんど有頂点になっていることが、上巻の宿所、つまり七兵衛の屋敷における酒宴の場面から読みとれるのである。上巻一一条の全文は、

某《それがし》旅亭ニ、汪相公・黄重・王鼎元・刘相公参リ、以テ二酒杯ヲ一乗リレ興ニ。先書ニ申上候事ナド承リ、且《か》ツ肴ニ海月ヲ出シ申候。水母カト問《とい》候ヘバ、海蜇ト書《かき》申候。水母モヨク御座候。海月ハ大ナル誤《あやまり》ト通事ニ向テ申候。

のごとくである。存誠の宿、小通事の屋敷に中国人四人が来て、酒宴となり、座が盛りあがっているのである。おそらく料理に海月《くらげ》が出たのであろう。筆談となり、クラゲは海蜇と書く、水母でもよいが、海月は誤りだという文字の穿鑿が、通事を通してなされている。上8の一条では、存誠と楚菴・刘相公とが通事の屋敷で出会い、雑談を交わしている所に、料理に鯛が出てくる。酒宴とは書かれていないが、酒が出たことは間違いあるまい。その酒席で、鯛の文字についての筆談がなされ、存誠が、「此《この》魚の字知れず。貴邦これ有るや」と書くと、楚菴は、「これを知る」と書き、刘相公は「鮘と書く」と書いた。字書を見たけれどもこの鮘の字はない。そち

らでお究めの上、仰せ上げられるようお願いします、とある。筆談の場に字書を用意していることが注意されると同時に、文字についての穿鑿を必ず行っている所に、学問と詩文に志す存誠の意気込みも感じられる一条だといえよう。上10条も、やはり、タバコの字について、「莨宕か」と問うと、楚菴は「煙」と書いた。某が、「朝鮮人は酔煙と書く」と言うと、楚菴が、「日本の煙は人を酔はせない。ただし日本人の人情は好く酔を柔らげてくれる」と書いた。二人で大笑いしました。と、見事なユーモアが展開されている。教養度の高い二人であることが窺えるように思う。上17条では、料理が出て酒杯の後、楚菴と五言律の唱和。その後杯を弥五兵衛[37]悴から紀太郎へ回し、楚菴にカヘス時、王鼎元がアヒを入れて取って飲み、楚菴と王鼎元とが杯を論じ興を催した時、「某《それがし》 主客一杯ノ酒、夷華両地ノ心」と書いたところ、五人共に興に入ったことでしたと、洒落《しゃれた》対句の出来を自慢している。すると楚菴が、「夷華両地」に懸けて、以下のごとくに日中文化比較論を展開する。

楚菴書ス、日本非レ夷ニ、兄、自謙《みずからへりくだ》ル。日本、近来ハ重ジニ文教ヲ一を、崇メニ礼譲ヲ一、頗有リニ中華ノ風一。日人ノ民情、況《わが》ニ較我中土一更醇《ちゅうとくらぶるにさらにあつし》。海外諸国ノウチ、唯日本是与ニ中国一抗衡《こうこうす》矣。

楚菴は、貞享期の日本は、最早夷（野蛮）国ではない。貴方は自らへりくだりすぎている。文教を重んじ、礼譲を崇め、大変中国の風に似ている。日本人の民情を、我《わが》中国と較《くら》べてみるに、更《さら》に醇《あつ》いというべきだ。海外の諸国の中で、唯《ただ》日本のみが、中国と互いにはりあうことができるのだと論じていたのである。貞享期の日本文化が、中国と肩を並べる所まで来ていたということである。貴重な時代の証言であるといえるのではあるまいか。

さて、この上17条の記述は、楚菴が、存誠の『論語』「子罕」の「九夷」を「海外」と解釈するのは間違いで、「中華ノ内」を言う言葉であると、訂正する筆談があった後、最後に『三体詩』巻一に収載されている李群玉の

「湘妃廟」詩をめぐる筆談による激しい論争を行っている。『三体詩』(38)の詩題「湘妃廟」の下に「即黄陵廟」とあることより、存誠が、「湘妃廟」詩を「廣陵廟詩」と言ったために、楚菴は、同じく『三体詩』巻一に載る李遠の「黄陵廟」詩と思い、同詩中の「黄陵廟ノ女兒」は、「湘妃」ではなく「黄陵之村女《むらむすめ》」だと主張する。このズレたままの論争が続くが、その終りに存誠は、「彼是《かれこれ》ニテ如《かくのごとく》此評論ヲトゲ申候《もうしそうろう》」とやや誇らしげに報告しているように思われる。また、上24条では、楚菴に元政と丈(原文三に誤る)山詩の比較を問うた後、酒宴を始めると、楚菴が「地走ヲ仕《つかまつり》候ト申《もうし》、手以《もつ》てトヾメ申候」。律義第一で、「若屢《もしもしばしば》以二テ杯酒一ヲ煩《わずらは》セバ、不二敢《あえ》テ上堂一セ」と言い、「非《あら》二ズ君子之交一ニ」と言ったが、某《それがし》は、「殺酒《こうしゅ》淡味ハ、如二シ君子ノ之交一ノ」と書き、「一笑」したと、楚菴との交わりを「君子之交」とまで言っている所が面白いのである。

通事邸での文人趣味に満ちた宴会の席で、話材にされたものが中心であると思われるけれども上巻本・下巻本を通して当時の時代の雰囲気を強く反映していると考えられるものを、A現代の中国に対する話材、B文人趣味的文物についての話材、C食・衣類及び植物に関する話材の、三項目に分けて拾ってみると、ほぼ以下のごとくである。

Aから見ていくことにするが、現代中国とは、聖祖康熙帝が即位して二四年目で、中国全土が安定に向い始めた時代であった。そうした新しい国家の情報に、日本の教養人全てが強い関心を懐いていたことはいうまでもあるまい。存誠の関心もまた、それと等質のものであったと見て間違いないであろう。存誠の質問が、上1清朝高官の呼称、上2大清両京、十三省から始まっているのもこのことの反映であろう。続いて上16では、明朝皇孫・呉三桂孫・國姓爺孫のことを問うている。上23では、満州族の帽子の着用と服の色が変わりつつあることが語られる。上24では、唐船の来航が急増したため、貞享令が出され、唐人貿易の総額が銀高六千貫目に制限され、「十貫目ニ付百目余《つきひやくめ》リノ商賣」となったとある。下5において去年丑の科挙の及第者について問い、下7で康熈帝の行幸について、また文武どちらを好まれるかを問い、下8で、当時の中国第一の学者名を、下

9では、北京閣老の姓名を聞き、下11で康親王のことを尋ね、下12で黄機のこと、下13で満官の高名な学者について問うている。Bの文人趣味の文物を見てみると、上18で朱文公墨跡を写し(39)、上3の武夷山の茶、上4の崖山の茶を問う。上5霊芝を、上6で周の宝のことを問い、下14で唐紙《からかみ》（日本で漉くことは禁止されている）を問うている。下15から下24まで、孔聖人神主（位牌）について問う。下27・下28では、黄熟香・聚仙香・越隣香について、また下29でも聚仙香について記す。下30は包装の法（内容不明）について、下32では「牙色道眼」を頼む（内容不明）。下34では大字・文章の揮豪依頼といったものがある。また、文人趣味としての歴史的地名や名所について見てみると、上15に蘓州松江の里程、会稽山・万里長城についての問い、上16に唐十三省について、また、上17に西湖の周囲(40)や洞庭湖についての問い、上24には、姑蘓古跡・楓樹についての問いがあり、上25では、江南の梅花等を問うている。続いてCの、食・衣・植物について見てみると、食では、上7の鮎、上8の鯛、上9のカサマカニ、上10のハダコ・キセル、上11の海月《くらげ》、上12の鱸魚・蓴菜、上15の黎花酒、下26の人参が出てきており、衣類については、上14の錦・綾、下13の蚕《かいこ》（蚕の種禁止）、下31の梅花紙帳があり、また、植物に関しては、下6の桜花、下14の楮《こうぞ》（楮の皮）が話材となっている。

さていま一度、一覧表に戻って来航中の中国人について見てみると、上巻本前書で「唐人六七人」と近付きになったと言っていた通り、存誠は福建商客一人（五官）・南京商客四人（黄重華・汪相公〈汪相廷〉・刘楚琦・王鼎元）と南京の人楚菴、そしてもう二人、出身地不明の刘相公（刘楚琦）と童元基の八人と、名前が出ているだけの上7の朱珩と、名前等が分からない唐人八名（内一人は北京商客、いま一人は南京商客）との交際があったことが分かる。名前が判明する九人が『筆談』に登場する回数を順に並べてみると、

黄重華（南京商客　下4有リレ学）	一九回	王鼎元（南京商客　下3不レ学ハ好ムレ術ヲ）	五回
楚菴（南京の人）	一八回	五官（福建商客）	五回

童元基（出身地不明）　一〇回　刘楚琦（南京商客　下4画工）　一回
刘相公（出身地不明　刘相琦）　一〇回　朱珩　（出身地不明）　一回
汪相公（南京商客　下3名　相廷）　八回

のごとくである。黄重華の一九回と楚菴の一八回が際立っているが、存誠との交わりを上17「神交已自《すでに》ラ通ズ」とまで言表した楚菴と、存誠宿所へ下4「毎度参《まいり》」、「存之外《ぞんじのほか》、知音青眼《ちいんせいがん》ノ友」となった南京商客四人中の黄重華の二人が、ほぼ同数回存誠と接していたことは、すでに述べた存誠宿所の酒宴の場にほぼ同席していたことで理解できるが、南京商客四人の中で、黄重華が特に多いのは、存誠に文人趣味の雰囲気を好む人物と認められ、下4「学有り」と評価され、宴席における仲間の一人とされていたからであろう。しかし、楚菴が多出しているのは、文人趣味の学者として宴席に多出したという理由からだけではなかった。楚菴には、いま一つ、本書の中心話材の一つである水戸公よりの招請の噂があったことによると考えられる。楚菴については、水戸公招請問題と関連させて、次章において改めて論じることにする。ここで、一覧表の中国人の欄に戻ると、黄重華・楚菴に次いで多出しているのが、一〇回に及ぶ童元基と刘相公である。二人に共通している点は、画工であるということであるが、童元基の場合は、今回存誠と会う以前から約束があったと思われる、特別の画工であったようである。特別とは、ほかでもない直條の注文に応じた画工だったのではないかという意味である。このことについても、次章において改めて論じることにする。この童元基と同回数の刘相公が、画工であったことは、下15の「孔聖人神主」の図を、楚菴が刘相公を呼んで画にうつさせたので、これを今回指し上げます、といっている記事によって知りうる。下31「梅花紙帳」の条には、「画工刘相公申《もうし》候」という一節があって、刘相公が画工であったことは間違いないようである。ちなみに、一回限り名前が見える下4の刘楚琦には、画工とコメントが付いているが、他に記事は見い出せない[40]。おそらく、刘相公とは別人であるとすると画工は、三人いて、存誠は、童元基と刘相公の二人と懇意になったということが考えられるが、この二人についての存誠の人物についての記述、特に刘相公についてのそれが面白い。下35に、「蘭・芙蓉画ヲ、刘相公ニ書セ《かか》申候而指上申《もうしそうろうてさしあげもうし》候」とある記事の末尾の方で「尤《もっとも》童元基よりハ下手ニテ御座候。長崎ニテ申候。併此《しかしこの》蘭ハ出来申候カト存候」と述べており、長崎では、画工として認められていたこともわかる。注意したいのは、童元基との比較がなされ「下手」だといわれていることと、後の書き入れがこの下35の条の右肩に、やや小さめの文字で「此《この》相公ハ人物ハ不能《よろしからず》候由申付陳圖《もうすにつきちんと》カ像ハカ、セ不申《もうさず》候」といわれていることである。「下手」だから「画《か》かせなかった」ことはよく分かるが、なぜ「人物」が能《よろ》しくないことが「陳圖」像を絵かせない理由になるのかが分かりにくいのである。これは、おそらく存誠が、陳圖南が、儒学の淵源の人であることを直條を通してであろう、熟知していたが故に、自然と判断したために書かれた一節だったと考えられる。この刘相公に陳圖南像を画《か》かせてはならないという判断の中に、あるいは、下41で刘相公は「書物ヲ商賣仕候《つかまつりそうろう》」と、商人でもあることを知って、画工でもあり、商人でもある、そんな俗っぽい人物に、聖人の学である宋学の祖陳圖南を描く資格はないという判断を下したからではなかったかと思われる。この陳圖南像についても、次章の画工童元基の項で改めて詳述することにする。

三　楚菴と童元基

楚菴が、水戸光圀に召出されている人だという噂は、すでに見た上巻17条の「右楚菴ハ前ニモ申《もうす》通りニ、水戸様ニ被召出之由仕風聞《めしいださるるのよしふうもんつかまつる》」とあることで確認することができるのであるが、このことを初回本で知ったに違いない直條は、朱舜水没後の人事、すなわち舜水の後任人事について気にしていたに違いなく、初回本の楚菴の噂に関して、強く興味を持ったであろうことが推測される。直條は、この噂を確かめることを存誠に命じたのではあるまいか。そしてその命令に対する調査報告が、下巻本全体の過半に達していることが知られる。下巻本冒頭の一条は、噂を含む楚菴に関する問題点がほぼ出揃っていると思われるので、全文を引用し、問題点に記号を付し、順に検討を加えていくことにする。

下1　第一、[A]當年学者唐人来朝申候ハゞ、拙夫遇申候而、[B]自賛之詩文一両篇ニテも書寫指上申候様、被成御意候段。

[C]先書ニモ申上候様ニ、[D]當年初而来朝《はじめてらいちょう》申候。姓張、名殿秦、字荊藩、号楚菴ト申候。水戸様より被召寄《めしよせられ》候トモ申候。右荊藩より望ミ申、来朝 仕 候《つかまつりそうろう》御沙汰仕候《ごさたつかまつりそうろう》。[E]右唐人宿仕候亭子、名を七兵衛と申《もうす》。是ハ通事（原本辞に誤る）を 仕候ニ某《それがし》相尋申候へバ、當年五月ニ荊藩来朝被 仕 候《つかまつられそうろう》。其ニ付、江戸ニ飛脚を以被申上候《もってもうしあげられそうろう》。左候へバ、水戸様より申仰付候《もうしおうせつけそうろう》ハ、荊藩詩文指上《さしあげ》申候様ニと御座候ニ付、詩文を指上ケ被申《もうされ》候。[F]近日ハ心越和尚・葉清祐、夫ニ使者なども被罷下《まかりくだられ》、如何様《いかよう》ニモ、右唐人故ニテモ御座候半《ござそうらわん》かとも存候。[G]免角《とかく》可被召抱哉《めしかかえられるや》否之儀《いなやのぎ》ハ、當月末ニ罷成《まかりなり》候ハ、相知可申《あいしれもうすべく》、不被相抱《あいかかえられず》候ハゞ来月末ニハ漢 士（原文士に誤る）ニ可 罷 帰《まかりかえるべく》候。[H]尤今度商賣ナドニ罷越《まかりこし》候儀ニ而ハ、曽而無御座《かつてござなく》候。彼ノ荊藩兄ハ、唐ニ而ハ所ノ奉行仕 被 居《つかまつりおられ》候。夫ニカヽリ申候。如何ニモゆルく仕被居申候。学文一篇ニ仕候由《つかまつりそうろうよし》申候。南京ノ者ニテ御座候。[I]別ノ南京唐人ニ相尋申候へハ、此人能 書 寫 有才《しょしやをよくするさいあり》。唐山秀才ト書申候。[J]（荊藩事也）此唐人五度ホト出合申候。御用之儀段々相尋申候。[K]右ニ御座候自讃ノ詩文等漢士（原文士に誤る）ニテ作ヲモ可 承《うけたまわるべし》ト、両度ホト問ヒ申候へ共、カシラヲフリ申候而、無御座候《ござなくそうろう》ト申候而、書不申《かきもうさず》候。

冒頭枠内の文章、「第一……被成御意候段《ぎょいなされそうろうだん》」は、初回本で上17の楚菴の「風聞」を知った直條が、うすうす聞いていた朱舜水後任のことを思い出し、当年（今年）来朝した唐人の学者がいたら、会ってその唐人の詩文などを写して送るようにと命じておられる一段、という意味だったと解される。したがって、直條の命令を伝えた吉岡子譲の書簡は、九月初旬から中旬にかけて、存誠のもとに届いたと推測される。とすればCの「先書」は、初回本と解しておいて問題はないようである。存誠は、直條の第一番目の注文A「當年学者唐人来朝」に対して、D「當年初メテ而来朝」、「姓張、名殿秦、字荊藩、号楚菴」、「水戸様より被召寄候《めしよせられそうろう》トモ申候《もうしそうろう》。右荊藩より望ミ申候《もうしそうろうて》来朝仕候《つかまりそうろうと》御沙汰《ごさた》仕候《つかまつり》」のごとくに答えているが、Cの「先書」に対し、どれほどの新しい情報が加えられているかは分からない。しかし「トモ申候」という表現は、「先書」と同じ情報を前提として、それに加えての意味で、書いているわけで、今回の報告の信憑性を高めるために、Eに、存誠の宿主である小通事西村家初代七兵衛道秀の証言を引用し新しい事実を報告しているのだと思われる。「當年五月ニ荊藩来朝」あたりが新情報かも知れない。注目されるのは続くF・G・Hであろう。「近日ハ心越和尚・葉清祐、夫ニ使者なども被罷下《まかりくだられ》、如何様《いかよう》ニモ、右唐人故《ゆえ》ニテモ御座候半《ござそうらわん》かとも存《ぞんじ》候」と記している部分である。前章で述べた通り、水戸光圀に招かれた東皐心越和尚が、葉清祐（大通事潁川家二代藤左衛門茂猷カ）と水戸藩の「使者」藩儒大串元善と小城藩出身の門人下川三省とともに七月に長崎に下ったことが分かることである。すでに見た通り、心越は八月に兄に会うことができた[41]。一方の元善は、前章でも触れた通り、九月八日に張斐との四度目の会談を持ったのであるが、結果として水戸家に召されることはなかったことが知られている。ただし、この前後に、楚菴も同様に面談を受けることがあったのかどうか、現在のところ全く手懸りを得ていない。諸賢の御教示を仰ぎたい。いま改めて先に見た心越和尚来崎の日程を確かめてみると、貞享三年三月中に、三月五日に没した可遠の死を知り、七月江戸を立ち、八月長崎で兄に会い、貞享四年正月を長崎で迎え、二・三月の交、京都の水戸藩邸で休み、それから水戸へ戻ったことが知られる[42]。おそらく、長崎滞在中に琴友可遠の墓に参ったことは間違いないであろう。ただし、日時は不明である。水戸へ心越が戻った日時ははっきりしないが、貞享四年五月朔日付の心越宛の直條書牘「呈東皐心越和尚書」（『楓園家塵』第百六十六）と翌二日付の心越書牘「致鍋島直條書」(『旅日高僧東皐心越詩文集』一七三頁)があり、心越の帰国を知った直條が、心越に書を送ったことが知られる。長崎のことなどは見い出せないが、直條が、貞享三年後半からの心越の動きを知悉していただろうことは間違いあるまい。Gは、召抱えられるかどうか、またその時日を言ったもので、「當月(十月)末)には分かる、駄目だった場合には、十一月末に中国へ戻る」という情報である。この情報は、九月八日に大串元善と会談し、結果を待つ間に一端本国へ戻り、翌年正月再度来航した張斐の日取り[43]に似ていることが気にかかる。張斐の行動と重なった情報だった可能性が高いように思われる。続く傍線H部は、楚菴が、南京の人で、今は奉行を勤めている真面目な、「学文一篇」の人であることを強調している。Iでは、また、別の南京の人の話しとして、楚菴は書の才能があり、中国の秀才といわれている人だとの情報も添えている。Jは、存誠が、楚菴と五回程出会って、御手紙で指示された用件を一つ一つ尋ねたことを報じ、最後の傍線Kにおいて、「右ニ御座候自讃ノ詩文等」について、つまり、下1条冒頭枠内の文章の一節「自賛之詩文一両篇ニテモ」という要請に何とか答えようと頑張ったが駄目だったと記していたのである。下巻1条の文章全体に、直條の「御意」に答えるべく努力している存誠の姿が認められるといってよく、下本の記述は、基本的にこの姿勢でもって貫ぬかれていた。そのため、話材が、文人趣味にしぼられ、下6垂絲海棠と日本の桜、下31梅花紙帳、下26人参、下7康熙帝の文武について、また、下11康親王のこと。下8中国博学者名、下9北京閣老姓名、下15~下24孔聖人神主(位牌)のことなどの探索がなされ、そして最後の方では唐本下28『縉紳』・『進士題名録』・『郷試題名録』・『遵生八牋』等の吟味に終始していることが納得できるのである。

こうした雰囲気の中で、いま一つ中心的に描かれているのが童元基である。まず、上巻本13条において童元基に陳図南像を画かせている現場の様子は以下のごとくである。

上13　[A]童元基ハ宿ニ居申《おりもうし》候へバ、方々ヨリ書画ヲタノミ申《もうし》候ニ付、南京寺ニ参リ、又林宗順ト申者ノ所ニカクレ居《おり》申《もうし》候。[B]初日ハ、普敬・碧潭同道仕《つかまつり》参《まいり》申《もうし》候而、近付ニ罷成《まかりなり》候而、先頃指上《さしあげもうし》申候芙蓉・蘭ノ繪ヲカヽセ申候。[C]且又拙作詩ヲ出申《いだしもうし》候。批点ヲ求申《もとめもうし》候。[D]次日晩景《ばんけい》、基、某《それがし》宿ニ右宗順同心仕《つかまつり》参《まいり》陳圖南像額ヲカヽセ候。先、童元書曰《しよしていわく》、陳名摶《たん》、号圖南、宋太祖皇帝、封道号希夷先生。高臥西岳華山頂上。如此書申《かくのごとくかきもうし》候而像ヲ写申《うつしもうし》候。[E]其《それ》序ニ某《そわかし》詩ヲ作り申候。出シ申候。（下略）

傍線部Aは、童元基が長崎では売れっ子で、南京寺（興福寺）や林宗順の家に隠れていることがわかりました。そこで、傍線部B、初日は、普敬・碧潭父子に同道してもらい、童元基の居る所へ行き、まずは近付きになり、その上で初回本を送りました折に指し上げました芙蓉・蘭の絵を画かせました。そしてD、次の日の晩《ばん》方《かた》、基（童元基）が、某《それがし》宿にあの林宗順が連れて来てくれましたので、陳図南像を画かせましたところ、最初に、童元基は、「姓は陳、名は摶、号は図南。また、宋の太祖皇帝は、道号を希夷先生と封《ほう》ず。西岳の華山の山頂に高臥す。」と書いた上で、陳図南像を描きました。傍線部C・Eは、直條の意向を帯して、日毎に詩作を童元基に出して批点を乞うたことを記したもの。この上13の一条を読むかぎり、この時点で存誠は、陳図南像を入手したと読み取ることが出来るのであるが、上巻27条には、童元基に「江南の梅の画」を七絶一首を添えて依頼したのでしたが、「江南梅画」とともに「右陳図像モ、弥五兵衛持チ越シ不申《もうさず》」とあって、部下の家士弥五兵衛が、どちらの画も持って来ません。原因は、童元基が隠れていて会うことが出来ないからでしょう、と書いて、「今度ハ不申上候」、つまり、今回はこのことは報告しないことにしました、と結んでいる。ということは、上巻本を吉岡子譲に送った時点では、陳図南像は存誠の手元に届いていなかったと判断されるのである。ところが、下巻本にも、実は全く同じように童元基に陳図南像を画かせている記事が見い出せる。

下33　[A]去年より名ヲ申候童元基ニ對面、[B]御用繪カヽセ申候。[C]去年ニハ易《かわり》申候。當年ハ船主仕候而来朝申候。

D芙蓉・蘭ノ二幅指上申候。E蒙山・琴軒ノ大字ノカ、セ申候。（献上書申候内ニ御座候。(後補書入レ)）孟幹申《もうかんともうす》人ノ頼ミ被申《もうさるる》説も書申候様ニと申候へハ、右之通ニカキ申候。立山ト御座候ガ元基カ事ニテ御座候。F陳圖南像、是ハ判形無御座《ござなき》ニ付、判ヲ取 申《とりもうし》候而、指越《さしこし》候様ニと、弥五兵衛頼 申《へたのみもうし》候而、召置《めしおき》候。G唐ノ事ナトモ談り被申候。尤前ニ書申候事共、其夜相 尋 申《よるあいたづねもうし》候。H左候へハ右陳圖カ像ハ、イカ様ニモ見落《みおとり》(落は劣の意)被申候。I翌日見申候へハ印無之《これなし》。印ヲ取リ遣シ申候。他行被 仕《つかまつられ》候ニ付、弥五兵衛ニ相頼 申《たのみもうし》候而召置《めしおき》候。J其故ニ、今度ハ指上《さし》ゲ不申《もうさず》候。

傍線部Aは、「去年より名を申上げておりました童元基に対面できました」と口訳して問題はあるまい。このAの「去年より名を申し上げておりました」という一節には注意したい。推測になるが、陳図南像を画く画工に童元基という中国人が居り、ここのところ毎年来航しているという情報が直條に伝わり、今年の来航を期待していたところ、入航したとの知らせがあって、直條は存誠を長崎に遣わし、是が非でも肖像画を入手せよという命を下したのではなかったかと考えられる。なぜこうした推測ができるかといえば、直條の頭には青年時より陳図南のイメージが強く焼き付けられていたと考えられるからである。それは、寛文十二年に、鹿島能古美に福源寺を再興した黄檗僧梅嶺道雪が頭注を施し、京都の書林田原道住より刊行された、『頭書三籟集』(44)下巻に収められている「附 乩筆《つけたりけいひつ》」が、陳図南著（原本「無煙氏陳博《ママ》著」とある）とされ、隠元禅師の東渡を決意させたとされる「寄《よせて》呈ス二黄檗和尚ニ一」以下送別の詩五首が掲載されている、いわば黄檗禅の最初の師といえる梅嶺の編著作に出てくる陳摶を若い直條が忘れる筈はないであろう。梅嶺自跋には、「紫陽正法沙門」と肥前鹿島での著作であることが記されてもいるからである。そして、このことを、侍生である存誠が知っていたと考えることも許されよう。このことを考慮しつつ、下33の記事に戻ると、Bにおいて、「御用繪」を画かせたといっているが、これは、Dの「芙蓉・蘭ノ二幅」とFの「陳図南像」を指していると思われる。Dの二幅は今回指し上げたと書かれているが、Fは、続けて「判 形無御座《はんぎようござなき》ニ付《つき》、判ヲ取申 候 而《とりもうしそうろうて》、指越《さしこし》候様ニと、弥五兵衛 頼《にたのみ》申候而《て》、召置《めしおき》候」とあり傍線Ⅰでは「翌日見申候《もうしそうら》へハ印無之《これなし》。印ヲ取り遣シ申候。他行被仕候《たぎょうつかまつられそうろう》ニ付《つき》、弥五兵衛ニ相頼《あいたのみ》申候而召置《めしおき》候」と記されていて、結局、J「其故《そのゆえ》ニ、今度ハ指上《さしあげ》ケ不申《もうさず》候」ということになり、上巻本上13・上27の時と全く同じ結果となっている。上13・上27条と下33条をそのまま読めば、陳図南像は、二回とも存誠の手元には届かなかったことになる。ところが、二回目の陳図南像を画き終えた後、雑談の中で存誠が、G「前ニ書申候事共《かきもうしそうろうことども》、其《その》夜相尋《あいたずね》申候。左《さ》候《そうら》へバ右陳図カ像ハ、イカ様《よう》ニモ見落被申《みおとりもうされ》候」と書かれていることである。このGの文章は、「前に画いた折のことを尋ねている内に、前に画かれた像にくらべると、今回の像は、どうも見劣りするように見えて来ました。」といった意味に読みとれる。しかし何が原因かは分からない。Cに「去年ニ易申候《かわりもうしそうろうて》當年ハ船主仕候而来朝申《つかまつりそうろうてらいちょうもうし》候。」とあることが意識されてのことであったかも知れない。すぐ後の下34・下35の後補書入れで刘相公に陳図南像を画かせなかったのは「人物が能くないからだ」と言っていることに通じるものが感じられる。下41で刘相公が書物商であったことが分ったことと、下33のこの条で、童元基が今年は船主で来航したことに対して、俗息、生活息を強く感じて、そのような俗人に、道の人であり仙人である陳図南の像を画かせたくないという気持が生じたからではなかったかと推測しておくことにする。このことはともかくとして、童元基が陳図南像の二作目を画いたことだけは事実であったといえよう。この二作目がともに直條の許に届けられたかどうかわからないが、少なくともその内の一作が届いていたことだけは間違いない。直條は、この陳図南像に黄檗僧道徵月潭の讃を得て、秘蔵していたからである。このことについては、改めて次章で述べることにするが、下巻の条々のいま一つの特徴である唐本の記事について、ここでいささか触れておくことにする。上巻では、書名は上24に『海内奇観』が出ているだけであるが、下巻では、下10条の筆談で「問明朝史選集有之否《これあるやいなや》」と書き、「綱鑑ト元基書申《かきもうし》候」と書入れを施し、続けて、「袁凱　東皐集《是ハ文集也》　李干鱗《七才子ト書申候》」以下十八名の作者をあげ、それぞれの著作名を書いてもらっているが、書き込まれたのは、「陳眉公眉公集」等九名分となっている。下25条では、温公『通鑑』と『廿一史』の書物の直段を確かめよ、との仰せに従い調べましたところ「通鑑ハ弐百七八十目《め》」位だと記したあと、『廿一史』について、現場の取り引きの様子をそのまま記している。その部分を原文のままに引用する。

廿一史ハ當年入札御座候付《ござそうろうにつき》、弥五兵衛札《ふだ》ヲ入申《いれもうし》候。五百目ノ落《ごひゃくめをおとし》申候而《て》、弥五兵衛手ニ参《まいり》申候。弥五兵衛儀、書物儀ナド存不申《ぞんじもうさず》候故、此本ハ如何《いかが》御座候やト、唐本屋忠兵衛ニ見セ申候。忠兵衛申候ハ、本悪敷《あしく》御座候。スリケシナド御座候。御大名様方御本ニハ、罷成間敷《まかりなるまじき》ト申候ニ付、脇ニ拂《はらい》申候。某《それがし》、忠兵衛ニ面談ノ時モ右通ニ申候。是又以後ノ直段ニハ難定《さだめがたく》御座候由申候。

まず、『廿一史』の購入に当って、存誠の部下、家士の弥五兵衛が「入札」していることがわかるが、書物の購入についての方法など、全く分からない弥五兵衛は、入札の方法自体から指導を受ける必要があったと思われる。そうした役目を荷負ったのが、下28の「トリウリ」や下38の「取買ノ者」、あるいは下14の「長崎者」と呼ばれている連衆だったかと思われる。入札の結果弥五兵衛は、五百目で落札し、入手した。書物のことなど分からない弥五兵衛は、丗の本はどうなのでしょうと、唐本屋忠兵衛に見せると、この本は悪い本だ、スリケシ《摺リ消シ》などがあって、御大名《おだいみよう》様方の御本には向かないと言うので、脇に払うことにしました。某《それがし》が、唐本屋忠兵衛に直接会った時も同じことを申しました。今回の値段が以後も通用するということではないということでしたと記しているのであるが、唐本屋が、弥五兵衛・存誠の二人は、鹿島藩主直條の買物使いであることを見抜いているところも読みとれ、面白い貴重な記述というべきであろう。下28条は、聚仙香・越隣香と唐本『縉紳』『進士題名録』『郷試題名録』を捜し回っている記事であるが、どうしても見付けられず、何人にも頼んで帰ろうとした時、弥五兵衛が入札で手にいれたものの中に『遵生八牋』という書が残っておりました。医書のようで医書でなく、人間不断の身持・養生・花木養様《やしないよう》・茶酒・醤などの仕方、人名・薬方などを書いた本でした。

驚いたことにその中に「聚仙香ノ方」があることに気付き、その部分を写し、弥五兵衛に、医師龔民に頼んでこの書物のことと聚仙香の方についてよくよく尋ね、報告するように申し付けて置きました。という記事があり、思いも懸けない唐本『遵生八牋』との出会いがあったことが分かるのである。そして下29に聚仙香の方を『遵生八牋』から写し取っている。その部分を『遵生八牋』巻十五の原文と対校したものを次に掲げるが、『遵生八牋』は、現在、祐徳博物館蔵に明版二本が収蔵されている（後述）けれども、貞享三年に購入されたものであるかどうかは不明。一本は大名向きの大本、いま一本は半紙本で見栄がしない本である。ただし版面は同じ。引用は大名版によった。

聚仙香　黄檀香一斤　排草十二両　沉速香各六両　丁香四両　乳香四両另研　即台三両　黄烟另研六両　合油八両　麝香二両　欖油一斤　白芨麺十二両　蜜一斤　已上作末為骨先和上竹心子作第一層。趂濕又滾。檀香二斤　排草八両　沉香各半斤　為末作滾第二層。成香。紗篩団眼乾。都中自製。毎香萬枝工銀二銭。竹棍萬枝。銀一銭二分。香袋紫龍力紙毎百足数五錢。

□枠内の文字が、書き漏した部分である。やはり急いで写したのであろう。

最後に、いま一つ見ておきたいものがある。それは、存誠に強い学への関心があることが、窺えることである。上18・上20から上22にかけての条々がそれである。この四条は、医師山浦玄安宅へ、朱子の墨跡を見に出懸けた折の記事である。上18は朱子の墨跡ということで見せてもらいに行ったが、「朱子公トハ被申《もうされ》候へ共《ども》、名印モタシカニ不見《みえず》、文字ハ隷字ニテ御座候。横三尺ニ余リ、長サ六尺モ有之《これある》カト覚候」と記した上で、「其文曰《そのぶんにいわく》」として、一一六文字の文章を写している。存誠が朱子では無いのではないか（朱子自筆のものではないの意とも）と疑った通り、竪二メートル横一メートルの大幅の文章は、『性理大全』巻七〇の「銘」に収められている呉澄、草廬と号した元代を代表する儒学者の「和銘」であった。ただし写しはやや悪く、『朱子大全』の「和銘」が一二八字で、二字の脱字があることがわかる。文字の書き間違いも二、三あって、存誠のこの時点での学力の程度が分かるようである。続いて、山浦玄安宅で、上20の朱子像・孔子像、上21の三教像、釈迦中・左孔子・右老子、上22巻の巻物、孔子・顔子・其外《そのほか》七十賢を見ている。まさに時代思想を反映したものであり、三教一致思想の匂いが強く感じられるといって間違いないように思う。

四　その遺産

文化遺産とは何かと考えてみると、いま扱っている写本『存誠長崎筆談』を読めば読むほど、本書こそまさにその遺産と称されてよいものであることに気付かされる。十七世紀後半、貞享三年（一六八六）の東洋の文化世界の在りようが、筆談を通して眼前に現われてくることになり、この写本そのものが、何物にも代えることのできない遺産であるといっても過言ではないことになるからである。そして、この写本が、三三〇年という時空を越えて、鹿島の地に伝えられ、いま現存していること、つまり三三〇年間伝わったということを、伝える側から見てみると、伝えるという営為《いとなみ》は、実はきわめて精神性の高い文化的営為なのであり、即その伝えた地域の文化度の高さを示すものだといえるのである。鹿島藩士存誠が残したこの写本一冊も、勿論そうした意味での鹿島の伝統文化を伝えるものといわねばならないものである。写本一冊が、今現在ここにあることが、こうした意味を持つものであることが認められるとすれば、数万冊からなる文庫ともなれば、その文化遺産としての大きさは、途方もなく大きなものであるといわねばならないであろう。そうした大型の文庫が、佐賀本藩を始め、各支藩・また親類格と呼ばれた家々に、現在においても数多く伝えられていることが確認できるのである。ということは、江戸時代から現代にいたる各時代の文化の在りようを示す書物群が、数知らず伝えられていることが考えられるわけで、これこそがかけがえのない文化遺産だといわねばならないのである。こうした佐賀の数多くの文庫の中で、最も蔵書数が多く、かつその質の高さを誇っているのが、鹿島藩が伝え、いま祐徳博物館に所蔵されている中川文庫である。この中川文庫は、鹿島藩第三代直朝・第四代直條の時代より、殊に文事に勤しみ、集書に励んだ直條の時代には文庫の大体が形成され、以後第六代直郷が引き継ぎ、明治に及んで第十三代直彬の集書が加えられて現在の文庫となったのである。直條の文庫形成期の集書の一駒を記録していたのが、いま見た下28の唐本『遵生八牋』だったのである。この書は、現在完本の二点が文庫に収蔵されている。一点は、下25で唐本屋忠兵衛が言っていた、スリケシもない「御大名様方」の善本といえる大本（縦二七・四×横一七・二ミリ）で、万暦一九年（一五九一）の高濂序（五丁）・李時英叙（三丁）・高濂叙（二丁）を備え、内題が「雅尚斎遵生八牋」となっているもの（請求番号7／8／3）であり、いま一本は、やや刷が悪く、半紙本の形（縦二一・九×横一三・三ミリ）で、序が「遵生八牋原叙」と改められた高濂の叙（二丁）一篇のみが置かれ、内題も「弦雪居重訂遵生八牋」と改められている（請求番号7／8／194）。この現存の二点が、いつごろから直條の手元に置かれていたかは、さだかではないが、天和二年（一六八二）の自序を持つ『楓園叢談』（『楓園家塵』巻）四七条の、林梅洞の文会における文匣についての記事の中に、「是遵生八牋、所謂備具匣也」と書名が出ている。この十年後の元禄五年に初稿を得た直條著の漢文随筆『卧隠休々集』（『楓園家塵』巻第百三十四）には、全四二八条の内の四〇条が『遵生八牋』からの原文引用となっている。おそらく、この十年の間に愛してやまない本書を二点揃えることになったかと思われる。存誠の努力を認めるとすれば、貞享四年には「大名方様向」の善本が収蔵されたかと推測しておきたい。本書巻十五に「聚仙香ノ方」があることはすでに見たが、本書の巻三から巻六に及ぶ「四時調摂牋」四巻の中に「陳希夷孟春二気導引坐功図勢」と題され、全身体操をしている陳図南像二図（十二月まで各月二図の計二十四図）があり、また、巻十「延年却病牋下」には、「八段錦坐功図陳希夷左右睡功図」、つまり寝台に横たわる陳図南像が、左右合わせて十六図描かれている。前章で触れたように、直條は、青年の時より、陳図南に親しみを持っていたわけで、その直條に、陳図南像を画く中国の画工が長崎に来ているという情報が伝わり、急ぎ存誠を長崎に遣したのである。すでに述べたように、画工童元基との交渉の様子も具体的に分かったのではあるが、確実に直條が入手できたのが、いつどこでだったかは確認できなかった。しかし、貞享四年春、江戸で陳図南の睡像を詠んだ七律二首があって、貞享三年冬、少なくとも年内には、童元基の陳図南図を、直條は入手していたと考えられる。すなわち、『楓園家塵』巻百四十六『楓園詩集』に、陳図南を詠じた「題陳希夷睡図」と「午睡」の二篇がある。いま「午睡」を見てみると、直條は、

燕舞鶯歌春意忙　昏々午夢總茫々　仙風引我華山路　傳得希夷一睡方

燕は舞い、鶯は歌って、春の意はあわただしい。深い昼寝の中の夢は、すべてがぼんやりとしてはてしもない。ただ仙界からの風が私を華山の路へと引き寄せているようだ。気付いてみると、私は、陳希夷先生の一睡の術を身に着けたように感じる。

のごとくに詠じている。陳図南図を両篇ともに「睡図《ねむりのず》」と呼んでいることが注意される。童元基の陳図南図が陳摶の睡像図であったことがこれによってわかるからである。直條は、入手した「陳図南睡図」を黄檗禅の師である京都嵯峨の直指庵主道澄月潭に送って讃を乞い、一幅の掛物として装潢を施し秘蔵したのである。ちなみにその図柄は、「広額《ひろいひたい》円躯《まるいからだ》・秀目《するどいめ》・長髯《ながいひげ》」で、「手ニ団扇《うちわ》ヲ持チ、睡リテ竹椅《たけのいす》に靠《よ》ル」図だったと、月潭は元禄十年（一六九七）頃、霊元上皇の命によって編纂された。『桃蘂編』中巻「仙貌撲真」の中で記していた。

この編纂事業の後八年を経た宝永二年（一七〇五）四月晦日、直條は五十一歳で、江戸で亡くなる。それから二ヶ月たった同年六月、直條の遺領は第五代直堅に継がれることになる。そしてその二年後の宝永四年（一七〇七）冬、直條が秘蔵していた「陳図南睡図」を献上せよとの霊元上皇よりの勅命が下る。直堅は、ただちに献上し、他に類例を見ない恩賜の歌書と香爐を賜わったのである。直條が誇るべき文事の生涯の中で得た遺品が、次世代の冒頭において輝やかしい　栄誉を鹿島藩にもたらしたのである。第五代直堅にとって、まさに最高の遺産だったというべきであろう。このことを、余すところなく言い尽しているのが、現在鹿島の普明寺に蔵されている『鹿島家正系譜』付載の「直堅公」の伝記の中の記事である。(45) 著者は、酒見菅忠康とあるが、この『系譜』の成立は第六代直郷の時代であり、直郷に仕えた江戸の儒者河口静斎の筆が入っていることを考えねばならないようであるが、「陳図南睡図」献上一件については、完璧な説明がなされているので、以下にその部分を抜書きして掲げ、もって本稿を終えることにする。(46)

この冬（宝永四年）、太上皇《だいじょうこう》諱識仁霊元院、六角堂の勝仙院大僧正（小城二代藩主直能四男晃淳）に勅諭《ちょくゆ》して曰く、「朕《ちん》鍋島故備前守《こびぜんのかみ》家《け》に、僧月潭の賛する所の希夷《きい》先生図像《ずぞう》有ると聞く。朕、これを覧《み》ることを楽しまん。卿、彼《かしこ》において通家（親戚）を為す。早《はや》く使を差《つか》わし、その嗣子（跡継ぎ）に告げ、取りて以てこれを献ぜよ。」と。大僧正、勅を奉じ、使士《しし》（使者役）小島大進を江府に馳《は》せ、聖旨（霊元院の意向）を侯に伝ふ。侯、恭《うやうや》しく喜び、即ち大進に附《ふ》して勝仙院に送る。五年（一七〇八）戊子《つちのえね》閏正月、御覧《ぎょらん》を歴《へ》て、龍顔（院の顔）大いに悦《よろこ》ぶ。これ蓋《けだ》し、直條公の、嘗《かつ》て明《みん》の董元基《ママとうげんき》に命じて画《えが》かしむるところにして、賛を月潭に請うて表褙（表装）し、秘《ひそ》かにこれを蔵するものなり。希夷は、宋の図南《となん》陳氏にして、真の天仙なり。明に至り、霊を玉融の石竹山木岩洞に現わし、木岩臾と号す。初め、黄檗山普照国師、帰化せんと欲て仙翁に問うに東渡の可否を以てす。仙翁示すに、新天子出世の時、法道（黄檗宗）大いに日本に行わるるを得るを以てす。国師来朝するに及び、その告ぐる所の讖語《しんご》（予言）尽《ことごと》く吻合《ふんごう》（ぴったりあう）す。謂《い》う所の新天子は、即《すなわ》ち上皇なり。故に上皇、欽《つつし》んで、生まるる先にこの命有るを慕う。五月、勝仙、再《ふた》び前使を差《つか》わし、近世（現代）の名卿（著名な公家）日野黄門（権中納言日野輝光）・飛鳥井黄門（権中納言飛鳥井雅豊）・冷泉平章事（宰相上冷泉為綱）の写す所の詠歌大概（藤原定家の歌論書）・百人一首等の歌書三部、籤題は九條右府（右大臣九條輔實）の染翰（筆写）、ならびに備前の国伊部陶《いべとう》（伊部焼で備前焼のこと）の香爐一隻を賷《たま》い、侯に寄せて曰く、「春の間に、希夷先生図像を上進す。上皇、喜んで納め、叡賞《えいしょう》（おほめになる）して已《や》まず。由《よ》って、ここに今《いま》御爐と歌書の二品《ふたしな》をもって、勝仙に宣下し、転じて卿に賜うものなり。これ等の錫賚《しらい》（たまわりもの）、世にいまだ有らざる所なり。若《も》し他人知らば、則《すなわ》ち恐《おそ》らくは、竊《ひそ》かに議《ぎ》（あれこれと文句をつける）すること有らん。慎《つつ》しんで、外《ほか》に泄《もら》すことなかれと云う」と。侯、斉沐《さいもく》（飲食などを慎み身を清める）して拝受し、鎮《とこしえ》に家の至宝《しほう》と為《な》す。寔《まこと》に、希代《きだい》（世にもまれな）の恩賜（天皇の贈物《おくり》）なり。豈《あ》に、直條公の古を好むの栄《この》（栄誉）にあらざらんや。先に小島氏、江府に来たるや、伊藤 某《なにかし》 刑右衛門、これを接遇《せつぐう》（もてなす）し、上進の事を弁ず（対処した）。再び来くるに及《およ》び、新大納言局《しんだいなごんのつぼね》を以《もつ》て、旨（天皇の意）を奉《たてまつ》り、伊藤氏もまた恩賜越前綿五把を受く。侯、この事の顚末《てんまつ》を記し、永く不朽《ふきゆう》に伝えんと欲《ほつ》して、即《すなわ》ち、僧伯断橋和尚（直堅の伯父）に託し、記を月潭和尚に請ふ。和尚は、序引（序文と引文）の長篇を述《あらわ》し、以て侯に寄す（月潭著「仙洞恩賜歌書并引」）。断橋和尚もまた、その来由を叙べ、偈《のげ》（ほめたたえる詩）を作り（断橋著「藤直堅上進陳希夷瞌睡像記」）、これを賀して曰《いわ》く、双璧《そうへき》（玉石）千金も猶《なお》いまだ貴とからず。御歌書（和歌の書）三本と御熏爐（御香爐）、かくのごときの恩賜、何の縁によりてか至る。希夷瞌睡図を上進すればなり」。その後、並木昌春《ママ》、峨山に往きて、月和尚に謁《まみ》え、談餘《だんよ》（話の終ったあと）に、上進の事に及ぶ。和尚語って曰《いわ》く、「太上皇、侍臣に謂《い》いて曰《いわ》く、『鍋島備前守（直條）なる武臣について、朕《ちん》、曽《かつ》てその名を聞かず。陳無煙像を以《もつ》ての故、始めてこれを識《し》る』と。左右のもの因《よ》って奏す、『泰窩處士《たいかしょし》（直條）、生平《せいへい》（ふだん）文字（学問）を好み、頗《すこぶ》る和漢の才に富む。当時の武臣の中、殆《ほとん》ど比《なら》ぶもの鮮《すく》なし』と。」（原漢文）[46]

註

(1) 寛永十九年三月二十六日　幕府、佐賀藩に長崎警備を命じる。翌年、福岡藩にも命じ、以後両藩の隔年勤番となる。『日本史総合年表』（吉川弘文館、平成一三年刊）。

(2) 竹貫元勝著『近世黄檗宗末寺帳集成』（雄山閣出版、一九九〇年刊）

(3) 日中文化交流の現場の記録として『唐通事会所日録』（大日本近世史料第三（一〜七分冊）、東京大学史料編纂所、昭和三十年刊）がある。本書は寛文三年（一六六三）から正徳五年（一七一五）に致る日録であるが、第二巻一冊が失われており、貞享期の記録はない。いま、本稿で取り上げている『筆談』が、わずかながらも、この部分を補いうるものといえるとすれば、貴重な史料的価値をも有するものといって差支えないであろう。

(4) 昭和年代末の御当主並木氏の御教示による。

(5) 鹿島市民図書館蔵『系図』寛政五年九月並木内蔵右衛門書上ゲによる。

(6) 鹿島市民図書館蔵『系図』子（寛政四年ヵ）十一月堤忠次郎書上ゲによる。

(7) 鹿島市民図書館蔵『並木系図』寛政五年九月並木苳竹書上ゲによる。

(8) 植谷元「伊藤仁斎の門人帳（上）（中・下）」『ビブリア』69・70・71号、昭和五十三年六月〜同五十四年3月刊。

(9) 祐徳博物館蔵中川文庫所蔵。

(10) 鹿島市民図書館蔵『系図』子（寛政四年ヵ）十月吉岡兵右衛門書上ゲによる。

(11) 佐賀県立図書館鍋島文庫蔵『鹿島書付』写本、大本一冊。内題「役儀心入之覚書秘傳」。著者名には、「立石新兵衛愚案」とあり、奥付に「于時延宝五年丁巳十二月廿一日記之早　立石新兵衛入道良以花押　行年四十九歳」とある。近世後期写か。

(12) 『楓園家塵』巻百三十五所収。

(13)『楓園家塵』巻九四楓園詩集所収。
(14)杉村英治著『望郷の詩僧東皐心越』(三樹書房、平成元年刊)一三二頁。
(15)注14杉村英治前掲書、一三〇、一三一頁に、「三月三日」に亡くなった知らせを受け、輓詞二章を作る、とある。陳智超編纂『旅日高僧東皐心越詩文集』一四七頁に「挽可遠何居士」七絶二首を収め、後注に「三月三日、卆然物故しと記す。ただし、宮田安『唐通事家系論攷』は、墓の調査の結果、「三月五日」に卆したとする。いま、宮田説によった。
(16)山本紀綱著『長崎唐人屋敷』謙光社、昭和五十八年刊。九十九頁。
(17)猶、『楓園家塵』巻百四十所載のものは、孫の第六代鹿島藩主鍋島直郷が書写したものであることが確認されるため、参考とはしなかった。
(18)『東見記』は、直條が在誠に送ったものが、祐徳博物館中川文庫に現存する。
(19)『楓園家塵』巻百五十六に収載されている。内題「秋の山すみ」。
(20)西村七兵衛(寛永八年(一六三一)~元禄六年(一六九三)。陳道秀。貞享三年時は、五十六歳。宮田安著『唐通事家系論攷』(長崎文献社、昭和五十四年刊)七〇三~七〇五頁。
(21)若木太一編「近世渡来人の系譜──『訳詞統譜』から──」によれば、寛永十二年より定員化されたとある。『長崎東西文化交渉史の舞台──明・清時代の長崎支配の構図と文化の諸相──』(勉誠出版、二〇一三年刊)五十九頁。
(22)彭城仁左衛門(寛永十年(一六三三)~元禄八年(一六九五)。諱は宣義　字は耀哲　号は東閣　法名は道詮。万治元年六月小通事、同二年十月、大通事に任ぜられる。通事中の第一席であった。貞享三年時は、五十四歳。元禄五年十二月二十二日、武岡三右衛門を養子とする。元禄八年没、六十三歳。宮田安前掲書、一六二一~一七三頁。
(23)彭城仁右衛門、先名は継右衛門　諱は善聰　号は素軒。元禄五年十二月、彭城仁左衛門の養子となり、翌六年一月稽古通事となる。元禄八年九月大通事。宮田安前掲書、一七三~一七九頁。
(24)潁川家初代藤左衛門道隆の娘婿、葉茂猷か。実父は葉我欽。潁川家二代藤左衛門、葉茂猷、生名藤右衛門、延宝三年六月二日大通事となり藤右衛門を藤左衛門に改める。通事歴は三十年を超えた。宮田安前掲書、三十四~三十六頁。
(25)石原道博著『朱舜水』人物叢書新装版(吉川弘文館、平成元年刊)一六五~一六七頁。
(26)注25石原道博著『朱舜水』一七八~一八〇頁。

(27)注14に同じ。杉村英治著『望郷の詩僧、東皐心越』一三二頁。
(28)注14に同じ。一三六頁。
(29)宮田安著『唐通事家系論攷』四五八~四六〇頁。
(30)中尾友香梨・井上敏幸著『文人大名鍋島直條の詩箋巻』(佐賀大学地域学歴史文化研究センター、平成二十六年刊)参照。
(31)大槻幹郎他編著『黄檗文化人名辞典』「普敬」(思文閣出版、昭和六十三年刊)。福源寺重興二代普敬實三西堂禅師(井上敏幸・伊香賀隆『肥前鹿島福源寺小志』佐賀大学地域学歴史文化研究センター、平成二十五年刊)一〇〇頁。
(32)注31『黄檗文化人名辞典』「桂巖明幢」。井上敏幸・伊香賀隆・高橋研一著『肥前鹿島円福山普明禅寺誌』(佐賀大学地域学歴史文化研究センター、平成二十八年刊)参照。
(33)注31『黄檗文化人名辞典』「玉岡海崑」。
(34)注22に同じ。
(35)注29に同じ。
(36)注20に同じ。
(37)弥五兵衛は、鹿島藩士で堤氏であることが、鹿島市民図書館蔵鹿島鍋島家資料(書冊類)012「末ノ年唐船持渡書物帳」の末尾の署名「堤弥五兵衛」によって分かる。並木存誠の部下であると思われる。ただし、同館所蔵『堤系図』に、弥五兵衛および息子の名前などは見い出せない。
(38)延宝二年の「神雒書肆等重雕」版『校正三体詩』(架蔵本)巻上三十一丁裏に「黄陵廟　李遠」とあり、同じく五十八丁表に「湘妃廟即黄陵廟」とあるが、作者名はない。「湘妃廟」詩の前の詩の作者李群玉に同じの意味で作者名が略されているのである。このことも、論争が起る一因だったかと思われる。
(39)「朱文公墨跡」は、朱子のものではなく、元の二大儒といわれた呉澄の「和ノ銘」(『性理大全』巻七〇所載)である。一二八字の内、脱字二字、誤写四文字が認められ、やや雑な写しとなっている。呉澄「和ノ銘」については、佐賀大学特別研究員伊香賀隆君の教示による。
(40)ちなみに祐徳博物館に手描きの彩色大西湖図一軸が所蔵されている。柯峯陳による康熙二〇年(一六八一、天和元年)

の讃がある。あるいは、五年前に書かれたものを、存誠が今回長崎で購入したものだったかもしれない。少なくとも、天和・貞享期（一六八一～一六八九）に購入されたものであることは間違いないであろう。

（41）『直能公御年譜』巻八貞享四年の条に「一、去秋、水戸黄門光圀公より大串平五郎と云儒者長崎被へ指越《こえらる》。（中略）小城より下川文蔵（三省）被相附《あいつけらる》（中略）文蔵通詞《ママ》を相勤候。（中略）文蔵義道中其外為通辞《ママ》常州へ罷越候とある。ただし、この記録は張斐と朱舜水のことと混同したものであり、注意を要する。佐賀県近世史料第二編第一巻八一二頁。）。なお、下川三省については、朱全安「藩儒下川三省の登用にみる小城藩漢学教育の端緒」（千葉商大紀要52巻1号、平成二十六年九月刊）を参照されたい。

（42）注14杉村英治著一四一・一四二頁。

（43）注28に同じ。杉村英治著、一三六頁。

（44）架蔵本『頭書三籟集』の梅嶺跋文の奥付は「旹寛文十二歳次壬子長至日　紫陽正法沙門衜雪稽首書於雲半間之西軒」のごとくであり、刊記は「洛京書林田氏道住敬刊行」とある。

（45）注32掲出『肥前鹿島円福山普明禅寺誌』一五六～一五八頁。

（46）「直堅伝」抜書中に出てくる僧伯断橋和尚（直條の実兄、格峯、実外）著「藤直堅上進陳希夷瞌睡像記」と月潭道澄著「仙洞恩賜歌書并引」は、両者共に真筆の巻子本が、現在祐徳博物館に所蔵されている。「直堅伝」の完璧な説明もこの巻子本によるものといっいてよい。この巻子本自体が現在では、大変貴重な遺産となっているといってよいのである。なお詳しくは、拙稿「陳希夷瞌睡像一件――鍋島直條没後の盛事――」（『雅俗』第十号平成十五年刊）を参照されたい。

小城藩主・鍋島直能と江戸の林家一門

――咸臨閣を舞台とした交流――

中尾友香梨

はじめに

佐賀の藩祖・鍋島直茂（一五三八～一六一八）と初代藩主・勝茂（一五八〇～一六五七）による第一世代が、まだ戦国大名の「武」の気風を色濃く残す世代であったとすれば、勝茂の子らによる第二世代は、「武」を尚《たっと》びつつ次第に「文」への関心をも強めた世代であり、さらに第三世代になると、明らかに「武」よりも「文」に価値を見出そうとする傾向が見られるようになる。

小城藩二代藩主・鍋島直能（一六二二～一六八九）は、勝茂の孫つまり第三世代に属する人物である。父・元茂（一六〇二～一六五四）は勝茂の長子として生まれ、佐賀藩の証人（人質）として長年江戸詰めの暮らしを強いられたが、母親の身分が低かったため、嫡子の座につくことはできず、代わりに祖父・直茂の隠居領と家臣団を譲られ、さらに幾度かの加増を受けて、鍋島分家の一つである小城藩（七万三千石）を成立させた。

元茂はまさに第二世代の代表格ともいえる人物である。兵法・弓・鉄砲・短筒・長刀・組打などの武芸に長じ、特に剣術に関しては柳生宗矩から印可をもらい、世子時代の徳川家光の打太刀の一人を務めるほどであったが、その一方、「文」の道にも心を寄せ、儒学・禅学・詩文・和歌・書道・音楽などを一通り修めた。ただ、「文」の上達は「武」に比べて大きくひけをとるものであり、この点、子の直能とは対照的である。

つまり直能も元茂と同じく文武両道に励んだが、父とは逆に「文」に対する造詣が「武」より深く、「武人」というよりはむしろ「文人大名」の趣が強かった。むろんそれは「元和偃武」を迎えたばかりの第二世代とその後を生きた第三世代との決定的な違いであり、いわば時代の必然性でもあるが、単にそれだけでは片づけられない問題もはらんでいる。

では、本論に入る前に、まず直能のことについて簡単に紹介しておこう。名は初め直宗、のち直能。字は伯養、また伯儀。曾祖父・直茂にならって初め飛騨守を名乗ったが、三〇歳の時に祖父・勝茂の命により加賀守に改める。承応四年（一六五五）、三四歳で藩主の座につき、延宝七年（一六七九）、五八歳で退く。堂上歌人・飛鳥井雅章に入門して歌道を究め、京都の公家衆と親密な交流をもつ傍ら、参勤交代で江戸に上った際には、幕府の漢学を司る林家一門及びその周辺の人々と親しく交わった。

直能については、すでに幾つかの先行研究があるが（稿末の参考文献一覧を参照）、「交流」の観点から見れば、先行研究はほぼいずれも直能と京都の公家衆との交流を中心に論じたものであり、直能が積極的に交わりをもったもう一つの文化集団——江戸の林門——との関係については、まだ詳しい研究がなされていない。

林門についてはいまさら説明するまでもないが、江戸初期の儒者・林羅山（一五八三〜一六五七）によって始められ、代々漢学をもって徳川幕府に仕えた林家とその一門を指す。直能と直接交流があったのは主に、羅山の子で林家二代当主を務めた鵞峰（一六一八〜一六八〇）とその子梅洞（一六四三〜一六六六）・鳳岡（一六四四〜一七三二）兄弟、林家の門人で幕府の儒官に抜擢された人見竹洞（一六三八〜一六九六）と狛高庸（一六三九〜一六八六）、林家と昵懇な間柄にあった大名・加藤勿斎（一六二二〜一六八四）などである。

直能と彼らの交流は、大きく三つの段階に分けることができるが、本稿では紙幅の都合により、まずその最初の段階――咸臨閣を舞台とした交流――に焦点をしぼる。

一　江戸品川の咸臨閣屋敷

『直能公御年譜』[1]（以下、直能年譜と略記）によれば、直能は万治二年（一六五九、当時三八歳）の夏、江戸品川の大井村濱川に一丁五段の敷地を購入し、その翌年春にはまた同所の海岸沿いに屋敷を借り上げた。その時の証文の写しが年譜に収められている。

　　永代売渡申候屋敷証文之事

品川ノ内大井村濱川ニ而、東ハ田境切り、北ハ神明宮切り、西ハ田ノふちニ少ノ野道付田切り、南ハ田境切り、此内壱丁五段ニ〆代金百五拾両ニ永代売上ケ、右之代金慥ニ請取申所実正也、右之外、壱反ニ付　御公儀様御年貢御役銭ニ金壱部ッヽ、毎年御出可被下候御約束ニ御座候、此屋敷ニ付、少も御六ケ敷義掛申間敷候、為其名主弐人・年寄百姓・同五人組加判仕候、仍売券状差上申処如件

　万治二年六月十五日　　連名判

　　川浪平馬助殿

拙者罷居候濱川濱屋敷、口十間入は海沾作召置候処、除裏之分一式、万治三子ノ年より酉ノ年迠十年之御約束ニ而借シ申候処実正也、右屋敷為年貢御役儀、壱年ニ金子壱部ッヽ、可被下候、以上

　万治三子ノ年二月十五日　　濱屋敷主　与兵衛

鍋嶋加賀守様御内　川浪平馬助殿

万治二年六月の証文に見える「神明宮」とは、現在の東京都品川区南大井にある天祖神社[2]の旧名。「北ハ神明宮切り」とあるので、直能が購入したのはこの天祖神社の南側にある四五〇〇坪の土地であったことがわかる。なおこれとは別に、翌年春には海岸沿いの濱屋敷を一〇年契約で借り上げており、両者を合わせると総面積は六三二〇坪あった[3]。

直能はどうしてここに土地を購入し、また海岸沿いの屋敷を借り上げたのか。「明暦の大火」（明暦三年正月、一六五七年）の後、幕府は大名の下屋敷を江戸城の周縁部に移転させ、広小路や火除明地などをつくって延焼を食い止める防火対策に乗り出した。そうした中、東海道沿いにある品川は、参勤交代に便利であり、また海に面しているので荷揚げもしやすく、下屋敷地または抱え屋敷地として適していたのだ。ちなみに、立会川を挟んで、直能が購入した敷地の北側にあったのは、高知土佐藩の三代藩主・山内忠豊が同じく明暦の大火の後、万治元年に幕府から拝領した一万五八四一坪ある広大な下屋敷地であり、またこれとは別に土佐藩も荷揚げ場として海側に八六九坪の敷地を手に入れていた。そして嘉永六年（一八五三）のペリー来航以後、土佐藩が幕府の許可を得てこの荷揚げ場に砲台を設置し、若き日の坂本龍馬が警護の一員としてここに詰めていたことは有名である。ただ、小城藩は佐賀藩の支藩であり、土佐藩のように広大な土地を下屋敷地として幕府から拝領することはできなかったので、自力で購入するしかなかったのである。

さて、直能は寛文元年（一六六一）よりここに別邸の造営を始め、完成した寛文三年秋には、林家一門を招いて、建物・庭園・泉水の命名と記念の文を依頼した。その結果、書院には「咸臨閣」、庭園には「鳥止園」、泉水には「蟠龍泉」、庭石には「大有石」「舟石」などと雅名が付され、後日、鵞峰と竹洞がそれぞれ「咸臨閣記」と「鳥止園記」を奉った。直能年譜には和漢二篇の「咸臨閣記」が収められており、和文には作者名も日付も記されていないが、内容から見てやはり林門またはその周辺の人物の作と判断される。

では、まず「寛文癸卯仲秋下浣」（寛文三年八月下旬）に記された鵞峰の漢文「咸臨閣記」により、「咸臨」

の名の由来について確認しておこう。

咸臨閣記

藤君伯養（直能）(4)、江府（江戸）に宿衛（参勤）し、新たに一閣を建て、「咸臨」を以て扁と為し、記を向陽林子（鵞峰の別号）に請う。林子辞《すい》して（いましめて）曰く、「上に居りて下に臨む、之れを臨と謂う。則ち日月、星辰、風雲、咸《み》な閣上に臨む。君、登りて之れを覧《み》れば、則ち仰ぎて弥《いよ》いよ高し。俯して其の庭を瞻《み》れば、則ち園の茂《しげ》き、池の流れ、鳥の止まり、魚の躍り、眼中に咸臨す。君、其の楽しみを楽しむか。彼れ此れより高きときは、則ち此れ彼れが臨む所と為る。彼れ此れより卑《ひく》きときは、則ち彼れ此れが臨む所と為る。故に地は天の臨む所と為り、沢は地の臨む所と為る。（中略）方に今、闔国《こうこく》（全国）一統、四海家と為る。悉《ことごと》く大君の咸臨するに非ずや。列侯群牧、封域有り、采邑有り。亦た是れ各《おの》おの咸臨する所なり。君、江府宿衛の日に当たりて、上に奉じて其の力を竭《つ》くし、咸臨の高きを仰げば、則ち所謂、上帝汝に臨む者か。官暇を賜りて西州に帰りて、民を撫《ぶ》して其の心を尽《つく》し、咸臨の勤めを精にすれば、則ち所謂、敬に居りて以て其の民に臨む者か。咸臨の義、博《ひろ》いかな。約して之れを言えば、則ち心は一身の君と為りて、耳目、口鼻、手足は、其の咸臨する所なり。故に曰く、天君泰然たれば、百体令に従うと。若し夫れ視聴、言動、礼に非ざれば、則ち豈に其れ天君泰然たらんや。園池、鳥魚有りと雖も、何を以てか咸臨せんや（後略）」と。（原漢文、直能年譜巻五、延宝三年七月条所載。『鵞峰林学士文集』巻五にも所載）

「咸臨」とは『易経』に由来する言葉であり、上の知遇に感じ（「咸」は「感」に通じる）、よく下の民に臨むという意味である。鵞峰が直能に頼まれてその別邸の書院に「咸臨閣」と名づけたのは、当然この儒学の教義に立脚するものである。儒教の道徳規範である「礼」を忘れず、将軍に忠誠を尽くし、領民に慈愛を注ぐように勧奨するあたりに、鵞峰のいかにも御用学者らしい一面がよく表れているが、少し視点を変えれば、諄々と説き諭す一連の言葉の裏には、年下の直能に対する一種の愛情すら込められているようにも見える。

続いて、和文の「咸臨閣記」からも一段落を引いてみよう。

今とし寛文癸卯の秋の比ほひ、はやうより時につけつゝ、まうでつかふまつれる君、星霜のふるきをあらためさせ給ひて、二とせみとせばかりにみがきたてしうてなに、まうのぼり侍れば、まづさし入門のよそひも、そのかみありしよりげにさきくさのみつ葉四つばに殿づくりして、其中に咸臨と号せる閣あり。とへば、やむごとなきまらうどたちも、ざえあるともがらなども、つねに招きあつめ、来るを待て、みな臨むにたれりとなん。さて、作りなせる庭の泉の水上は、はるかなる多麻河の流れの末を、わが地まかせて、築山の岩かげをめぐれるくま〴〵、をのづからわだかまる龍の形にことならず。さるによりて、しか名づくめると也。打わたすそのには、野山をよそに、空とぶ翅だにも、恵みに懐く心のあればにや、こゝに止る事をしれり。されば園を鳥止と云。[5]

（直能年譜巻五、延宝三年七月条、和文「咸臨閣記」）

冒頭の「はやうより時につけつ、まうでつかふまつれる君」（以前からその時々に応じて参上してお仕えしていた君）とは、いうまでもなく直能のことを指しており、よって直能と林家一門の交流は寛文三年秋より遡ることがわかるが、本格的なつき合いが始まったのはやはりこの頃と見られる。そして直能が二、三年かけて心血を注いで造営したこの別邸には、「やむごとなきまらうどたち」（高貴な身分の客人たち）や「ざえあるともがら」（漢学の才能をもった仲間たち）が常に招かれ、雅集が催されたのである。

庭園の泉水は遠くの多摩川の流れを引き入れたものであり、築山の岩陰にくねくねと繞らされたその形がまるで蟠る龍のように見えることから、「蟠龍泉」と名づけられた。また、広々とした庭園には鳥が飛んで来て憩うので、「鳥止園」と名づけられた。鵞峰の長子・梅洞には長篇の「蟠龍泉歌」があり（『梅洞林先生全集』巻九）、前述したように竹洞（別号丹山）には「鳥止園記」がある（直能年譜巻五、延宝三年七月条）。また、「咸臨閣記」には記されていないが、直能年譜には「其向へに大有石有、側に舟石と号するも有」とあり、庭石も二つ置かれていたことがわかる。鵞峰に「大有石」と題する詩があり（『鵞峰林学士詩集』巻六十三）、その注に「咸臨閣の庭に在り、其の紋、大有卦に似たり、故に之れに名づく」とある。大有卦は易の六四卦の一つ。「舟石」もおそらくその形にちなんだ名であろう。

かくのごとく、直能が明暦の大火の後に江戸品川に造営した咸臨閣屋敷については、詳細な造りこそ知ることができないものの、その位置と面積、及び書院が二階建ての立派な殿作りであったこと、また庭園には多摩川の流れを引き入れた泉水があり、築山や岩石なども配置されていたことなどが、直能年譜に収められた証文の写し及び林門の詩文から読み取れる。

二　咸臨閣における雅会

寛文三年（一六六三）秋に完成した咸臨閣屋敷は、以後、直能が林家一門及びその周辺の人々と交流をくり広げる重要な舞台となった。直能はたびたび林家一門をここに招いて雅会を催したのである。直能年譜と林門の詩文集、及び鵞峰の『国史館日録』から、その主なものを拾ってみよう。

寛文三年八月　江戸品川の別邸が完成。直能、林家一門を招いて、建物・庭園・泉水の命名と記念の文を依頼。後日、鵞峰と竹洞がそれぞれ「咸臨閣記」と「鳥止園記」を奉る。また同日の席上、直能が家蔵の「湘景扇」を披露。鵞峰は直能の求めに応じて、後日「湘景扇記」を奉る。

同年一〇月一三日　直能、鵞峰らを咸臨閣に招く。その席上、前年七月一三日に見た夢の話をし、林門はこれを記念して「歳寒知松」詩を分詠。また、直能が家蔵の「蘭亭硯」を披露。鵞峰は直能の求めに応じて「蘭亭硯」詩を奉る。梅洞も後日「蟠龍泉歌」を奉る。

同年一二月六日　直能、鵞峰らを咸臨閣に招く。一座は「朝鮮成世昌十二詠」の額板を鑑賞し、追和詩を分詠。また、鵞峰が直能の求めに応じて「大有石」詩を詠む。

翌年三月二四日　直能、鵞峰らを咸臨閣に招く。鵞峰が「咸臨閣上賦落花流水」詩を詠み、竹洞と鳳岡がそれぞれ「咸臨閣上晩興」詩を詠む。

同年四月中旬　直能、鵞峰らを咸臨閣に招く。一座は「咸臨閣上夏日八詠」を分詠。また、鵞峰が直能の求めに応じて「八卦炉」詩を詠む。

寛文七年八月七日　鵞峰一行が久しぶりに咸臨閣を訪れる。鵞峰は往年ここに遊んだことを回想し、感慨にふける。席上、朱舜水の門人・下川三省が中国語で『詩経』を暗誦するのを聴く。また直能が、文禄の役に出征したことのある老僕を、当日召し出してその時のことを語らせるつもりであったが、一昨日、突然亡くなってしまったと言うのを聞き、一座は甚だ残念がる。

これらを見ればわかるように、寛文三年秋から翌年夏にかけて、鵞峰をはじめ林家一門はかなり頻繁に直能の咸臨閣を訪れている。そして詩を詠み、文を作り、清談に耽った。梅洞の「蟠龍泉歌」の一段落よりその雅会の一齣を覗いてみよう。

我儕一日応其招
池辺並坐緑苔筵
月下流觴酌芳樽
石上揮毫弄明箋
泉声如琴又如瑟
為客頻鳴月下絃
記得泉声留我坐
欲帰未能刻漏遷

我が儕《ともがら》　一日《いちじつ》其の招きに応じ
池辺　並び坐す　緑苔の筵
月下　流觴　芳樽を酌み
石上　揮毫　明箋を弄す
泉声　琴の如く又た瑟の如く
客の為に頻りに鳴らす　月下の絃
記し得たり　泉声の我を留めて坐せしめ
帰らんと欲するも未だ能わず　刻漏の遷りしことを

（『梅洞林先生全集』巻九）

この詩は、『梅洞林先生全集』では日付が記されていないが、直能年譜では「寛文癸卯の冬、勉亭林慤（勉亭は梅洞の別号、慤《かく》は名）、毫《ふで》を五松径辺に渉《わた》す」（原漢文）とあるので、寛文三年冬の作であることがわかる。林家一門が直能の招きに応じて咸臨閣に集い、月明かりの下、蟠龍泉の畔で流觴曲水の宴に興じる様子が目に浮かぶ。

「明箋」は、明の詩箋、舶来品である。[6] 長崎警備にあたっていた直能ならば、比較的に入手しやすかったのであろう。一同は蟠龍泉の畔に並び坐し、岩石の上に詩箋を広げて詩を揮毫し、曲水に浮かぶ杯の酒を飲む。その前を流れる泉水は、琴瑟を奏でるような心地よい音をたて、客の帰りの足を引き留める。宴の雅趣を引き立てるその音に、人々はつい時間が経つのも忘れてしまうのだ。実にかの有名な王羲之の「蘭亭の集い」を彷彿とさせる雅びな情景である。

咸臨閣では、このような雅会が、寛文三年八月から翌年四月中旬にかけて、少なくとも五回は催された。その後しばらく記録が見あたらないのは、直能が参勤交代で帰国したからであろう。そして寛文五年、直能が再び江戸に参府した時は、林家一門が幕府の命を受けて始めた『本朝通鑑』の編纂事業が本格化して忙しくなり、七月には鵞峰が一ヶ月近く病床に伏せたこともあって、足が遠退いたが、代わりに直能が林家を訪れ、両者の交流は続く。ただこれについては別稿に譲ることにし、ここでは三年後、鵞峰一行が再び咸臨閣を訪れた時のことを見よう。

約に依り鍋島加賀守に赴く。参府以来、懇《ねんご》ろに問うに謝して、互いに去年以来の往事を語る。午の半ばに及びて友元（人見竹洞）来たりて会す。（中略）未の刻に藤勿斎（加藤勿斎）来たる。（中略）其の後、主客共に咸臨閣に到《いた》り、庭前の山水を観る。往年、此こに遊び、主人の請いに依り、閣に名づけて「咸臨」と曰い、余、之れが記を作る。庭に曲水細流有り、之れに名づけて「蟠龍泉」と曰う。泉の傍らに岡有り林有り、啼鳥《ていちょう》来集す。故に園に名づけて「鳥止」と曰う。友元、記を作る。余が輩、主人と相い識《し》るは、是《こ》れ勿斎の媒《なかだち》を為すなり。今日の会、庭の景は旧に依り、伴う所も異ならず。唯だ春信（梅洞）を欠くのみ。今日、各《おの》おの旧を懐《おも》うこと屢《しば》しばなり。座に一書生有り、歳は十八九、其の名は三省と曰う其の氏を忘る。是れ主人の家僕の子にして、常に朱之瑜（朱舜水）に侍り、水戸邸に在る者なり。『詩経』を之瑜に習うと聞き、之れを試問すれば則ち明音を以て「関雎」詩を誦す。主人曰く、「家に一老僕有り、歳九十餘。昔、文禄朝鮮の役のとき、直《た》だ戦場に在りし者なり。今日、之れを召し出して其の事を談ぜしめんと欲するも、一昨日に忽ち物故す」と。勿斎大いに之れを惜しむ。余も亦た遺恨と為す。薄暮に興尽きて帰らんと欲するも、主人止《とど》む。勿斎、頻りに詩を作るを勧め、主人も亦た之れを強《し》う。故に已《や》むを得ずして五言律一首を賦す。勿斎、余に代わりて之れを書す。友元も亦た七言律を賦す。浄書成りて、点心を進む。漸く亥の刻に及びて帰り、友元従う。勿斎、猶お留まる。謀りて盃盤の事有るべきを知る。（以下略、原漢文）

これは鵞峰の『国史館日録』寛文七年八月七日条に見える記録であるが、前日の条に、「鍋島加賀守、参府以来、余を招かんと欲すること数《しば》しばなり。然れども遂に赴かず。聞く、明日、藤勿斎及び友元、彼の宅に赴くと。余も亦た幸いにして館（国史館、『本朝通鑑』編纂所）休みの日なり。若し登城の告げ無ければ、則ち往きて会して、其の懇意に謝すべし。今晩、友元と之れを約す」（原漢文）とある。直能はこの年も、参府以来、何度も鵞峰を咸臨閣に誘ったが、鵞峰は応じずにいたところ、たまたまこの日の翌日、勿斎と竹洞が直能宅に行くと聞き、ちょうど国史館も休みなので同行することにしたのである。冒頭の「約に依り」とはこのことを指す。なお、「互いに去年以来の往事を語る」とあるので、前年の寛文六年にも鵞峰と直能は交流があったことがわかる。

そしてこの日、一同は直能の上屋敷で待ち合わせ、メンバーがそろってから咸臨閣に移動した。久しぶりに訪れた咸臨閣で、庭園の景色を眺めながら、鵞峰は感慨に浸る。昔ここに遊んで、主人の直能に頼まれ、楼閣や庭園、泉水に名をつけたこと、また自分が「咸臨閣記」を作り、竹洞が「鳥止園記」を作ったことなどが、走馬灯のように脳裏に浮かんだ。目の前の景色も、連れだったメンバーも、あの頃と同じなのに、ただ一人梅洞がいない。

鵞峰の長子として生まれた梅洞は、一三歳の時にはすでに朝鮮通信使と詩を唱和するなど、早熟の才能を発揮し、家塾の経営にあたっても、『本朝通鑑』の編纂事業においても、鵞峰の強力な右腕となって働いたが、前年九月に病気で急死した。自らの後継者として期待していた梅洞の突然の死は、気も狂わんばかりの悲しみと喪失感を鵞峰に遺した(7)。それゆえに、かつて梅洞と一緒に遊んだ咸臨閣の景色を再び目にしたとき、鵞峰は懐旧の念に堪えなかったのである。

ところで、この文章には幾つかの興味深いことが記されている。まず一つは、直能と鵞峰が知り合ったきっかけである。文中に、「余が輩、主人と相い識るは、是《こ》れ勿斎の媒《なかだち》を為すなり」とあるので、直能と林家一門の交流は、加藤勿斎の紹介により始まったことがわかる。(8) 次に、下川三省の登場である。当日の席上には、一八〜九歳の若い書生が一人加わっており、名は三省、姓は忘れた、と鵞峰は記しているが、この人物こそ下川三省である。小城藩士の子で、本名は文蔵。寛文四年冬、一五歳の時に直能によって派遣され、長崎に亡命していた朱舜水に入門し、翌五年夏、舜水が徳川光圀の招聘を受けて江戸に上る際に随行した。そしてこの日、直能は三省を咸臨閣に呼び出し、林門の接待に侍らせたのである。むろんそこには、後述するように林門が喜びそうなサプライズを用意して宴に興を添える意図もあったと思うが、この機会に三省を林門に引き合わせるという目論見もあったのだろう。三省が朱舜水から『詩経』を習っていると聞いて、鵞峰が試問すると、「明音」で「関雎」を諳んじたとある。「明音」とは明の発音、つまり中国語である。二年半ほど朱舜水について学んだ三省は、すでに中国語で『詩経』が暗誦できるほどのレベルに達していたのだ。

三つめは、朝鮮の役に関する話である。直能は、家に九〇歳をすぎた老僕がおり、文禄の役に参加したことがあるので、本日召し出して当時のことを語ってもらうつもりであったが、二日前に突然死んでしまったと言い、勿斎と鵞峰はこれを聞いて甚だ残念がる。そしてこの日もまた直能に求められて、鵞峰と竹洞は詩を作って帰った。

以上で見たように、咸臨閣は直能が林家一門と交流する場という重要な機能を有していた。また、右にあげた二回の雅会の描写において目を引くものに「明箋」「明音」がある。これらは直能が林門の客人のために特別に用意した、もてなしのポイントであるとも言えよう。漢詩文を得意とする林門にとって、明の詩箋、明の発音は、当然関心を惹くものであったはずだ。直能はそのことをよく知っていたのだ。そしてもう一つ、直能が彼らのために用意したかったサプライズは、朝鮮の役の体験談である。遺憾なことにこれは実現しなかったが、勿斎と鵞峰が多いに残念がったことを見ても、直能のアイデアは的を射ていた。

前掲の咸臨閣における雅会の一覧を見ればわかるように、実は直能は基本的に毎回の雅会に際し、このように林門の人々の関心を惹きそうな「珍しいモノ」を披露し、記念の詩文を求めている。それは多くの場合、家蔵の品であった。

三　直能が披露した家蔵の品々

直能が咸臨閣において林家一門に披露した家蔵の品としては、「湘景扇」、「蘭亭硯」、「朝鮮成世昌十二詠」の額板、「八卦炉」などをあげることができるが、それぞれの名称からも推測されるように、これらはいずれも中国または朝鮮ゆかりのものである。

まず、「湘景扇」を例として、それがいかなるものであったかを、鵞峰の「湘景扇記」によって見よう。

湘景扇記

扇の湘景を以て名づくるは、何ぞや。八景を図すればなり。是れ朝散大夫、加州の太守、藤直能の家蔵なり。其の曾祖直茂、軍旅に在る毎に、之れを揚げて以て群士を指揮す。受け伝えて直能に至ると云う。是れに由りて茲《こ》れを念《おも》えば、則ち扇面の八景は豈に常人の見る所と日を同じくして語るべけんや。(中略)直茂、世よ西海に在りて、名を九国の間に顕す。而して肥の前州は其の領する所なり。想うに夫れ此の一扇の風、八敵国の沙を捲くか。嘗て三韓の役に従すれば、則ち彼の八道の山川も、亦た自ずから一握の中に在るか。何ぞ必ずしも湘景の八のみならんや。(中略)古に云く、「家に敝帚有り、之れを千金に享す」と。況んや祖先の軍中指揮の器に於いてをや。嗚呼《ああ》、祖先、得て之れを見るべからず。其の手に把《と》る所を見るを得れば、則ち斯《こ》れ可なり。今之れに対すれば、則ち其の号令を声無きに聴くが如きか。之れを揚ぐれば、則ち其の霊魂を形無きに招くが如きか。然らば則ち追遠の感、来格の風も、亦た茲れに在らずや。寛文癸卯（三年）秋の仲（八月）、偶《たま》たま直能の席上に在り、其の求めに応じて之れを記す。向陽林子。

（原漢文、直能年譜巻五、延宝三年七月条所載。『鵞峰林学士文集』巻一〇にも所載）

「湘景扇」とは扇面に中国の瀟湘八景を描いた扇子。この扇子はかつて直能の曾祖父・直茂が戦場で指揮に用いたものであり、「三韓の役」つまり朝鮮の役にも携えられた。「家に敝帚有り、之れを千金に享す」とは「敝帚千金」のこと。「敝帚」はやぶれた箒。自分の有するものは、たとえやぶれた箒でも千金の価値があると見なすことをいう。もとは中国の『東観漢記』巻一「世祖光武皇帝紀」に出てくる言葉であるが、鵞峰はこのたとえを用いて、直能が所持する祖先の「湘景扇」はきわめて貴重な価値をもつことを力説する。そして、もはや祖先に会うことはできないが、祖先がかつて手に握っていたこの扇子を前にすれば、まるでその指揮の号令が聞こえて来そうであり、またこれを扇げば、まるでその魂を呼び戻すことができそうであるという。

直能が家蔵の「湘景扇」を林家一門に披露したことについては、幾つかの理由が考えられる。まず一つは、扇面に中国の瀟湘八景が描かれていることである。中国の北宋時代に端を発した「八景」ブームは、書籍・文物・禅僧らを通して日本に伝わり、「博多八景」「近江八景」「金沢八景」など多数の扶桑八景を産み出したが、やがてそれは大名の庭園文化にも影響を与え、大名たちは挙って林門を招き「八景詩」を作らせた。大名たちの庭園八景詩創作の重要な担い手であった林門にとって、瀟湘八景はいうまでもなく特別な意味をもつものであった(9)。

もう一つは、この扇子がかつて直茂によって戦の指揮に用いられ、朝鮮の役にも携えられたことである。つまりこの扇子は歴史の遺留品であり、学者集団の林門にとってその意義は大きい。当時、林門はちょうど『本朝通鑑』の編纂作業に着手したばかりであり、また朝鮮通信使との交流を通じて、歴史事件とりわけ朝鮮出兵に関しては強い関心を抱いていたのである。そして三つめは、祖先の形見ともいうべき遺品が、自分のところに伝わっているのを披露することによって、直能が「家格」を誇示したかったことであるが、これについては後で詳しく論じることにする。

続いて、林門が咸臨閣に掲げられた「朝鮮成世昌十二詠」の額板を見て、追和詩を分詠したことについて見よう。鵞峰と梅洞の詩集には、いずれも「咸臨閣中に嘉靖甲申孟秋朝鮮成世昌十二詠の額板を見て、鬮《きゅう》を分かちて之れを追和す。余、三題を得たり」（原漢文）と題する詩が収められている。「嘉靖甲申孟秋」は一五二四年七月。成世昌（一四八一～一五四八）は朝鮮中期の文官であり、書・画・音律に優れ、「三絶」と言われた。「額板」は文字や絵を書いたり彫ったりした板。「鬮《きゅう》を分かつ」とはくじを引くこと。「追和」は古人の詩に対して後世の人が和することをいう。林家一門は咸臨閣の中で、朝鮮の文人・成世昌が一五二四年七月に書いた連作詩十二首を彫った板を見て、くじ引きで題を分け、各々それに追和したのである。ちなみに、鵞峰と梅洞が得た三首の題は、それぞれ左記のとおりである。

鵞峰「製錦種梅」「香炉望巌」「玉山吊陵」（『鵞峰林学士詩集』巻六三）

梅洞「烏石行春」「楡山対雪」「智谷尋碑」（『梅洞林先生詩続集』巻一八）

詩の具体的な内容は割愛するが、鵞峰はさらに一門の追和詩の後に次のような小跋を附している。

追和朝鮮十二詠跋

邦を異にして地を縮め、世を異にして趣を同じくす。一席の興、是れも亦た好事の風流なるか。（原漢文、『鵞峰林学士詩集』巻六三）

朝鮮と日本、過去と現在。国を異にし、時代を異にする人同士が趣を同じくすることに対する感慨を述べる。「成世昌十二詠」の額板がいかなる経緯で咸臨閣にたどり着いたのか、その詳しい事情を知るすべはないが、おそらくは直茂が文禄の役の時に朝鮮から持ち帰ったものであろう。

このように、直能の咸臨閣には、長崎で入手した中国の舶来品や、直茂から伝わるお道具類、朝鮮ゆかりの書画などが数多く蔵されており、それは林家一門の興味と関心を引き寄せる吸引力の一つになっていたと推測される。

四　歳寒知松小集

寛文三年（一六六三）一〇月一三日の雅会において、直能は胸中に秘めていた一事を鵞峰らに打ち明けた。それは前年七月一三日の夢の中で、二代将軍秀忠（一五七八～一六三二）に謁見し、「玉斧巧修成」の書幅と「玉成」の言葉を授けられたことである。夢から覚めて驚き喜ぶも思わず戦慄し、懼れ憚って、一年来、誰にも言えずにいたが、このままだと夢の話そのものが伝わらなくなると考え、鵞峰らに告げることにしたのである。鵞峰はこれを「吉夢」であるとし、子や門生らとともに「玉斧巧修成」五字を韻字として詩を分詠し、『歳寒知松小集』一巻にまとめて奉った。鵞峰が書いた序と跋を見よう。

歳寒知松小集

昭陽（癸）単閼《せんあつ》（卯）孟冬（一〇月）十三日、藤伯養の招きに応じて、咸臨閣に遊ぶ。主人談じて曰く、「去歳七月十三日の夜、夢に台徳前大君（徳川秀忠）に謁《まみ》え奉る。召されて台顔に咫尺《しせき》すれば、辱《かたじけな》くも一幅を賜う。之れを披閲するに、則ち『玉斧巧修成』五字有り、其の傍らに『玉成』二字有り。御手ずから

『玉成』二字を指し示して曰く、『是れを以て汝に命ず』と。拝戴して退く。既に覚めて驚喜の至りに勝《た》えずと雖も、而して戦慄の慮《おもんばか》り無きに非ず。故に漫《みだ》りに人に語らず、一周歳を過ぐ。然れども熟《つら》つら之れを思うに、則ち深く秘して語らざれば、則ち此の事伝《つた》うること能わず。是《ここ》を以て今始めて之れを述ぶ」と。余、聞きて之れを奇として曰く、「試みに六夢[10]を以て之れを論ずれば、則ち思夢と為すべし。若《も》し諸《こ》れを占夢の官に問えば、則ち必ず『吉』と曰うなり。嗚呼《ああ》、前大君、果たして再びは謁《まみ》え奉るべからざれば、則ち夢中の恩言、何を以て焉《こ》れに報《むく》いん。唯だ忠信もて今の大君に奉仕して、其の臣節を失わざるを以てせば、則ち可なり」と。是に於いて「歳寒知松」を以て題と為し、「玉斧巧修成」五字を分かちて韻と為し、探《たん》鬮《きゅう》（くじ引き）して之れを賦し、此の日の此の席を云う。向陽林子、識《しる》す。

（原漢文、直能年譜巻五、延宝三年七月条に所載。『鵞峰林学士詩集』巻六二にも所載）

古《いにしえ》に謂う、「疾風に勁草を知り、版蕩に誠臣を識《し》る」と。若《も》し夫《そ》れ歳寒の松、四時柯葉《しいじえだは》を易《か》えずして、孤《ひと》り秀《ひい》でたるは、豈に其れ尋常の群木の比《たぐ》いならんや。

（原漢文、直能年譜巻五、延宝三年七月条）

「玉斧巧修成」はすなわち「玉斧修成」。唐・段成式著『酉陽雑俎』巻一「天咫」に見える「玉斧修月」の故事に由来する言葉である。粗悪な部分を削って月のように丸く美しいものに仕上げることをいう。「玉成」もこれとほぼ同じく、玉のように美しくみがきあげる意。転じて立派な人物にしあげることを指す。したがって、直能が夢の中で将軍秀忠より賜ったこれらの言葉はいずれも、「立派な人物になりなさい」というメッセージとして解釈できよう。

しかし、秀忠が将軍の座を退いたのは元和九年（一六二三）、直能の生まれた翌年である。つまり直能は一度も秀忠に会っていない可能性が高い。それなのにどうして秀忠が夢に出てきたのか。鵞峰はこれを「思夢」、つまり常に思念するところを夢に見たというが、もしそうであるならば、直能が秀忠を思念した理由はいったい何だったのか。

一方、鵞峰は直能に対して、前大君（秀忠）の恩言に報いるには、今の将軍（家綱）に忠誠をもって仕え、臣下の本分を全うすればよいと進言し、「歳寒知松」詩を子や門人たちと分詠した。「歳寒知松」とは、逆境に処した時にはじめてその人の節操がわかるという意味である。『論語』子罕篇の「子曰く、歳寒くして、然る後に松柏の彫《しぼ》むに後《おく》るるを知る」に語源をもつ。鵞峰は直能に向かって、逆境に置かれている時こそ、将軍家への忠誠心をまげずに励み続けるべきであると進言しているのである。幕府の御用学者としての鵞峰が、直能のためにしてあげられる最善のアドバイスであったと思われるが、しかし裏を返せば、それは直能がいま逆境に処していることを前提とする。

鵞峰による跋文の趣旨もまた然り。跋文の冒頭に引かれている二句は、唐の太宗・李世民が忠臣・蕭瑀に贈った詩（「贈蕭瑀」）の文言であるが、「疾風」は言うまでもなく逆境、「版蕩」は「乱世」をいう。「版蕩」は『詩経』大雅の、周の厲王の暴政を謗った「板」詩と「蕩」詩に由来する言葉。「版」は「板」に通じる。鵞峰はこの二句を引いて、「逆境」に耐え抜くように直能を励ましているが、この時、直能はいったいどのような逆境に置かれていたのであろうか。当時の将軍家綱による文治政治、とりわけ「寛文の治」は、善政として後世に知られるが、実際はそうではなかったのだろうか。

以下、これらの疑問について考えてみよう。将軍秀忠の時代までは、大名嫡子と庶子に対する幕府の扱いには、それほど大きな区別がなく、勝茂の庶子であった元茂（直能の父）は、勝茂の嫡孫でのちに本藩の嫡子となった光茂と、ほぼ同様の扱いを受けていた。(11) しかも元茂の場合は、将軍世子・家光の打太刀を務めていたこともあり、元和六年（一六二〇）の火事で屋敷が類焼した時は、将軍秀忠より新しい屋敷を建てるようにと白銀二万三二五六両を下賜され、そのうえ時服三十襲まで与えられている。(12) しかし慶安元年（一六四八）以降、大名嫡子と庶子に対する幕府の扱いは区別されるようになり、蔵米の下賜の有無、殿中儀礼への参加の可否など、すべての面において嫡子と庶子とでは待遇が異なっていた。つまり家格が同列視されなくなったのである。大名庶子の子であった直能は、明暦の大火の後、厳しい財政難の中で新しい下屋敷地を自前で購入せねばならず、まったく同じ時期に他の大名たちがすぐ近くに広大な敷地を幕府から拝領するのを目の当たりにした時、強烈な不遇感と劣等感を覚えたであろうことは想像に難くない。これらは直能にとって一種の厳しい逆境であったと言っても過言ではあるまい。よって直能が、大名の嫡子・庶子を区別なく一視同仁し、しかも庶子であった父・元茂に多大な恩恵を賜った将軍秀忠を思念するのは、人間の自然な感情であったろう。

なお、ここで注目されるのは、直能が誰にも打ち明けられずにいた胸中の秘事を、鵞峰らに打ち明けたことである。それは直能が彼らを深く信頼していたことを意味する。また鵞峰も、御用学者の立場を忘れないながらも、巧みに本心を作品に託した。両者の間には深い信頼関係が築かれており、その交流はけっして単なる形式的・儀礼的なものに止まっていなかったことが窺える。

直能は後日、道晃法親王に依頼して「玉成軒」三字を賜り、扁額に仕立てて、延宝七年（一六七九）に隠居した後、小城桜岡（現在の小城公園）の茶屋に掲げた。そして家綱が没し、綱吉が跡を継いだ翌年の延宝九年元旦には、次の意味深長な歌を書き残し、同年一二月に法体の身となった。将軍が代わり、春がやってきたが、直能の待ち望む「花」はついに咲かなかったのだろうか。

吹風も治る御代の春は来ぬ花待ほかに何かおもはむ

おわりに

明暦三年に勝茂が死去したことにより、佐賀本藩と支藩の血縁関係は薄れていき、支藩の藩主たちは徐々に自分（支藩）の「家格」を意識するようになる。その顕著な現れの一つが、「知行を始め、分与されたお道具の他、それまでに購入したり製作したりした様々な絵画やお道具などを代々相続していくことで、これらを自分達の『家』の財産＝家産として意識するように」[13]なったことである。つまり、それらは家格を象徴するものとして大切であったのだ。直能が林家一門に家蔵の品々を披露した背景には、まさにこのような事情があったと考えられる。言い換えれば、直能は家蔵の品々を披露することによって、「家格」を誇示したかったのであろう。そしてその都度、林家一門に記念の詩文を求めたのも、「家産」の価値と「家格」を証明できる文字記録を、新たな「家産」として、子孫代々相続させるためではなかっただろうか。

なお、「家格」に対する意識においてもう一つ重要なものは、当主（藩主）としての系譜的連続性、つまり先祖と系図上どのようにつながっているかということである。このことについて野口朋隆氏は、支藩の藩主たちが重要視したのはそれぞれの支藩の祖、つまり分知を受けた時の当主であるというが[14]、直能の場合は、本藩と支藩に分かれる前の元祖、つまり直茂とのつながりを意識する側面も強かったように見える。それは小城藩がもともと直茂の隠居領を譲り受けて形成されたからであろうが、そこには、直茂とのつながりを強調することにより、自藩の正統性を主張する意図もあったと考えられる。自分たちこそ元祖のお道具類を相続しているという点に、誇りをもとうしたのであろう。直能が直茂の遺品である「湘景扇」を林門に披露したことからも、そのような意図がかいま見える。

そして、幕府により大名嫡子と庶子の扱いが区別される中、直能が目指したのは、知識人・文化人たちと積極的に交流をもち、彼らの「文」の力を借りて自らの「家格」を権威づけることであった。そのために、京都の皇族及び公家衆と華やかな交流をくり広げ、公卿の養女であり法親王の実子である女性を後妻に迎え、江戸の林家一門及びその周辺の文人大名たちと親しく交わり、また長崎の黄檗僧や朱舜水などの渡来人たちとも積極的に交流した。今回はその一部分しか論じることができなかったが、直能によってくり広げられた絢爛たる文雅の交流の全貌を今後明らかにしたい。

註

（1）『佐賀県近世史料』第二編第一巻所収、佐賀県立図書館、二〇〇八年。
（2）現在は、立会川を挟んで北と南に鎮座していた諏訪神社（北濱川鎮守）と天祖神社（南濱川鎮守）が、もと天祖神社のあった場所に合祀されている。
（3）直能年譜巻五、延宝三年七月条、「濱川御屋敷払ニ相成候手形」。
（4）引用文の（　）の中は筆者による。以下同様。
（5）読みやすくするため、濁点を補い、片仮名表記を平仮名表記に統一し、送り仮名と点の切り方も一部改めた。
（6）詩箋については、町田市立国際版画美術館『江戸の華　浮世絵展』図録（一九九九年）第二部「色版の系譜――浮世絵の源流は中国の便箋だった？」（河野実）、及び中尾友香梨・井上敏幸共編『鍋島直條の詩箋巻』（佐賀大学地域学歴史文化研究センター、二〇一四年）の「まえがき」などを参照されたい。
（7）詳しくは揖斐高『江戸幕府と儒学者　林羅山・鵞峰・鳳岡三代の闘い』（中公新書、二〇一四）一三一～一三四頁を参照。
（8）勿斎については、『神田喜一郎全集』（同朋舎、一九八五年）巻六所収「塡詞の復興者加藤明友」、及び中尾健一郎「近世前期の詞作をとりまく江戸文壇――林門と加藤勿斎を中心に」（日本詞曲学会『風絮』第一一号、二〇一五年）に詳しい。
（9）日本における「八景詩」の流入と普及については、堀川貴司『瀟湘八景――詩歌と絵画に見る日本化の様相』（国文学研究資料館編、臨川書店、二〇〇二年）に詳しい。

(10) 六種の夢、すなわち「正夢」「噩夢」「思夢」「寤夢」「喜夢」「懼夢」の総称。

(11) 野口朋隆『佐賀藩鍋島家の本分家』（佐賀大学地域学歴史文化研究センター、二〇一三年）四四〜四五頁。

(12) 『元茂公御年譜』巻二（『佐賀県近世史料』第二編第一巻、佐賀県立図書館、二〇〇八年）七三頁。

(13) 前掲『佐賀藩鍋島家の本分家』、三八頁。

(14) 前掲『佐賀藩鍋島家の本分家』、三九頁。

主要参考文献

1、北島治慶「小城二代藩主・鍋島直能の教養とその周辺」（『新郷土』昭和五〇年一月号〜五月号に連載、一九七五年）。

2、大庭卓也「鍋島直能の学術と文芸」（伊藤昭弘編『成立期の小城藩と藩主たち』佐賀大学地域学歴史文化研究センター、二〇〇六年）。

3、井上敏幸「直能の和歌」（白石良夫・青木歳幸編『小城藩と和歌』佐賀大学地域学歴史文化研究センター、二〇一三年）

4、野口朋隆『佐賀藩鍋島家の本分家』（佐賀大学地域学歴史文化研究センター、二〇一三年）。

5、日高愛子「飛鳥井雅章と鍋島直能――「道」の相伝と和歌――」（『佐賀大国文』第四十三号、二〇一五年三月）。

若き日の古賀穀堂

――中国古典の受容に着目して――

伊香賀　隆

はじめに

古賀穀堂（一七七七～一八三六）は、佐賀藩の儒者であり政治家である。寛政三博士[1]の一人・古賀精里の長男として佐賀城下に生まれ、後に弘道館教授となり多くの人材を教育した。また、九代藩主鍋島斉直に「学政管見」を提出して後の佐賀藩の方向性を定め、さらには、貞丸（後の鍋島直正）の御側頭・侍読としてその教育に当たり、直正が十代藩主を襲封して後は、その側近として藩政を補佐したことはよく知られている。こうした藩政に関わる穀堂の事蹟については、久米邦武・中野礼四郎編纂『鍋島直正公伝』（侯爵鍋島家編纂所、一九二一年）や先学の研究に詳しい[2]。一方で穀堂の青年時代、特に弘道館教授となる文化三年（穀堂三十歳）以前のこととなると、これまで限られた資料しか知られていなかったこともあり、その詳細はよくわからなかった。そうした中、筆者は最近、若き日の穀堂が漢文で記した『葯房絮話』（享和二年十一月上旬、二十六歳）『壬戌季秋後詩文稿[3]』（享和二年九月～十二月、二十六歳）を読む機会を得、これらの資料の分析から様々なことが明らかになってきた。それはつまり、少年の頃から壮大な志を抱きながらも思うように進まず、挫折と葛藤の日々を過ごしつつも、そこに新たな境地を見い出し、意を決して読書と自己改革に努める穀堂の姿であった。そしてその間、穀堂に大きな影響を与えたのが中国の様々な古典であった。本稿では、こうした中国古典の受容にも着目しながら、若き日の古賀穀堂について考察していきたい。

《古賀穀堂略歴》

安永六年（一七七七）：十二月五日、古賀精里の長男として、佐賀城下西精町に生まれる。

寛政八年（一七九六）：父精里が御儒者として江戸に向うが、穀堂は佐賀に残る。

寛政九年（一七九七）：五月、祖父良忠が死去。

寛政十一年頃（一七九九）：江戸に遊学し、父精里の家塾に入る。

享和二年（一八〇二）：九月、佐賀に帰国。

文化元年（一八〇四）：「自警」を作る。

文化三年（一八〇六）：十一月一日、弘道館教授となる。「学政管見」を藩主に上呈。

文化十一年（一八一四）：十二月、江戸佐賀藩邸で貞丸（のちの鍋島直正）誕生。

文政二年（一八一九）：貞丸の御側頭に任ぜられ、江戸溜池邸（佐賀藩中屋敷）に住す。

文政三年（一八二〇）：貞丸が学齢に達し侍読となる。

文政六年（一八二三）：四月、江戸溜池邸に明善堂を新設。「明善堂記」「与弘道館諸君書」

天保元年（一八三〇）：二月、鍋島直正が十代藩主を襲封。「済急封事」

天保六年（一八三五）：五月、佐賀城二の丸焼失。これを機に大改革を実施。

天保七年（一八三六）：九月十六日病没。六十歳。

一　壮大な志と江戸遊学

穀堂が二十六歳の時に記した「穀堂私記」(4)によれば、幼少時代から「宇宙間第一の英雄」になるという壮大な志を抱き、明けても暮れてもその志を成し遂げたいと願っていたという。「宇宙」という語は、穀堂が生涯にわたって好んで使用する言葉であり、穀堂の人間性、思想を知る上で欠かすことのできない概念である。「宇宙」という語は早くは『荘子』（斉物論・知北遊・譲王・列禦寇）『荀子』（解蔽）『淮南子』（原道訓）に見られ、後に朱子の論敵でもあった陸象山も好んで使用しているが、(5)現在われわれがいう「宇宙」とはニュアンスが多少異なっている。つまり、『淮南子』原道訓の高誘の注に「四方上下を宇と曰《い》い、古往今来を宙と曰う」とあるように、「宇宙」とは四方上下の無限空間のみならず、古往今来の無限時間の意味も含まれる。穀堂のいう「宇宙間第一の英雄」とは、無限の空間、無限の時間の中における「第一の英雄」ということであるから、その志がいかに途方もないものであるかがわかる。穀堂は十五歳の時、「自警之語」（文化元年に記した「自警」とは別物）を記して自らの志について以下のように述べている。

大丈夫（志のある立派な男）。上において、天子となり黎民（民衆）を変雍（変革調和）し、四夷（周辺の異民族）を懐服する能《あた》わず。中において、天子の宰相となり、政を出し念を施し（政策を提出して自らの考えを実施する）、太平の治を致す能わず。下において、日月の照らす所、舟車の至る所に、身《みず》ら遍歴して天下の壮観を竭《つく》し、天下の奇事を窮むる能わず。以てその心魂を壮《さか》んにし、独り古人の書を読み、天下の士を友とすること有りて、道徳（人として生きる道）・文章をして宇宙に燀赫《せんかく》せしむるのみ。

大丈夫、上之不能為天子而変雍黎民、懐服四夷。中之不能為天子宰相、出政施念、致太平之治。下之不能日月所照舟車所至、身能遍歴而竭天下之壮観、窮天下之奇事。以壮其心魂、独有読古人書、友天下士、使道徳文章燀赫宇宙而已矣。（『葯房絮話』）

この「自警之語」は穀堂が二十六歳の時に著した『葯房絮話』の中に収められているが、そこには、十年前に書いたこの原稿がたまたま反故紙の中から出てきたのだと記されている。ここで十五歳の穀堂は、大丈夫としての上位・中位・下位における志を述べ、そのいずれも実現できないのであるならば、道徳・文章によって「宇宙」にその名を輝かせたいと記している。この原稿を改めて読み返した二十六歳の穀堂は、「この言、功名富貴に急ぎ、而《しか》して後の道徳・文章は奇怪・誕妄（でたらめ）にして狂生（狂人）の談に幾《ちか》し」と述べ、「功名富貴」に急ぐかつての自分に恥じ入り、またその後の「奇怪・誕妄」なる人生を嘆き、さらなる奮起を自らに促している。

さて、このような壮大な志を抱いて穀堂は弘道館で学び、後、その志を成し遂げるべく江戸遊学へと向かうことになる。この遊学について、古賀侗庵撰「穀堂先生墓碑」は次のように記している。

先子（古賀精里）、肥藩より幕辟に就く（幕府に招聘された）。祖（祖父）の良忠君、祖妣（祖母）の牟田口孺人、老い且つ病なるを以て、故に先生（穀堂）を留めて侍養せしむ。年二十余にして始めて江戸に学び、便ち先子の家塾に棲む。この時、柴野栗山・尾藤二洲の二博士、及び坂（大坂）の中井竹山、芸（安芸）の頼春水の諸先輩、世に耆碩《きせき》に推さる。先生、その間を周旋し、深く称許（称賛）せらる。栗山、最も知己と号し、先生を賛して口を容れず（賞賛して已まなかった）。又、奥羽越諸州に遊び、奇勝を探り傑俊と酬応し、才識益ます優れたり。尋《つ》いで藩に帰り、教諭に任ぜらる。

先子自肥藩就幕辟。以祖良忠君祖妣牟田口孺人老且病、故留先生侍養。年二十余始学於江戸、便栖先子家塾。爾時柴埜栗山尾藤二洲二博士、及坂中井竹山芸頼春水諸先輩、世推耆碩。先生周旋其間深見称許。栗山最号知己賛先生不容口。又遊奥羽越諸州、探奇勝酬応傑俊、才識益優。尋帰藩、任教諭。(古賀侗庵撰「穀堂先生墓碑」)

父精里が幕府に御儒者として招聘されたのが寛政八年(一七九六)、穀堂二十歳の時であった。精里は、老齢で病気を抱えた祖父母の世話をさせるために穀堂を佐賀に残し、三男の侗庵を連れて江戸へ向かうが、その後、祖父は寛政九年(一七九七)五月、祖母は寛政十二年(一八〇〇)十月に亡くなっている(「穀堂家事記」)。穀堂が江戸に赴いたのはここでは「年二十余」の時とあるが、これは寛政十一年頃だと思われる。[6]『壬戌季秋後詩文稿』「題岐蘇図」によれば、穀堂が江戸遊学を終えて帰国の途に就くのが享和二年(一八〇二)八月中旬、その後半月の旅程を経て佐賀に帰国。また、同資料に穀堂自ら江戸遊学期間は「三年」と記しており(「還家作」「病居偶作」等)[7]、ここから単純に逆算すれば、穀堂が江戸に出発したのは「寛政十一年」ということになる。穀堂二十三歳の頃である。

さて、江戸に向った穀堂は父精里の家塾で学び、そこで、柴野栗山・尾藤二洲・中井竹山・頼春水といった当時の名立たる「天下の士」たちと交流することになる。佐賀帰国後に著した『葯房絮話』(一部『壬戌季秋後詩文稿』)には、穀堂が江戸で交流した人物について、以下のような人物の名が挙げられている。

赤崎海門・有馬白嶼・倉成竜渚・樺島石梁・泉豊洲・鷹見爽鳩・鷹見星皐・玉堂老人・柴野栗山・岡田寒泉・尾藤二洲・頼春水・辛島(辛島塩井ヵ)・万波(万波醒盧ヵ)・中井竹山・鈴木芙蓉(画師)・谷文一(画師)・五十嵐主善(画師)

この中で特に深い交流があったのが、父精里の同僚でもある柴野栗山である。資料によれば、栗山は自宅で催した「会集」にしばしば穀堂を招き、そこで様々な文人達と交流したようである。栗山は穀堂を「知己」と号し称賛して已《や》まなかったが（「穀堂先生墓碑」）、一方で穀堂の「功名富貴」に急ぐところもよく理解していた。そのことについて穀堂は『葯房絮話』に次のように記している。

栗山先生、余の留別詩韻に和して贈らる。その中に曰《い》う有り、「功名富貴、一たび腸《はらわた》を侵せば、古の烈士と歯《よわい》す（並び立つ）べきこと難し」と。信《まこと》に我儕《われ》の頂上の一鍼なり、座右の銘に当るべし。

栗山先生、和余留別詩韻見贈。其中有曰、功名富貴一腸、難可古烈士歯。信我儕頂上一鍼、可当座右銘。

『葯房絮話』にはまた、薩摩の赤崎海門から厚遇を受けていたことも記されている。穀堂は「余、江都（江戸）に在りて、最も翁（赤崎海門）の厚くする所と為《な》る」と述べており、しばしばその邸宅を訪れては歓談し、薩摩の酒や琉球の肉などの接待を受けたという。その後、享和二年八月、穀堂は病により急遽帰国することになるが、穀堂が江戸を起ってしばらくして海門は亡くなってしまう。佐賀に帰国後、その訃報を聞いた穀堂は、「余、時に恙《やまい》に嬰《かか》り、倉皇《そうこう》して（慌ただしく）西に帰り、辞訣《じけつ》するに及ばず。今に至るまで追憶し、覚えずして漣洏《れんじ》す（涙が流れる）」と述べてその死を悲しみ、「薩摩の赤崎海門先生を哭す」（『壬戌季秋後詩文稿』）と題して哀悼の詩を詠んでいる。

江戸では全国の名立たる人物たちと交流したが、その間、奥羽越へも旅をしている。墓碑には「奥羽越諸州に遊び、奇勝を探り傑俊と酬応す」とあるが、『葯房絮話』には、その間、奥州福島高子村の熊阪台洲・盤谷父子を訪ねたことが記されている。熊坂台州は豪農出身の儒者で、江戸に出て入江南溟・松崎観海に学び、後、郷里に学舎海左園を建てて教育に当たり、窮民救済・開墾などに尽くした人物である（『日本人名大辞典』）。穀堂の記すところによれば、その居宅は「山谷間の幽僻の処」にあり壮麗で豪勢なものであった。穀堂がここに宿した際、台洲が、熊坂長範（平安末期の伝説的盗賊）の末裔であることを得意げに詩にして「忠心、耻《は》じて夷・斉（伯夷・叔斉）の節に徇《したが》う。壮志、飜《ひるがえ》って跖《せき》・蹻《きよう》（中国伝説の大盗賊である盗跖《とうせき》と荘蹻《そうきよう》）の情に甘んず」と詠んだという。これに対し穀堂は、「賊を認めて忠と為す」とは都合のよい強引な解釈で可笑しいが、その言葉がなんとも忘れられないと述べている。さらには、子の盤谷が近年、著書『南游梱載録』『戊亥游嚢』を出版したことに触れ、とても大盗賊の子孫といった風ではなく、山間にありながらも実に優れた学者であると称えている。

このように江戸に遊学期間中、穀堂は実に有意義な日々を過ごし、壮大な志を抱いて江戸にやってきたその心は、さらに高まっていったにちがいない。しかし、事は順調には進まなかった。柴野栗山が指摘していたように「功名富貴」に急ぐその言動は次第に人々の目につくようになり、誹謗中傷が多く穀堂の耳にも入ってくるようになった(8)。そのような中、穀堂は病にかかり、急遽、佐賀に帰国することになる(9)。

二　佐賀帰国後の穀堂

享和二年（一八〇二）八月、柴野栗山が催した中秋の夜会に参加した後、穀堂は木曽路を通って帰国するが、道中、病で痛みが連綿と続き、籠の揺れもあって身心ともに疲労困憊の極に達した。木曽の絶景を楽しむ余裕もなく、半月の旅程を経てようやく佐賀の地にたどり着いた。次の漢詩は、穀堂が佐賀藩東端の国境に位置する轟木《とどろき》宿（鳥栖市）に入った日に作られたものである。

《家に還りて作る》（享和二年九月、『壬戌季秋後詩文稿』）

舟車 万苦を嘗《な》め、今日 轟関に入る
渡《わた》しに臨みて寒水《しょうず》を諳《し》り、雲を望みて旭山《あさひやま》を識る
客情 境に随いて変じ、世態 都を出でて閑《しず》かなり
自ら顧みるに梱載《こんさい》無し、家に帰らば更に顔を厚くせん

舟車嘗万苦　今日入轟関
臨渡諳寒水　望雲識旭山
客情随境変　世態出都閑
自顧無梱載　帰家更厚顔

「万苦」に満ちた旅も終わりを迎え、国境を越えてようやく佐賀藩に入り、故郷の寒水川や旭山（朝日山）が目に入ってきた。しかし自らを振り返ってみれば大した荷物（梱載）もない。これは実際の荷物もさることながら、「三年」にわたる江戸遊学で、少しも成長していないことを重ねて言っているのだろう。佐賀の自宅に戻ってきた穀堂は、しばらく病気療養に専念することになる。

《病居偶作》（享和二年九月、『壬戌季秋後詩文稿』）
鵬《ほう》 搏《う》ちて東陲《とうすい》に窮まり、蠖《かく》 屈して環堵《かんと》に偃《ふ》す
彼此 各おの時有れば、凝滞 取る所に非ず
寝瘵《しんさい》 自ら悰《たの》しみを寡なくし、分に安んずれば豈に苦と云《い》わんや
見ざること今に三年、松菊 庭圃を蕪《おお》う
蜘蛛 櫚楹《ろえい》（柱）に網し、氛埃《ふんあい》 甑甒《そうぶ》（こしきや甕）に堆す
新児 未だ父を識らざるも、旧犬は主を諳《し》る
逝くを悼み遺物に感じ、遠きを懐《おも》い羽を生ずるを覬《ねが》う
内に顧みれば懜《ぼう》として成す無く、永く歎き自ら務めんと期す
軽躁謗《そし》りの帰する所、沈冥 茲《ここ》に古を尚《たっと》ぶ

鵬搏窮東陲　蠖屈偃環堵
彼此各有時　凝滞非所取
寝瘵自寡悰　安分豈云苦
不見今三年　松菊蕪庭圃
蜘蛛網櫚楹　氛埃堆甑甒
新児未識父　旧犬猶諳主
悼逝感遺物　懐遠覬生羽
内顧懜無成　永歎期自務
軽躁謗所帰　沈冥茲古

「鵬 搏ちて東陲に窮まる」とは、大鵬が天高く飛び上がってはみたものの（『荘子』逍遥游篇）、東の果て（江戸）において進退窮まってしまったという意味。「蠖 屈して環堵に偃す」とは、尺取虫が大きく伸びる前に一度屈するように（『易経』繋辞下伝）、今は粗末な草庵に臥しているという意味である。壮大な志を抱いて江戸へ遊学に行ったものの、病にかかり志半ばで佐賀に帰ってくることになった。今ひとり床に臥して静養に努めている。今は全てが窮まり凝滞しているが、この状況に安んじ、自分にできることをなし、この生活を楽しんでいこうと詠っている。さらには、自らを振り返ってみるとまだ何も成し得ておらず、しばらく自らを嘆いたが、なんとか再び心を振い起し、努め励んでいこうと決意している。

《冬の夜に感懐す》（享和二年十月、『壬戌季秋後詩文稿』）

夜寂《しず》かにして人声絶え、沈沈《しんしん》として未だ眠りに着かず
葉 踈雨とを兼《とも》に落ち、風 遠鍾（鐘）を帯びて伝う
羸病《るいびょう》 雄志を摧《くだ》き、艱難に昔賢を想う
終然として何《いず》れの所にか就かん、吾れ蒼夫に問わんと欲す

夜寂人声絶　沈沈未着眠
葉兼踈雨落　風帯遠鍾伝
羸病摧雄志　艱難想昔賢
終然何所就　吾欲問蒼夫

冬の夜、人々が寝静まり、独り床に臥していると底知れぬ不安に襲われたのであろう。病気（羸病）によって雄志は砕かれ、艱難の中にあって昔の賢者たちに思いを馳せながら、一体わたしは何をどうしたらいいのかと天（蒼夫）に問いかけている。この時期に穀堂が記したと思われる「穀堂私記」には、「また命数の拙きゆへ家道衰微して、死亡疾病など聯綿とありける、いとゞ口おしくたのみすくないやうに成り、志をも墜しぬべかりし」とある。つまり、持って生まれた「命数（運命）」も大したものではないため、身内には死亡や疾病が連綿とつづき、頼みとする人も少なくなり、かつての雄壮な志も消えかかっていると述べている。しかし穀堂は

ここで終わるような人物ではなかった。全てが窮まってしまったかのようにみえる中、これまで深い愛情を注いで育ててくれた祖父と父、何代にもわたり古賀家に禄を授けてくれた君主（佐賀藩主）の厚恩にほんの少しでも報いたいと、自らを再び奮い起し、「宇宙間第一の英雄」になるという志を成就すべく、「人一《ひと》たびしてこれを能くすれば、己これを百たびす。人十たびしてこれを能くすれば、己これを千たびす」（『中庸』）という古語を胸に、さらなる努力をしていこうと決意するのであった（「穀堂私記」）。

三　風流への憧憬

穀堂は「諸生寮諸子牘に与う」[10]（文政五年臘月）において、若い頃は「英雄と風流とを以て自負していた」と言い、またかつて詩に、「風流、本と英雄を害《そこ》なわず（つまり、風流と英雄は共存し得る）」と詠んだことがあると記している。このように、若き日の穀堂には「英雄」と「風流」とに対する強い憧憬が共存しており、両者はその後の人生においても常に彼の根柢に存在しつづけ、彼の思考や行動に影響を与えていた。そういった意味でこの二つの側面を理解することが、穀堂という人物を知る上で大変重要となる。「英雄」に対する憧憬については前にもふれたが、次節でも再度とりあげる。本節では、穀堂のいう「風流」に焦点をしぼり、それが具体的にどのようなものであったのか、穀堂が佐賀帰国後に記した資料からみていこう。以下は、『葯房絮話』（享和二年十二月上旬）からの引用である。

清風明月、鳥啼《な》き花開き、天機《てんき》活潑《かっぱつ》（天のはたらきは活き活きとしていて）、着処に楽しむべし。……余、常に古人の洒落光霽《しゃらくこうせい》の懐、吟風弄月の趣を慕う。……然れども講業の久しき、師友の誨《おし》えに縁り、窮通得喪の間に於いて、略《ほ》ぼ見（見解、悟り）有るが如し。ここを以て事に接せざる時、意を一にして読書し、倦《う》めば（疲れれば）則ち詩を吟じ字を写し、明月を仰ぎ見、坐して清風に対す。啼鳥来去、草木栄悴、渾《すべ》て楽しむべきを覚ゆ。ここに於いて、褰裳《けんしょう》して（すそをからあげて）庭を歩き、逍遥徘徊し、悠然と自得し、甚だ妙趣有り。唯だ韵士を迎え、墨客を延《まね》かざるを恨むのみ。琴を弾き行觴し、唱和諷詠し、以て幽閑の致《きわ》みを尽すのみ。但だ曩時（昔）に比して、心猿意馬・東奔西馳するは刹那の間も無ければ、自ら稍《や》や進むを覚ゆ。

清風明月、鳥啼花開、天機活溌、着処可楽。……余常慕古人洒落光霽之懐、吟風弄月之趣。……然縁講業之久、師友之誨、於窮通得喪之間、如略有見。是以接事時、一意読書、倦則吟詩写字、仰見明月、坐対清風。啼鳥来去、艸木栄悴、渾覚可楽。於是褰裳歩庭、逍遥徘徊、悠然自得、甚有妙趣、唯恨不迎韵士延墨客。弾琴行觴、唱和諷詠、以盡幽閑之致耳。但比曩時、心猿意馬東奔西馳、無刹那之間者、自覚稍進。（『葯房絮話』）

ここから、当時、穀堂がどのような日々を過ごし、どのような心境であったかがよく見て取れる。読書に励みつつ、疲れたら詩を吟じ、文章を書き、さらに明月を仰ぎ見、坐って清風を感じる。「清風明月」「啼鳥来去」「草木栄悴」、つまり自然の風景・移り変わりを心から楽しんだ。さらには、「常に古人の洒落光霽の懐、吟風弄月の趣を慕う」と述べている。「古人」とは中国北宋の思想家・周茂叔《しゅうもしゅく》（濂渓《れんけい》先生と称せられる）のことである。周茂叔は、五代末北宋初の道士・陳摶《ちんたん》（陳希夷《ちんきい》）に由来するとも言われる「太極図」について「太極図説」を著したことでよく知られる。儒者ではあるがその思想・人物には道家的傾向が強くみられる。南宋の朱子が、孟子以来断絶していた道統を千数百年ぶりに明らかにした人物として周茂叔を顕彰しこともあり、その後の儒学史では大変重要視される人物である。朱子の学は、この周茂叔、そして門下の程明道・程伊川兄弟など（他は張横渠・邵康節。以上は北宋の五子と呼ばれる）の学を集大成したものである。「洒落光霽《しゃらくこうせい》」とは、黄庭堅

「濂渓詩序」の「周茂叔は胸中灑落にして、光風霽月の如し」（『近思録』聖賢気象篇にも収録）に典拠がある。周茂叔という人物は、心は何ものにもとらわれることなくさっぱりとしていて、まるで、日の光の中を吹き抜ける風（光風）のようであり、雨上がりの澄み切った空に浮かぶ月（霽月）のようであるという意味である。「吟風弄月」は、「再び周茂叔に見《まみ》えてより後、風に吟じ月を弄して以て帰りて、吾れ点に与《くみ》せんの意有り」（『河南程氏遺書』巻第三・二先生三）、つまり、程明道が師である周茂叔に会見した帰り道、風月を楽しみながら詩を吟じ、「吾れ点に与《くみ》せん」の心境であったという話に典拠がある。「吾れ点に与《くみ》せん」とは『論語』先進篇にみえる孔子の言葉である。孔子が門人たちに抱負を問うたのに対し、最後に口を開いた曾点という人物（曾参の父）は、それまで弾いていた瑟を置き、「春の終わりの心地よい季節に、春服に着替え、元服したばかりの青年五六人と、童子六七人を連れて沂水《きすい》（魯の国にあった川の名。ほとりに温泉があったという）で水浴びをし、舞雩《ぶう》（雨乞いのための高台）に上がって風にあたり、歌でも詠じながら帰ってきたい」と述べたのに対し、孔子は深く溜息をついて「私も曾点と同じ気持ちである（吾れ点に与せん）」と答えたという話である。この「曾点の志」については北宋以降、学ぶ者の目指すべき理想の境地として熱く議論されるようなる。[11] このように「吟風弄月」「洒落光霽」「吾れ点に与せんの意」には共通するものがあるが、穀堂にはこうした心の境地に対する強い憧れが常にあった。

また穀堂は「窮通得喪の間に於いて、略ぼ見有るが如し」と述べている。ここは非常に重要である。久しく学業に励み、師や学友の教導もあって、「窮通得喪」（困窮と栄達／利得と喪失）の間にあって悟るところがあったということであるが、これはつまり、たとえ今は困窮の中にあっても、そこから強引に抜け出そうとするのではなく、運命に身をゆだね、そこでの生活を目いっぱい楽しみ、今自分ができることに務め励んでいこうという心境になったことをいう。この時期の穀堂の言葉には、「窮通得喪」「窮通」「行蔵」「窮達禍福」といった語がみられ、こうした心境を詠っている。

《冬夜漫成》（享和二年十月、『壬戌季秋後詩文稿』「穀堂十詠」）

城頭の片月、寒空を照らす
独り茅堂に坐し、夜 中せんと欲す
剣を看ては自ずから憐れみ、万里を行かんとす
書を披《ひら》きては還《ま》た笑いて群雄に対す（時に余、温史を読む）
人情、共に揚州の鶴を羨み
世事、真《まこと》に塞上の翁に同じ
乾坤（天地）を俯仰すれば渾《すべ》て楽しむべし
吾が生、必ずしも窮通を問わず

城頭片月照寒空
独坐茅堂夜欲中
看劒自憐行万里
披書還笑対群雄（時余読温史）
人情共羨揚州鶴
世事真同塞上翁
俯仰乾坤渾可楽
吾生不必問窮通

冬の夜、独り草庵に坐し、中夜に至ろうとしている。剣を見ては、万里の彼方に遠征したかつての英雄たちに思いを馳せ、書を開いては、かつての英雄たちに相対して思わず笑みがこぼれてくる。人の欲望には限りがなく、世の中の事は全て「塞翁が馬」である。天地宇宙を俯仰すれば全て喜びに満ちている。そうであるならば、一時的な「窮通（困窮栄達）」にとらわれることなく、歎き悲しむことなく、運命に身をゆだねていこうとする心境が詠われている。

《偶成》（享和二年十月〜十二月、『壬戌季秋後詩文稿』）

裘褐《きゅうかつ》三年の客、乾坤 一草堂
貧の骨に到るを嫌わず、直ちに酔を以て郷と為す
竹径 朝に唫（吟）ずること細く、梅窓 午夢に香る

裘褐三年客　乾坤一艸堂
不嫌貧到骨　直以酔為郷
竹径朝唫細　梅窓午夢香

吾が生 造物に附し、何ぞ用って行蔵を問わん

吾生附造物　何用問行蔵

三年ぶりに佐賀の我が家に戻ってきたものの、貧苦が骨まで至るほどである。しかしこうした状況を嫌厭することはしない。酔えば直ちにここも理想郷である。周囲の自然には喜び（楽しみ）に満ちている。「行蔵（出処進退）」に心がとらわれることなく、造物主に全てをゆだねよう、という意味である。

また穀堂は『葯房絮話』の冒頭に、中国唐代の文人官僚である韓愈（字は退之。郡望により韓昌黎《かんしょうれい》とも呼ばれる）と北宋の蘇東坡を例に挙げ、次にように述べている。

〔韓昌黎は〕一たび竄謫《ざんたく》に遇えば、哀号恨悔して帖《ちょう》耳《じ》搖《よう》尾《び》の態を作《な》すに至る。潮州謝表（「潮州刺史謝上表」）を読めば見るべし。一何《いつなん》ぞ疲ならんや。且つその少《わか》き時の「宰相に上《たてまつ》るの書」、議論瑰偉《かいい》、文采絢爛《けんらん》と雖も進趨は太《はなは》だ急なり。貧に安んじ窮を固する（『論語』衛霊公）能わず。……東坡は則ち然らず。その海外に謫さるるも、超然自得して形骸の外に放浪す。この処、却って昌黎より高きこと数等なり。彼の仏を学ぶも猶おかくの如し。況んや、君子の「命を知り天を楽しむ」（『易経』繋辞上伝）「天下を有してこれに与《あずか》らざる」（『論語』泰伯第八）者に於いてをや。故に、窮達禍福の外に超然たるに非ざれば、未だ真の豪傑謂うべからず。苟《いやしく》もここに於いて超然たれば、則ち天下に何の為し難きことかこれ有らん。

一遇竄謫、哀号恨悔、至作帖耳搖尾態。読潮州謝表可見。一何疲也。且其少時上宰相書、雖議論瑰偉、文采絢爛、而進趨太急。不能安貧固窮。……東坡則不然。其謫海外、超然自得、放浪形骸之外。此処却高於昌黎数等矣。彼学仏而猶如此。況於君子知命楽天有天下而不与焉乎。故非超然乎窮達禍福之外、未可謂真豪傑也。苟於是超然、則天下何難為之有。

韓愈には評価すべきところも多いが、皇帝の怒りを買って広東省潮州に左遷されると、哀号恨悔し、卑しい態度で人の機嫌をとろうとした。彼は貧窮に身を安んじることができなかった。しかし蘇東坡はそうではない。彼は僻地に追放されても、「超然自得」して少しも意に介することなく、自らの世界を楽しんだ。こうした点において、韓愈より数段も高い境地にある。「窮達禍福」の外に超然たるものでなければ、真の豪傑ということはできない。「窮達禍福」に超然としていれば、天下においてどんなことでもなし得るであろう、と穀堂は述べている。

ところで、穀堂のいう「窮達禍福」にとらわれない自由闊達な境地というのは、『荘子』の思想と非常に似ているところがある。例えば、『荘子』人間世篇には「（世の中には）人力では如何ともし難い事があるということを悟り、その状況に安んじ運命にしたがうこと、これが至高の徳である（知其不可奈何、而安之若命、徳之至也）」とあり、『荘子』徳充符篇には「死生・存亡・窮達・貧富・賢不肖・毀誉・饑渇・寒暑というものは、事の変化であり、命の運行である。（変化は変化するままに任せて、それに心がとらわれない）（死生存亡、窮達貧富、賢与不肖毀譽、飢渇寒暑、是事之変、命之行也）」とあるが、ここでの穀堂の発言とほぼ重っていることがわかる。実際、当時の穀堂の文章や詩を読むと、『荘子』からの引用が非常に多い事に気付かされる。例えば、『壬戌季秋後詩文稿』だけをみても、「鵬搏ちて東陲に窮まる」（「病居偶作」／『荘子』逍遥遊）、「此れ乃ち所謂「礨空」「稊米」にして、大方の家の笑いを免れず」（「息園記」／『荘子』秋水）、「枯槁の士、懶散にして用無し」（同上／『荘子』徐無鬼）、「所謂虚空の足音、何の喜びか之れに如かん」（「与中村士徳」／『荘子』徐無鬼）など枚挙に暇がない。また、穀堂が好んで用いる「宇宙」という語も『荘子』にみられる言葉であり（斉物論・知北遊・譲王・列禦寇）、穀堂の言葉の随処に色濃い『荘子』の痕跡を見い出すことができる。そして『荘子』にみられる思想は、先にとりあげた「吟風弄月」「洒落光霽」とも相通じるところがある。周茂叔は儒者ではあるが道家の影響も強く受けており、その周茂叔の気象に憧れる穀堂にも、こうした道家思想に惹かれるところがあったことは否定できない。

とはいえ、穀堂の基本はあくまでも儒学にある。『荘子』の途方もないスケールの大きさと、何ものにもとらわれない自由闊達さに強く惹かれながらも、儒者としての本分は決して見失うことはなかった。その儒者としての本分とは何か。以下の資料は、穀堂が自宅を「息園」と名づけ、そこでの悠々自適の生活を記したものである。

……今、この園、数畝なる能わざるも、朝朝に掃き漑《そそ》ぎ、俗事を謝絶し、堂上に端坐し、群編を披閲し、物の理を静観し、志を九霄《きゅうしょう》の上に抗《あ》げ、心を八紘《はっこう》の表に游ばす。その楽しみ、固より油然たる者有り。又、況んや微酔・緩歩して風に吟じ月を弄び、以て游息の致《きわ》みを尽くせば、則ち王公の楽しみ、天下の游、これを堂庭咫尺《しせき》の間に得ん。終身、戸を閉むると雖も、亦た奚《なん》ぞ憂えん。……若し乃ち行くべくんば則ち行き、速やかにすべくんば則ち速やかにす。亦た唯だ時なるのみ。豈にかの枯槁の士、乃ち懶散《らいさん》にして用無く、丘園に貪恋する者と同じからんや。　享和壬戌小春中澣　主人自ら記す

……今斯園不能数畝、而朝朝掃漑、謝絶俗事、端坐堂上、披閲群編、静観物理、抗志於九霄之上、游心乎八紘之表。其楽固有油然者焉。又況微酔緩歩、唫風弄月、以尽游息之致、則王公之楽天下之游、得之堂庭咫尺之間也。雖終身閉戸、亦奚憂。……若乃可行則行、可速則速。亦唯時焉而已矣。豈与夫枯槁之士、懶散無用貪恋丘園者同也乎哉。　享和壬戌小春中澣　主人自記　（『壬戌季秋後詩文稿』「息園記」享和二年九月）

前半部分はこれまでみてきた資料と同じである。穀堂が粗末な住居で生活しながらも、そこでの生活を存分に楽しもうとしている様子がうかがえる。そしてここでも「吟風弄月」という語が用いられている。しかしこ

のような「游息の致み」を尽くすような生活を楽しみながらも、最後に、穀堂の儒者としての本分がしっかりと述べられているのを見逃してはならない。つまり、今はこのような困窮の「時」ではあるが、また、世に出て行くべき「時」が到来すれば出ていき、速やかに事をなすべき「時」が到来すれば速やかに事をなしたいという思いが述べられている。そして、「枯槁の士」「丘園に貪恋する者」、つまり、世俗との関わりを断って山林に住む隠者のように、世の中の役に立たない存在と自分は決して同じでない、つまり、そのような世の中に「無用」の存在には決してならないぞという強い思いを見て取ることができる。そしてこれこそ儒者としての本分、つまり、「修己治人（己を修め人を治める）」であった。儒学は自らを修め（修己）、そして天下国家を平治すること（治人）を目標とする。穀堂がいかに「風流」に心惹かれ、『荘子』の壮大なスケールと自由闊達な境地に思いを馳せようとも、この「修己治人」への思いは決して揺らぐことなく穀堂の中に存在し続ける。(12) こうして穀堂は読書に励むことになる。そしてその書とは儒学（朱子学）を中心とする中国の古典であった。

四　読書生活

江戸から帰国して後、穀堂は療養生活を送りつつ、「読書」に本腰を入れてとりくむことになるが、これについて親友の古賀朝陽に次のように述べている。

……譴《けん》を負うの後、輙出《ちょうしゅつ》を好まず。嘗て試に窺覷《きしょ》すれば俗物茫々《ぼうぼう》、人目をして眯《くら》ましむ。陳編（古い書物）中に且《しばら》く蠹蟫《とたん》と伍を為すに若かず。その間に知己有り、楽事有り、佳境有り。一旦これ（知己・楽事・佳境）を几案の上に得れば、亦た快ならずや。故に吾れ、意を決してこれ（読書）を為す。……

……吾負譴後、不好輙出。嘗試窺覷俗物茫々、使人目眯。不若陳編中且与蠹蟫為伍。其間有知己、有楽

事、有佳境。一旦得之几案上、不亦快哉。故吾決意為之。……（『壬戌季秋後詩文稿』「与朝陽子」享和二年十二月）

佐賀に帰国後、外出することを好まなかったが、試みに様子を窺いに出かけてみれば、俗物ばかりで、人々を惑わせてばかりである。[13]このような状況であるならば、いっそのこと自宅で書物を読んでいるほうがましである。書物の中に知己がおり、楽事があり、佳境がある。机上においてこれらに出会えればなんと愉快ではないか。だから、わたしは意を決して読書に努めていく、という意味である。

この時期、穀堂がどのような姿勢で読書に向おうとしたのかは『葯房絮話』からみてとれる。『葯房絮話』は、享和二年（一八〇二）十一月上旬に穀堂が著した「随筆漫録」である。穀堂が冒頭に記すところによれば、この頃、独り書斎で読書していたが、病で酒肉を断っていたこともありどこか寂寞としていた。そこで日課の後に随筆漫録し、わずか数日にして完成したのが『葯房絮話』であるという。ここには、すでに紹介したように、江戸遊学中に交流した人物や見聞した事も多く記されているが、そのほか、読書・人物・儒学（朱子学／陽明学）・文学・歴史・雑書・書道・清朝考証学など様々な分野にわたり論じられている。そしてこれらはすべて中国古典に関するものである。[14]儒者の家に生まれ、自身もまた儒者であるわけだから、中国の古典を読むというのはごく当然のことではある。しかし、それを差し引いてもなお穀堂の中国の人物（特に「英雄」）や書物に対する憧憬は、抜きん出ているように思われる。以下、『葯房絮話』から穀堂の読書についてみていこう。

余、幼き時より儻蕩《とうとう》粗鹵《そろ》（しまりがなく大雑把）にして検束（拘束）を好まず。好んで歴史・英雄伝を読む。人主は則ち漢の高祖・光武、唐の太宗。人臣は則ち子房・孔明、その佗《ほか》、郭汾陽・韓魏公・司馬温公。皆、景慕する所なり。淮陰・留侯の高帝に説き、馬伏波の光武に見《まみ》え、及び石勒の英雄を論ずる処に至る毎に、覚えずして快を叫ぶ。常に生は疏にして密ならず、大を好みて細を略するの病有り。近来、洛閩《らくびん》の書を熟読し、朱子の「陳同父に与う」（筆者註：「陳同甫に答う」の誤り[15]）の書を見て、惕然《てきぜん》として悔悟し、痛く宿弊を革め、功名の念を断棄し、戦兢《せんきよう》自脩《じしゆう》の道に従事せんと欲す。

余自幼時儻蕩粗鹵、不好検束。好読歴史英雄伝。人主則漢高祖光武唐太宗、人臣則子房孔明、其佗郭汾陽韓魏公司馬温公、皆所景慕也。毎至淮陰留侯説高帝、馬伏波見光武、及石勒論英雄処、不覚叫快。常有生疏不密、好大略細之病。近来熟読洛閩之書、見朱子与陳同父之書、惕然悔悟、欲痛革宿弊、断棄功名之念、従事干戦兢自脩之道。（『葯房絮話』）

穀堂は幼い頃より歴史・英雄伝を好んで読んでいた。こうしたことから「英雄」への強い憧れ、そして「宇宙間第一の英雄になる」という壮大な志が醸成されていったのであろう。穀堂が特に敬慕した英雄として、君主では、漢の高祖（劉邦）・後漢の光武帝（劉秀）・唐の太宗（李世民）、家臣では、漢の子房（張良）・諸葛孔明（諸葛亮）・郭汾陽（郭子儀：唐の名将）・韓魏公（韓琦：北宋の宰相）・司馬温公（司馬光：北宋の政治家・歴史家）が挙げられている。また、高祖に向かって部下の淮陰（韓信）と留侯（張良）が意見を述べる場面、光武帝に馬伏波（馬援）が接見する場面、石勒（五胡十六国後趙の創建者）がかつての英雄を論じた場面（「私が高祖に逢ったならばその臣下となり、韓信や彭越と競って先陣を争うだろう。光武帝に遇えば、二人並んで中原を駆け抜けて天下を争ったであろう云々」『晋書』載記第五石勒下）に至ると、思わず快哉を叫んだという。

ところで、ここに出てくる名前を眺めてみると、その大半が漢の「高祖（劉邦）」にかかわる人物であることがわかる。張良と韓信は高祖の部下であり、光武帝は高祖の子孫である。馬伏波はその光武帝に仕え、諸葛孔明が仕えた劉備もまた高祖の末裔である。穀堂が思わず快哉を叫んだという石勒の言葉の中にも高祖や光武帝の名がみえる。これは、漢の高祖劉邦が古賀家の遠い祖先であると（古賀氏の姓は劉である）代々言い伝えられてきたことが[16]、強く影響しているものと考えられる。穀堂には自らの出自は漢の高祖にあり、その根本を忘れてはならないという思いがあったのである[17]。

またここでは、穀堂が特に敬慕した英雄が君主と家臣に分けられて列挙されているが、当時の身分制社会において穀堂が君主（藩主、将軍）になることはあり得ないわけであるから、穀堂が自らの身に置き換えて読んだのは家臣の方であったであろう。高祖劉邦に部下の韓信や張良が意見を述べる場面、光武帝に馬伏波が接見する場面で思わず快哉を叫んだというのがそれを表している。後に穀堂は、九代藩主斉直に「学政管見」に提出し、その後、十代藩主を襲封したばかりの直正に「済急封事」を提出し、側近として様々な意見を提示していくことになるが、こうした姿は若き日の穀堂の心の中にすでに存在していたとも言えよう。

このように穀堂は、幼き頃より「英雄」に強く憧れるところがあった。そして、常に大きなことばかり考え、これまでの人生が疎略であったことを心から反省している。そして近頃、「洛閩の書」（程明道・程伊川兄弟および朱子の書）を熟読し、朱子の書簡「陳同甫に答う」を見てそれまでの誤りにハッと気付き、心から悔悟し、宿弊を改めて功名の念を断棄することを深く決意する。穀堂を深く改心させた朱子の書簡「陳同甫に答う」（『晦庵先生朱文公集』巻三十六）には、穀堂が敬慕して已まなかった「英雄」、漢の高祖・唐の太宗について論じられている。そこで朱子は、歴史上の英雄である高祖や太宗は「仁義」を唱えているもののその実は「私」（「私意」「人欲」「利欲」）にもとづいて行動したのであって、「理」（「天理」「仁義」）にもとづいて天下を治めた中国古代の聖王、堯帝・舜帝・禹王・湯王・文王・武王とは根本的に異なるものであると断じている。穀堂はこれを読み、自らが英雄に強く憧れるのは「私」（功名の念）によるものであると深く気付かされた。これを機に穀堂は、「戦兢自脩の道」に従事していくことになる。「戦兢自脩」とは、「戦戦兢兢として深淵に臨むが如く、薄氷を履《ふ》むが如し」（『論語』泰伯、もとは『詩経』小雅・小旻）、「切るが如く磋《みが》くが如しとは学ぶを道《い》うなり。琢《う》つが如く磨《す》るが如しとは自ら脩むるなり」（『大学』）に典拠のある語で、恐れ慎みながら自己修養につとめていくことである。

またここで、洛閩の書を「熟読」したと記されていることは重要である。古賀精里の長男であり、幼い頃から弘道館に通っていたわけであるから、当然ながらこうした書物には接していたわけであるが、真剣に向き合うことはなかったようである。むしろそうした書よりも、以下にみるように歴史書や小説雑書をむさぼり読んでいた。しかし江戸遊学から帰国後、失意と模索の日々と過ごす中で「洛閩の書」を熟読しハッと気付くものがあった。まさにこの時、穀堂に「スイッチ」が入ったのである。それはつまり、中国古代の聖王のように「私」のない真の「英雄」になるべく、本気で努力していこうという深い決意であった。穀堂はいう。


小説は必ず読む可きや、必ずしも読む可からざるや。夫《そ》れ大道は粲然《さんぜん》として六経に具わる。これに次いで歴史・諸子・諸集有り。これ亦た足れり。必ずしも読む可からざるはこれならんや。……君子は遠大なるを先にして近小なるを後にす。…余、曩時《のうじ》（昔）、雑書・小説を貪り看る。今に至りて大いに悔ゆ。

小説必可読也、不必可読也。夫大道粲然具六経矣。次之而有歴史諸子諸集。是亦足矣。不必可読者是也。……君子先遠大而後近小。……余曩時貪看雑書小説、至今大悔。（『葯房絮話』）

小説とは、ここでは、儒学において正規の書ではないもの（伝説・物語・俗話・随筆の類）を指すのであろう。穀堂は昔、こうした小説・雑書をむさぼり読んでいたことを深く後悔している。また、読書には優先順位があるとし、真っ先に読まなければならないのが「六経」であるという。六経とは本来、易経・書経・詩経・春秋・礼記・楽経を指すが（楽経はすでに亡んでいる）、ここでは儒教の経典を伝統的な呼び方で「六経」と称したまでで、具体的には「四書五経」（大学・論語・孟子・中庸／易経・書経・詩経・春秋・礼記）を指していると言ってよい。そして次に学ばなければならないのが、歴史・諸子・諸集であるという。また穀堂はいう。

四子五教（四書五経）、固より天下の上等の書なり。これに次ぐは則ち二十二史（二十一史に明史を加えて二十二史と為す）。学ぶ者、二十二史を読まば、則ち古今の大事業、已に胸中に在らん。事に処し物に接するに亦た甚だ益有らん。但だ全史、未だ遽《にわ》かに読み易からず。その職業有りて暇無き者は、温史及び鋼鑑易知録を読むも可なり。

四子五教固天下上等書。次之則二十二史（二十一史加明史為二十二史）。学者読二十二史、則古今大事業已在胸中。処事接物、亦甚有益。但全史未易遽読。其有職業無暇者、読温史及鋼鑑易知録、可也。（『葯房絮話』）

ここでも、「四書五経」を天下第一級の書として最重要視しており、次に「二十二史」（中国の正史）を挙げている。ただ、二十二史はあまりにも量が多くて簡単に読めるものではない。そこで、職業があって時間がない者はより簡約な『資治通鑑《しじつがん》（温史）』『鋼鑑易知録』を読むことを勧めている。穀堂は先にみたように、特に敬慕する英雄として司馬温公（司馬光：北宋の政治家・歴史家）を挙げているが、『資治通鑑』はその司馬温公の撰である。また、「書を披《ひら》きては還《ま》た笑いて群雄に対す（時に余、温史を読む）」（『壬戌季秋後詩文稿』「穀堂十詠」「冬夜漫成」、享和二年十月）というように、穀堂はこの時期、『資治通鑑（温史）』をよく読んでいた。

さらに穀堂は、これまでの読書に対する姿勢を反省して以下のように述べる。

洪容斎（南宋の政治家、儒者）、漢書を読むこと百遍、猶お自ら足れりとせず。我儕《われ》は書を読むに、多きを貪り熟を厭い、十遍するも能わず。

洪容斎読漢書百遍、猶不自足。我儕読書、貪多厭熟、不能十遍。（『葯房絮話』）

吾人の読書、当に家常茶飯の如く、以て一日として廃すべからず。抒厠《じょし》（便所を汲み取る人）・行乞《ぎょうこつ》（物乞い）の貧賤すら、猶お且つ廃すべからず、況んや甚だしくは空乏に至らざる者をや。……古人の学に志すは、孫康の蛍を聚《あつ》め、倪寛の経を帯するが如く、その它《ほか》、艱苦流離の間も猶お学を廃せざる者 甚だ多し。……欧陽公の『帰田録』に、上厠《じょうし》読書の事を載せ、又、枕上厠上の話有り。此れ書淫に近し。然れども古人は一霎《しょう》の時間も、敢えて閑過せず。亦た見るべし。

吾人読書、当如家常茶飯、不可以一日廃。抒厠行乞之貧賤、猶且不可廃、況不至甚空乏者乎。……古人之志学、如孫康之聚蛍、倪寛之帯経、其它艱苦流離之間、猶不廃学者甚多。……欧陽公帰田録載上厠読書之事、又有枕上厠上之話。此近書淫。然古人一霎時間、不敢閑過。亦可見。（『葯房絮話』）

これまで、多くの書を貪り読んできたことを痛切に反省し、四書五経や歴史書など真に読まなければならない書をくりかえし「熟読」する必要性を、中国の古の賢人を例に挙げて述べている。さらには、読書というものは日常茶飯のごとく常に行っていくべきものであり、抒厠や行乞のような極貧にあっても廃すべきではなく、ましてや、そこまで追い詰められてもいない自分はなおさらである。東晋の孫康が蛍の光りで読書し、前漢の倪寛が農作業中も経書を腰に帯して学んだように、「艱苦流離」の間にあっても学ぶことを決してやめず、わずかな時間（一霎《しょう》時間）も無駄に過ごすことなく読書に励むべきであると自らに言い聞かせている。

五　その後の穀堂　結びにかえて

幼き頃より抱いていた「宇宙間第一の英雄」になるという壮大な志は、江戸遊学から帰国した後、「家道衰微して、死亡疾病など聯綿とありける」という状況の中でいったん潰えそうになる。しかし、そうした困窮の中にあっても、そこから逃れようせずに運命に身をゆだね、「吟風弄月」の心境を楽しんだ。一方で、世の中に「無用」の存在にはなるまいと再び奮起して「読書」に励み、文章を書き、自己改革に取り組むのであった。こうして月日が過ぎ、穀堂は弘道館の教諭に就任する。その頃に記されたのが有名な「自警」（文化元年七月二十三日。なお、十五歳の時に記した「自警之語」とは別物）である。ここでは穀堂が自らを分析し、戒めるべき事項を「自警之一」から「自警之六」までの六条及び「終結」に整理しているが、これまでみてきた穀堂の言葉がほぼ網羅されていることがわかる。そのいくつかを以下に抜粋する。

《自警之二》：屈辱、坎壈《かんらん》（不遇）、薄命、数奇、千辛万苦、皆天命に任す。恬熙楽易《てんきらくい》（心安らかで楽しく）、従容自得し、分に安んじて固窮（『論語』衛霊公）し、心は広く体は胖《ゆた》かに、縲紲鞭笞《るいせつべんち》（捕らえられて鞭打ちの刑にあう）も恥と為すに足らず。絶糧無衣、その楽しみ余有り。然りと雖も、宇宙を包括し天地を震動するの心、未だ嘗て頃刻（寸時）も忘れず。

《自警之三》：他の貴富・栄利を看るも、健羨（羨望）を生ぜず、趨附《すうふ》を作《な》さず。他の落魄・不遇を看るも、軽慢を生ぜず、厭棄を作さず。

《自警之四》：書を看るに太《はなは》だ雑の病、未だ除かれず。これはこれ大病根。須く深沈緒密、専一精確なるべし。群書を雑看する勿れ。閑看する勿れ。…道理を窮究して、必ず十分の処に到る。……

《終結》：平時の自警別に條件有り。一身の病痛固より百千を数ふ。然れども、已上（以上）の数項最も切なるのみ。大病、今において依然として未だ除かれず。故に又これを書して、以て自ら警《いまし》む。但だ我の見識、いわゆる道学のみに非ず。いわゆる文儒のみに非ず。いわゆる英雄のみに非ず。（余甚だ英雄を愛す、その作為に至っては自ら別有り）いわゆる宇宙間の千流万家のみに非ず。乃ち開闢《かいびゃく》（天地宇宙のはじまり）以来の第一人のみ。

このように穀堂は常に自らの欠点を分析し、それを紙に書き出し、自己改革につとめた。弘道館教諭となった穀堂はその後、教授（文化三年）となり、さらに九代藩主斉直、十代藩主直正に仕えた。特に、直正を幼少期から教育し、十代藩主を襲封した後はその側近として力を発揮し、大きな功績を残したことは周知の通りである。そしてそこには彼の儒者としての本分、つまり、「修己治人」というものが貫かれていた。しかし、古賀穀堂を一介の儒者として、もしくは朱子学者として枠にはめてとらえることはすべきではない。このようにレッテルを貼って彼をみてしまえば、彼の本当の姿や魅力を見逃してしまうことになりかねない。彼の学問の根本には確かに儒学があり朱子学があった。しかしこれまでみてきたように、彼には「英雄」と「風流」に強く憧れるところがあり、若き頃はその両者をもって自負し、その後の人生においても常に彼の根柢に存在し、その思考や行動に影響を与えつづけた。さらには、一応儒学の範疇にはあるものの、極めて道家的傾向の強い「吟風弄月」「洒落光霽」「吾れ点に与せんの意」の趣を慕い（朱子はこれを排除しようとした。注11参照）、また同時に『荘子』から大きな影響を受け、その壮大なスケールと自由闊達な境地に思いを馳せていた。また本稿では触れなかったが、西洋の学問にも目を向け、積極的に導入を図ったこともよく知られている。穀堂が目指すところは、儒学とか朱子学とかいう枠にはめられた学者でもなければ政治家でもない。「自警」の「終結」に言っているではないか。「我の見識、いわゆる道学のみに非ず。いわゆる文儒のみに非ず。いわゆる英雄のみに非ず。いわゆる宇宙間の千流万家のみに非ず。乃ち開闢以来の第一人のみ」と。彼が目指したのは、学派宗派を超えた真の道であり、「宇宙間第一の英雄」「開闢以来の第一人」であったことを忘れてはなるまい。そういった意味で、これほどの気概をもった人物が佐賀に存在していたことは驚きであると同時に誇りでもある。

最後に、『鍋島直正公伝』（第一篇、一九八〜一九九頁）の言葉を紹介して本稿の結びとしたい。

「穀堂は当時佐嘉第一の人物のみならず、之を日本の大舞台に立たしむるも第一流の学者たり。而して佐嘉の一隅に僻居せず、都会にも広く交はりて有名なる人なれば、其批評は時代の思想に本づける卓識なりと信ず。」

註

（1）寛政年間、江戸昌平黌の儒官として朱子学の振興と学制の刷新に活躍した三人の儒学者。他二人は柴野栗山と尾藤二洲。古賀精里ではなく岡田寒泉を含めていうこともある。

（2）古賀穀堂に関する先行研究としては、西村謙三『古賀穀堂小伝』（非売品、一九三五年）、中島吉郎『佐賀先哲叢話』（佐賀郷友社、一九四一年）、井上義巳『日本教育思想史の研究』（勁草書房、一九七八年：第二章「古賀穀堂『学政管見』と『済急封事』――その内容と意義――」／第三章「古賀穀堂の学政論―佐賀藩における政治と教育の関係―」）、生馬寛信『古賀穀堂』（佐賀偉人伝一五、佐賀城本丸歴史館、二〇一五年）等がある。また近年、佐賀県立図書館より『佐賀県近世史料・第八編第四巻』（二〇一三年）が整理・刊行され、穀堂の基礎研究も大きく進展しつつある。

（3）両史料は東京国立博物館所蔵「古賀穀堂遺稿」（列品番号B-二〇一九）の中にある（東博所蔵番号三三、三六）。なお、この「古賀穀堂遺稿」にはこれまで知られていなかった多くの史料が含まれるが、最近、佐賀県立図書館近世資料編さん室の調査でその存在が明らかとなり、『佐賀県近世史料・第八編第四巻』「凡例」にその一覧が掲載されている。同室長の山口久範氏が東京国立博物館の担当者から聞いた話によれば、これらの史料は、最晩年に帝室博物館（東京国立博物館の前身）総長をつとめた森鷗外が収集したものとのことで、史料には森鷗外の書き込みも確認できる（以上の経緯については、田良島哲「東京国立博物館蔵「古賀穀堂遺稿」と森鷗外」〔『MUSEUM』第六五〇号、二〇一四年〕に詳しい）。なお、平成二十七年度より、佐賀県立図書館近世資料編さん室主宰の研究会において同史料の解読が進められており、筆者もそのメンバーの一人として参加している。本稿における研究は、まさにこの研究会における成果であるといってよい。

（4）公益財団法人鍋島報效会所蔵。前掲の西村謙三『古賀穀堂小伝』（三五～三七頁）、『佐賀県近世資料・第八編第四巻』（三一～九頁）にも収録されている。西村謙三氏は「穀堂私記」（享和二年）について、「渠が江戸修学中の私記と思はる」と記されている。これは、西村謙三氏が穀堂の江戸遊学期間を「約七年」とされている（注7参照）ことから推測されたものであろう。ただ本文で確認するように、穀堂は享和二年九月には佐賀に帰国しており、さらには「穀堂私記」の内容が『壬戌季秋後詩文稿』『葯房絮話』と重なる点が多い事から、「穀堂私記」は佐賀帰国後に著されたものと考えられる。

（5）例えば『象山先生全集』巻二十二「雑説」に「四方上下を宇と曰い、往古来今を宙と曰う。宇宙は便ちこれ吾が心、吾が心は即ちこれ宇宙なり」「宇宙内の事は、これ己が分内の事なり。己が分内の事は、これ宇宙内の事なり」とある。後者は穀堂の言葉「万物皆、我に備われり。宇宙の間、高卑遠近・巨細難易・千條万端、何者をか我が分内の事に非ざらん」（『葯房絮話』）に極めて似ている。

（6）西村謙三氏は「寛政十年」に「祖父の喪を了へ家事を整へ藩政府の許可を得、笈を負ふて游学の途に就き江戸に於て父精里の家塾に入り……」（『古賀穀堂小伝』二六頁）とされている。

（7）「穀堂家事記」（鍋島報效会所蔵、『佐賀県近世資料・第八編第四巻』に収録）にも「江戸遊学三年」とある。なお、西村謙三氏は、「先生江戸に在る約七年（此年数は前後の経歴より推断した者である）学成りて佐嘉に帰へつた」（『古賀穀堂小伝』二十六頁）と記されている。ただ、西村氏は『古賀穀堂小伝』凡例に、「（穀堂）先生の遺稿抄は刊行してあるが、其の刊行せざる全文集が何時の頃か一括して某所より売り物に出たそうで、其れが今東京博物館所蔵になつて居るとの事である。編者は未だ拝見せぬ。」（「穀堂先生小伝編纂に就て」（9）一一頁）と述べられている。西村氏のこの著作は穀堂研究において非常に貴重であり、筆者も大いに参考にさせて頂いているが、東京国立博物館所蔵「古賀穀堂遺稿」を確認されていないため、今後、多少の訂正が必要となってこよう。なお、穀堂の江戸遊学期間については、西村氏のこの記述にならって「七年」と記しているものが多く見受けられる。

（8）穀堂が二十六歳の時の著した「穀堂私記」に「弱冠の比は大望の十の七八をも遂たきと、おもひし事も最早廿あまり六つになるまで、なにしいだし、事もなく、しかのみならず言行を謹まざるゆへ、さまさまの虚名をうけ、世の人のそしり耳にみちてかまびすし。」とある。

（9）『壬戌季秋後詩文稿』「題岐蘇図」に帰国時の様子が詳細に記されている。「余将去東武。造栗山先生別、適会中秋之夜。諸名勝至先生宴、余亦与焉。……不幸疾痛沈綿肩輿揺兀、体憊神薾。終日在乎畳嶂連崿嵐翠水声之中、而索然無復一点雅思、程閲半月而遂不得隻字半句。上負岐蘇之霊、而下無以示郷人。甚可恧。及帰家病猶未癒、終日間居書斎中。」

（10）『穀堂文集』「潜窩癸未文草」所収（「古賀穀堂遺稿」東博所蔵番号三八）。

（11）小路口聡「朱熹の曾點観――陸学批判の視座――」（『日本中国学会報』第四九集、一九九七。後、『「即今自立」の哲学』研文出版、二〇〇六年に収録）を参照。氏の論考によれば、朱熹は、若い頃は「曾点の境地」に惹かれていたが、周囲に空疎な議論ばかりにふけって着実な工夫努力に取り組まない者が続出したため、次第に曾点を「道統の伝」から排除していくことになる。それは同時に、曾点の境地を重んじた論敵・陸象山への批判でもあったという。

(12)「修己治人」は、朱子学で最も重視される四書五経の中の『大学』に説かれている。「古之欲明明徳於天下者、先治其国。欲治其国者、先斉其家。欲斉其家者、先修其身。欲修其身者、先正其心。欲正其心者、先誠其意。欲誠其意者、先致其知、致知在格物。」。なお、穀堂の「修己治人」への強い思いは、父精里から引き継いだものである。『鍋島直正公伝』(第一巻)に、「古賀精里は泰国公に信用せられ、入っては政事顧問となり、出でて学館教授となりしが、常に曰く、学は己を修めて人を治めんとするものなり(修己治人)、何ぞ終身矻々として文字のみを攻むる暇あらんやと。其の抱負素より大なりき。」とあるのを参照。

(13)当時の佐賀の状況については、『鍋島直正公伝』第一巻に「一般は武骨一偏の士風を重んじ、只御馬前の打死を称して臂を張りたしかば、学識才能を磨礪する能力乏しくして、(弘道館を)中途に退学するもの少なからず、穀堂の所謂世上には学問流行せざるの概観なりき。」(三〇四頁)と記されている。

(14)『葯房綮話』において論じられている古今中国の人物は以下の通りである。韓愈・蘇東坡・欧陽脩・司馬温公・楊升菴・焦弱侯・方密之・郭汾陽・韓魏公・馬伏波・石勒・鄭谷・陸子龍・薛敬軒・蔡虚斎・宋濂・方孝孺・唐時升・王世貞・帰有光・茅坤・曾鞏・王安石・王陽明・唐順之・王慎中・鍾伯敬・譚元春・袁宏道・徐渭・袁隋園・孫康・倪寛・朱彝尊・顧炎武・毛奇齢・朱子・馬端麟・秦恵田

(15)「陳同父に与う」は『晦庵先生朱文公集』巻七に収められているがここでの内容と合わない。歴史上の英雄である高祖・太宗などについて論じた「陳同甫に答う(一〜十三)」(同巻三十六)の間違いであろう。

(16)たとえば古賀侗庵撰「精里先生行実」に「其先出於漢高祖、霊帝之裔孫某、実始帰化……」、穀堂撰「穀堂家事記」に「漢高祖之末流左兵衛尉時運、甲斐国ヨリ筑後国ニ来、……」とある。

(17)『春西投瓜』(文化元年、「古賀穀堂遺稿」東博所蔵番号二七)で穀堂は、先祖が「漢高帝」であること、そして、今は姓は古賀を名乗っているが、「文辞に至っては則ち劉の字を用い、本を忘れざるを示すなり」(原漢文)と述べている。

(18)『春西投瓜』(同右)で穀堂は、「鄙人、髫齓より六経の訓に服し、文辞の業を脩め、年十七八に及びて二十二史を歴覧す」(原漢文)と述べている。

西洋の衝撃

幕末佐賀藩の小銃調達と「拝領買」

伊藤昭弘

はじめに

幕末佐賀藩の軍事改革についてはこれまで多くの研究があり、本稿で検討する小銃にかんしても、洋式軍制の導入や武器製造技術について、秀島成忠の先駆的な業績[1]以来、近年では前田達男[2]や金丸智洋[3]など、詳しい分析がなされてきた。本稿はこうした先論に異論を提示するものではなく、佐賀藩が小銃を調達する際、その資金をどう準備したのか、という点を検討する。とりわけ、佐賀藩の給人たちはどのようにカネを準備し、小銃を買い入れたのか。本稿の最大の関心は、この点にある。

なぜ給人の小銃調達に注目するか。この問題について本稿は、西洋文明との接触による近世社会の急激な「近代化」過程のなかで、近世身分制社会が直面した矛盾のひとつと位置づけ、その後の列島社会のあり方にもかかわる、との立場にある。いうまでもなく近世の軍事は武士が独占し、彼らの家業だった。彼らは主君から知行・扶持を拝領し、家業を維持した。武具や兵力は一部を除いて彼ら自身が調達しなければならず、その原則は幕末まで基本的に変わっていない。そのため佐賀藩の給人たちも、洋式小銃を佐賀藩が採用した以上、ま

家　格	構成	役回り
三家	小城鍋島、蓮池鍋島、鹿島鍋島	参勤交代など幕府の軍役を務める
親類	白石鍋島、川久保鍋島、村田、村田鍋島	
親類同格	諫早、多久、武雄鍋島、須古鍋島	龍造寺一族、藩政のトップ「当役」を出す
家老	深堀鍋島、神代鍋島など7家	大組頭を出す
着座	納富鍋島、姉川鍋島など18家前後	時期により数に変動、大組頭を出す
侍		
手明鑓		
徒		
足軽		

表1、佐賀藩の家格

ずは彼らの自己努力で何とか手に入れなければならなかった。

しかしながら、長い藩体制下において困窮していた者が多かった給人たちは、時代の流れに応じて早急に小銃を調達することが困難な場合もあった。こうした状況に、佐賀藩や給人たちはどう対応したのか。その答えのひとつが本稿で検討する「拝領買」のシステムである。本稿では給人財政と藩財政の関係や、小銃調達における藩の給人支援の実態（「拝領買」）を明らかにし、開国後西洋の技術・思想と「交流」した列島において、武装自弁という近世社会の原則が、急激な近代化の流れに対峙した一事例としたい。

一　佐賀藩の軍事編成と藩財政

（一）軍事編制における「与私」と「備」

佐賀藩の軍は、藩成立以来「与私」と「備」により構成されていた[4]。まずは、佐賀藩給人の家格を確認しておきたい（表1）。小城・蓮池・鹿島鍋島家で構成される三家を筆頭に、侍までが基本的に知行取の家臣である（切米取りも一部存在）。さらに手明鑓・徒・足軽という、いわゆる下級家臣層が存在した。知行取のうち、親類同格までを「大配分」、家老以下を「小配分」と呼んだ。

こうした家格構造を踏まえ、「与私」と「備」をみていきたい。まず

「与私」は、家老・着座らが勤める「大組頭」のもとに編成された「大組」を指し、藩主の直轄軍である。「与私」の「与（組）」は物頭・馬上といった知行取の給人と、大組に附属された下級給人たち、「私」は大組頭以下の「与」に配属された給人たちが抱えていた陪臣たちを意味している。先行研究によれば、各大組とも大組頭の「私」の割合が高く、藩主直属とはいいながらも、給人が自力で維持する軍事力に依存していた[5]。[6]

大組は慶安三年（一六五〇）に一五組となり、一時増減しつつも基本的には一五組体制を維持した。しかし欧米列強が日本に接近し、長崎警備の強化が課題となるなか、嘉永三年（一八五〇）佐賀藩では長崎警備を専門とする火術組が二組編成され、鍋島弥平左衛門組・鍋島播磨組に預けられた。その後嘉永六年に火術組二組を統合して大組に格上げし、一六組体制となった。[7][8][9]

「備」は、三家・親類・親類同格の「大配分」一一家の陪臣団によって構成された。彼らは家老以下の給人たちより給地高が高く、領域的にもまとまっており、佐賀藩の強い統制のもとではあるが、一定度の「自治」「自立」的要素を持っていた。そして大組体制には組み込まれず、独自に軍事力を調達・編成していた。

高野信治の計算によれば[10]、安政元年（一八五四）頃の大組総員一万六〇五二人のうち、およそ六三％の一万七三人が「私」に属していた。また嘉永五年の「備」総員は、又陪臣を除き（把握できない）九〇三五人で、大組と単純に合計すると二万五〇六五人、そのうち七割以上の一万九千人ほどが、給人たちが自力で準備した兵力だったことになる。このように佐賀藩の強大な軍事力は、給人たちの力によって担保されていた。本稿の問題関心に引き付ければ、佐賀藩における西洋式軍備・軍制の導入は、それを給人たちの兵力にまで浸透させうるか否かが、大きな課題だったのである。

（二）佐賀藩の財政構造と給人財政

佐賀藩の政治機構は「外向」と「側」に分かれ、それぞれが管理する財政が存在した。「外向」はいわゆる

「藩政」一般を担当し、従来佐賀藩研究で「藩財政」と呼ばれていたものはこちらの財政を指す。一方「側」は佐賀藩主鍋島家の「家」にかかる領域、家政や軍事を職掌とした。ただ明確な線引きが難しいところもあり、本稿では大まかに「外向」＝藩政、「側」＝家政としておきたい。また藩の財政収入も、「外向」は本年貢、「側」は小物成と分かれて管理されていた。

「外向」と「側」の関係を考えるとき、きわめて象徴的な事例を紹介しておきたい。一八世紀末頃と思われるが、佐賀藩「外向」の財政を管轄する部局・相続方が財政運営に苦慮し、「側」の財政を管轄する懸硯方に資金融通を依頼した。しかし懸硯方は、自身が管理する資金は「御用銀」（藩主のポケットマネー、もしくは「いざ」というときのための備え、という意味か）のため、「外向」には融通できない、と拒否した。この顚末を知った家原太兵衛なる商人は、懸硯方より銀二千貫を月〇・五〜〇・六％の低利で借り入れ、それを相続方に月一・三％で貸し付け、利率の差により利益を得た(11)。

この事例から、「側」から「外向」への財政支援は基本的に行われなかったことが判明する。ただその後、藩主斉直の時期にはかなり「側」から「外向」へ資金が流用されたようで、次の藩主直正は就任直後の天保二年（一八三一）、「側」から「外向」へ「取替」となっていた「拾万金」の返済を問題としており(12)、両者のあいだでは貸借関係が存在した。

また家原太兵衛の例のように、「側」の資金が商人などに融資されていたこともわかる。そして佐賀藩全体でみれば、「側」から「外向」へ直接資金を融通しておけば生じなかった損失（利率の差）を被ることになってしまった。「側」としては、「外向」への支援が恒常的なものとなり、「側」財政本来の目的から逸脱してしまう、と考えたのだろう（その後、実際にそうなっている）。また、そこまで考えていたかは不明だが、仮に「外向」が借金を返せない（返さない）場合、そのリスクは家原太兵衛が背負うことになる（「外向」の返済状況にかかわらず、「側」は家原に返済を請求できる）。結果的には、佐賀藩にとって損の少ないかたちだったのかもしれない。

いずれにしろ、商人へ融資するだけの資金が「側」にあったとしても、「外向」財政の支援に向けられることは原則としてはなく、「外向」は商人などからの借金や家臣・領民への負担賦課によって補わなければならなかった。「外向」財政＝これまでの佐賀藩研究における「佐賀藩財政」がいくら窮乏しようとも、「側」は別の論理で動いていたのである。こうした原則が崩れたのが藩主斉直の時期だったが、続く直正の代に修正され、「側」財政・懸硯方が強化された。

次に、佐賀藩財政と給人財政の関係をみていきたい。高野信治は、佐賀藩が給人の知行地から反米（地米高一石につき三升）を徴収し、さらには上米によって給禄の一部を召し上げていたことを以て、藩財政と給人財政が連結していた、と評価する。[14] ここでは上米および給人から藩への上納米である献米について、安政三年（一八五六）白石鍋島家（親類）の財政改革から検討したい。[13]

白石鍋島家は財政窮乏に苦しみ、佐賀城下材木町の薬種商で、佐賀藩から漢方薬「烏犀圓」の独占製造・販売権を与えられていた野中家（白石鍋島家の家中に加えられていた）[15]に、財政改善計画の策定を依頼した。その計画で作られた一ヶ年の予算案をみると（表2）、主たる収入である年貢など米収入六八六八石余のうち、半分以上の三四六九石余が、献米などの名目で佐賀藩に吸い上げられていた。献米を徴収する理由は、「外向」財政の窮乏である。一方支出には、懸硯方への借金返済として銀二〇貫余が計上され、銀支出の二割以上を占めている。同家の事例では利息の有無はわからないが、天保九年（一八三八）の多久家（親類同格）の借金内訳（表3）をみると、「外向」の財政関係部局である蔵方や御目安方からの借入には月一％ほどの利息がついており、白石鍋島家が懸硯方から借りたカネにも、利息がついていた可能性が高い。

このように、佐賀藩財政と給人財政のあいだには、「外向」財政の窮乏を理由とした献米→給人財政の窮乏→支援のため「外向」「側」から融資（利息つき）という、藩財政によるマッチポンプにもみえる関係が構築され

米（石）

項　目	収　入	支　出
御物成	5,839	
口米	266	
夫料	222	
増夫料	335	
石掛	204	
小計（1）	6,868	
献米		3,394
別段引分方返上		75
小計（2）		3,469
差引（1）－（2）＝（3）	3,398	
御定帳		632
御印帳		610
御書出		20
外様渡		80
別段御合力		40
村方乞筈		45
出夫料		60
請負竹木代		20
平尾村秋加□方		30
中尾村同		7
御引越方年割　弥富		150
石州方借起右同　野中		150
小計（4）		1,845
差引（3）－（4）＝（5）	1,553	

銀（匁）

項目	収入	支出
残米代銀（6）	88,049	
御懸硯方返上		16,250
同		476
同		3,640
御定帳		38,774
高嶋詰		7,800
勘定所納銀		325
講方		1,300
古三十ヶ年賦		5,000
当辰年より年賦		12,499
戌年より年割之筋 当暮より三十ヶ年賦		1,567
（小計（7））		87,597
差引（6）－（7）	452	

表2　白石鍋島家1ヶ年収支計画（1856年）

借入先	借入高	%
御蔵方（月利 1.2%）	30.00	3.4
御目安方（月利 1.15%）	205.46	23.1
別段引分方	43.39	4.9
御手許	201.47	22.7
御祐筆存御広式御拝借	0.78	0.1
御私領方	37.51	4.2
御広式御仕法筋	5.68	0.6
（佐賀藩計）	（524.29）	（59.0）
西村忠兵衛	85.50	9.6
池田重次郎	27.77	3.1
播磨屋半助	57.11	6.4
尾州	29.27	3.3
武富庄次郎	26.52	3.0
大坂油屋喜兵衛	19.50	2.2
村山要平	8.70	1.0
江嶋忠蔵	10.13	1.1
執行武七	7.50	0.8
中嶋與右衛門	9.75	1.1
池田理右衛門	31.40	3.5
鬼崎寿平	51.25	5.8
その他計	364.40	41.0
合計	888.69	100.0

註：「天保九年御借銀根帳」（多久市郷土資料館所蔵『多久家文書』）より作成。借入高の単位は銀貫。

表3　多久家借銀（1838年）

ていた。藩財政にとって給人財政は貴重な財源であり、かつ余剰資金の運用先でもあった。[16]

二　幕末佐賀藩の軍制改革と小銃調達

（一）火縄銃から燧発銃・雷管銃へ

本章では幕末佐賀藩の軍制改革を、小銃調達に焦点をしぼって検討する。まずは、小銃の技術的進化を整理しておきたい。そのポイントを筆者なりに挙げれば、発火方法、銃身内部の構造、銃弾の装塡方法、の三点である。まず発火方法は、長らく火縄方式が世界の主流だったが、やがて不発や天候に左右される可能性が小さい燧発式（燧石《ひうちいし》を使用）、管打式（雷管を使用）と進化する。銃身内部の構造は、ただの筒である滑腔式から、施条（ライフリング）が施された施条銃へと移行し、射程距離・命中精度が向上した。装塡方法は銃口から銃弾や火薬を詰める前装式から、薬莢を用い銃身後部より装塡する後装式へと変わり、さらに後装式には、単発と連発式があった。

　佐賀藩ではまず嘉永元年（一八四八）、大組それぞれに配属されていた鉄砲足軽について、一〇ヶ年で火縄銃から燧発銃に改めることにした[17]。続いて嘉永三年一二月、同年六月に設置された大銃製造方の一員である[18]有吉惣三郎と、藩の鉄砲師とみられる[19]橋本新兵衛に対し、燧発銃を七ヶ年で一三七〇挺製造するよう命じた[20]。しかし二年後の嘉永五年八月一五日に燧発銃の製造は停止され、毎年三〇〇挺ずつ「蘭筒」を「御取入」することに決した[21]。自力で製造するより、購入した方が早いという判断だろうか。また「蘭筒」とは、燧発式ゲベール銃のことだろう。安政元年（一八五四）三月二五日、佐賀藩は給人が自力で調達する「役目筒」についても、全て燧発式を導入するよう命じた。

　こうして藩内の小銃を火縄式から燧発式に急速に入れ替えていった佐賀藩だが、すぐにさらなる新技術導入に動いた。給人に燧発銃の調達を命じてから五ヶ月後の安政元年閏七月には、長崎奉行に「ドンドル筒」の輸入を願い出ている[22]。続いて安政三年には、給人の「役目鉄砲」を管打式とするよう命じた[23]。燧発式の導入が命じられてわずか二年後に、さらに管打式の採用を命じられた給人にとって、燧発式から管打式への改造も可能とはいえ、相当の財政負担だったであろう。

　安政四年七月朔日、大組に附属されていた弓・長柄槍の足軽・徒が鉄砲組に再編され[24]、軍制の西洋化がさらに進んだ。また同年七月二六日には管打銃を製作する手銃製造方が設置され、藩内での量産が目指された[25]。そして万延元年（一八六〇）四月一〇日、大組・備とも「役目道具」（弓・槍・鉄砲など）を全て鉄砲とする「惣鉄砲」が発布された[26]。同年八月には、佐賀藩御進物方が三家・親類・親類同格・家老の家々に「イキリス製拾匁筒剣付」の購入を奨めている（どこかからセールスがあったようで、佐賀藩はすでに「過分」に用意できているため、大身給人に回した）[27]。さらに同年冬には、手銃製造方において管打銃三五〇〇挺を製造する計画（一ヶ年五〇〇挺）が立てられた[28]。嘉永元年に初めて燧発銃を導入してから一二年で、佐賀藩は管打銃を主要兵器とした軍制へシフトした。なお保谷徹[29]によると、薩摩藩では安政元年に「総鉄砲」が決定されたが、藩主島津斉彬の死後混乱した藩政の影響をうけ、家中に西洋式銃を行き渡らせる本格的改革が開始されたのは慶応三年（一八六七）だった。また長州藩における西洋式軍制・小銃導入の本格化は、慶応元年だったという。

安政三年に「役目筒」を管打銃へ改めた際に作られたとみられる小銃準備計画[30]では、藩が調達する「御直筒」五〇六五挺と、大組に所属する給人（よって「備」は含まれない）が自力で準備する「自分筒」三九四四挺、合計九〇〇九挺が目標とされた。しかし安政六年、「御直筒」は約八割の四〇一三挺を「舶来」にて準備できていたが、「自分筒」は全く手つかずの状態だった。そのため佐賀藩は手銃製造方において、管打銃を一〇ヶ年で一五〇〇挺（一年に一五〇挺）製造し、「自分筒」へ充当することとした。しかしそれでも「自分筒」の四割にも届かない。そのため前述のように、「惣鉄砲」が導入されたのと同じ年の冬、一年あたり五〇〇挺の製造計画が立てられた。

(二) ライフルの導入

こうして佐賀藩は、日本においては新しい武器である管打銃の導入を推進した。しかしこの頃ヨーロッパでは、クリミア戦争において施条銃（ライフル）が大量に投入され、戦争のあり方を一変させていたという[31]。「惣鉄砲」導入の翌万延二年には、佐賀藩士が長崎において施条銃（ミニエー銃）の情報を得ていた。さらに文久二年（一八六二）には「新発明小銃」二〇〇挺が調達され、同四年にはライフル銃を「線銃」と、管打銃を「雷銃」と呼ぶことが定められた。そして慶応元年には、エンフィールド銃への「仕替」が発布された[32]。

こうして佐賀藩では、管打銃導入から間もなくライフルへの移行が進められることとなった。さらに慶応二年には、「後装騎馬銃」一挺や「後込エンヒールド銃」三五〇挺、「八角後込銃」二〇挺など、後装銃の入手も始まった[33]。翌慶応三年には、後装連発銃であるレミントン銃・スペンサー銃各五〇〇挺を買い求めた[34]。七連発銃であるスペンサー銃を装備した佐賀藩兵は、戊辰戦争の秋田戦線において庄内藩兵相手に奮戦し、戦線を支えたという[35]。

慶応二年から明治二年にかけ、佐賀藩が長崎奉行運上掛／外国管事役所に提出した小銃購入願[36]をみると（表4）、慶応二年はエンフィールド銃（前装・後装の区別はされていないものが多い）一色だが、同四年（同三年は史料なし）になると、レミントン銃・スペンサー銃のほか、一六発の装填が可能で、アメリカ南北戦争で使用されたヘンリー銃も入手していたことがわかる。佐賀藩は、ひたすら最新式の小銃を求めていた。

同年一一月一六日、伊東外記ら佐賀藩士は長崎においてアメリカ軍艦に乗船した。その際彼らが米軍の小銃について尋ねたところ、米軍側はスペンサー銃など後装式を用い、それは彼らだけでなく「惣て当時各国後込銃のミトなり、旧来之先込銃ハ最早畢りたり」と答えたという。これを聞いた佐賀藩士は、「おくれしと急く小筒の先込ハ、はやあと込となりにける哉」と嘆きにも思える歌を遺している[37]。最新と思って調達した銃が早々と旧式化し、新たな銃の導入が必要となる。佐賀藩自体はもちろん、財政基盤の弱い給人たちも、この歌のような心境だったろう。

しかし第二次長州戦争により、とうとう大規模な武力衝突が国内で発生し、慶応四年には鳥羽伏見の戦いを皮切りに戊辰戦争へと列島が突入するなか、武器への投資を惜しむことは自身の兵たち（小身の給人にとっては、自分自身）の生死に直結する。こうしたなか佐賀藩の給人たちは、どのように小銃を調達したのか、次に検討したい。

年	月日	購入状況	支払代価	単価
慶応2	3.21	エンフィールド銃108挺		
慶応2	3.24	エンフィールド銃20挺		
慶応2	3.晦	エンフィールド銃100挺、ゲベール銃400挺	一分銀4900片	12.25両
慶応2	4.	エンフィールド銃200挺		
慶応2	4.	エンフィールド銃100挺	一分銀4850片	12.125両
慶応2	6.4	エンフィールド銃50挺	一分銀1840片	9.2両
慶応2	6.6	エンフィールド銃20挺		
慶応2	6.24	エンフィールド銃128挺	一分銀6144片	12両
慶応2	7.5	エンフィールド銃20挺、ゲベール銃96挺		
慶応2	7.11	エンフィールド銃20挺		
慶応2	7.12	ゲベール銃100挺		
慶応2	7.20	元込エンフィールド銃310挺		
慶応2	7.22	後込エンフィールド銃60挺、エンフィールド銃36挺、馬上銃20挺		
慶応2	7.24	エンフィールド銃20挺		
慶応4	1.	小銃98挺		
慶応4	1.29	エンフィールド銃300挺		
慶応4	2.5	エンフィールド銃200挺		
慶応4	2.13	ライフル小銃100挺		
慶応4	2.晦	小銃107挺		
慶応4	3.2	小銃60挺		
慶応4	3.5	小銃100挺		
慶応4	4.22	小銃22挺		
慶応4	閏4.2	小銃40挺		
慶応4	5.23	エンフィールド銃20挺		
慶応4	6.24	レミントン銃100挺	金2400両	24両
慶応4	6.29	レミントン銃400挺		
慶応4	7.9	小銃60挺	2520鎮	10.5両
慶応4	7.18	スペンサー銃10挺		
慶応4	8.5	ヘンリー銃30挺	750両	25両
慶応4	8.20	スペンサー銃60挺		

表4－1　長崎奉行所運上所掛・外国管事役所に提出された佐賀藩小銃購入

年	月日	購入状況	支払代価	単価
慶応4	9.13	エンフィールド銃40挺		
慶応4	10.5	小銃100挺		
慶応4	10.	エンフィールド銃100挺		
慶応4	11.2	エンフィールド銃30挺		
慶応4	12.12	エンフィールド銃200挺		
慶応4	12.19	ヘンリー銃30挺		
明治2	1.6	エンフィールド銃20挺		
明治2	2.3	ライフル小銃500挺		
明治2	2.21	エンフィールド銃50挺（諫早）		
明治2	3.17	エンフィールド銃250挺（諫早）		
明治2	3.12	ヘンリー銃50挺		
明治2	5.6	エンフィールド銃400挺	金12800鏆	8両
明治2	7.	小銃200挺（諫早）	金5200両	26両
明治2	12.	小銃260挺（諫早）	金6370両	24.5両

表4－2　長崎奉行所運上所掛・外国管事役所に提出された佐賀藩小銃購入

三　佐賀藩給人の小銃調達と「拝領買」

（一）給人の小銃調達状況

ここでは給人の小銃調達状況を紹介するが、藩主家文書・藩政史料を中心とした『鍋島家文庫』のほか、佐賀県・長崎県内には大身給人層の日記が多数伝存している。『鍋島家文庫』だけでも、白石・倉町・納富鍋島家といった家々の日記がある。こうした日記類について、本稿の対象である幕末期に限っても、筆者はいまだすべてに目を通していない。そのためここでの紹介は、まだ作業途上であることを、あらかじめお断りしておきたい。本来ならすべての作業を終えてから発表すべきではあるが、ここでは多くの大身給人が、多様な手段で小銃を求めた状況を紹介したい。

○蓮池鍋島家（三家）

蓮池鍋島家は慶応二年に、長崎でエンフィールド銃の調達を試みている[38]。この件は、同家が調達費用を自領の神埼郡小津ヶ里・堂地村の年貢などで準備するよう命じていた井上安兵衛から同年一〇月に提出された、準備期限の延長を求めた願書により確認できた。そのため長崎での調達を決定した時期はわからない。同年七月には、やはりエンフィールド銃を、諫早家を通して調達している。[39]このとき同家はエンフィールド銃二〇挺を、一挺あたり金一四両で購入していた。

また同家は、領内での製造も試みていた。慶応三年八月には、領内の鍛冶政太郎から「元込」エンフィールド銃四挺が納入されている。[40]このときの代金はただ「代金拾七両」としか記されておらず、一挺あたりなのか、前装式のエンフィールド銃四挺を後装式に改造した対価なのか、不明である。同四年五月にも、鍛冶の要蔵より「元込銃」および「和筒仕直し」エンフィールド銃の各五挺が納入されている。[41]政太郎や要蔵らは明治二年（一八六九）にも「和筒仕直し」のエンフィールド銃や「キリン銃」（詳細不明）を納めており、領内鍛冶職人による旧式銃の改造が積極的にすすめられていた。

慶応四年には、アルビニー銃八八挺、スナイドル銃一〇挺を購入している。アルビニー銃はベルギー製の後装ライフルだが、改造したエンフィールド銃を指すこともあったという。このとき同家が購入した銃がどちらに該当するのか不明だが、アルビニー銃一挺あたり金二四両、スナイドル銃は同二五両で、合計金二三六二両もの大金を、同家は支払っていた。[42]

○白石鍋島家（親類）

慶応四年九月二二日、白石鍋島家は佐賀藩御備立方の指示に応じ、所有する大砲・小銃の書上を提出している。[43]同月七日、白石鍋島家の聞次役が御備立方に出頭してこの指示を受けており、同家のみに出された指示なのか、佐賀藩家中全体に出されたものなのか、今のところ判別しない。同家の回答は表5の通りだが、大砲一五門、小銃五六六挺を備え、小銃については大半がライフルで、最新のスペンサー銃も数多く揃えていた。なお同家が回答を提出した五日後には、早速佐賀藩請役所からエンフィールド銃二〇挺の貸出依頼が届いている。

同年一月、同家はスペンサー銃の胴乱を長崎で購入する計画をたて、その輸送人馬を佐賀藩に届け出ている。(44) また同年二月には、北陸道への出兵が命じられた鍋島左馬助(家老・深堀鍋島家)へスペンサー銃五挺を貸与している。深堀鍋島家は前述の秋田戦線に投入されており、白石鍋島家のスペンサー銃が実戦で活用されたかもしれない。同年三月には佐賀藩へもスペンサー銃三〇挺を貸し出しており、白石鍋島家がスペンサー銃を大量に所持していることが、

種　類	挺数
アームストロング	1
フランスホーム	2
三封度	10
臼砲	2
大砲合計	15
スペンセル	110
元込エンフィールド	220
先込エンフィールド	21
管打銃	215
小銃合計	566

表5　慶応4年白石鍋島家保有大砲・小銃

藩内で広く知られていたようである。

○諫早家（親類同格）

今のところ給人の洋式小銃調達について、筆者の管見の限りでは万延元年諫早家の事例(45)が初見である。このとき諫早家は佐賀藩から「拝領買」によって管打銃を入手した。さらに翌年には、雷管の製法伝習や、雷管製造工具の「拝領買」を佐賀藩に願い出ている。

○武雄鍋島家（親類同格）

木原溥幸により、慶応二年から四年にかけての武雄鍋島家における小銃調達状況が明らかにされている。(46) とりわけ慶応二年一一月にはすでにスペンサー銃六〇〇挺をイギリス商人オールトに発注し、翌年末までに納入されている。同家も秋田戦線に、深堀鍋島家とともに投入された。

後装銃の弾薬装填部（スナイドル銃、岩松要輔氏所蔵）

○多久家（親類同格）

多久家は文久二年に前装式施条銃であるミニエー銃を入手し(47)、慶応四年時点で四九三挺所有していたという。今のところ、給人のライフル入手事例としては、管見の限り最も早い。

○倉町鍋島家（家老）

慶応四年の倉町鍋島家の記録(48)によれば、同家は前年冬、スペンサー銃購入のため佐賀藩懸硯方より金千両を借用していた。同家も最新の連発式ライフル入手を目論み、慶応三年には実行していたことがわかる。

○納富鍋島家（着座）

文久三年、納富鍋島家は管打銃の胴乱の作成を佐賀城下の牛嶋町・尾懸屋に注文し、二月二九日に納品されている（代金ひとつ金一両）。また四月二九日には、「慶長町」（牛嶋町）の某より、「蘭筒鉄炮」の「革覆」が納品されている（代金ひとつ金二歩二朱）。ともに一二挺分納品されており、同家はこのとき管打銃を少なくとも一二挺は所有していたとみられる(49)。

慶応二年三月には、エンフィールド銃六挺を「拝領買」にて入手すべく、藩（「側」）へ願い出ている。さらに同年九月には「跡込」のエンフィールド銃および「八角銃」各二挺の「拝領買」を、やはり「側」へ願い出ている(50)。同年佐賀藩が入手した新型後装ライフルを、納富鍋島家は早速分けてもらおうと考えたことになり、給人の積極的な新型銃導入志向がうかがえる。

以上、佐賀藩給人による小銃調達の事例について、現段階で筆者が収集したものを紹介した。各家とも佐賀藩の求めに応じて、または自身の兵力強化のためにさまざまな手を用い、できるだけ高性能の小銃を調達しようと努力していたことがわかる。また筆者がみる限り、蓮池・白石・武雄鍋島家といった家々は比較的スムーズに調達しているようである。前に給人財政の事例をいくつか紹介し、その困窮状況を強調したが、給人によっては資金面で余裕があった家も存在したのだろう。ただ蓮池鍋島家など、記録類をみる限りでは財政困窮を訴えるような記事が多いが、大身給人の家では佐賀藩同様財政が「外向」と「側」に分離しており、「側」の資金をフル回転させたのだろう。

しかし諫早家（後述）・倉町鍋島家などは小銃調達資金の準備に苦労し、佐賀藩の助力を得ていた。その方法が「拝領買」であり、次に検討したい。

(二)「拝領買」の実態

「拝領買」とは佐賀藩において小銃以外にも使われた仕組みで、例えば天保一五年（一八四四）九月、もともと佐賀藩の徒罪方があった土地の一部を給人の香田左馬允が購入した際、「拝領買」と表現されている。[51]このように給人が佐賀藩の所有物を買い取る際、「拝領買」と呼ばれた。

小銃にかんする「拝領買」は、前述の諫早家の事例が初見である。同家は佐賀藩が所有していた燧発銃三〇〇挺・管打銃三五〇挺を、「拝領買」によって入手した。[52]代金は燧発銃が一挺あたり金三両二歩ほど、管打銃が金四両一歩ほどで、[53]合計で金二五〇〇両ほどになる。諫早家はすぐに代金を支払うことになっており、このときの「拝領買」は財政支援というよりは、同家の小銃調達を助ける（同家が自ら小銃調達に奔走する手間が省ける）ことを目的としていた。しかし佐賀藩側の史料[54]によると、諫早家はすぐに佐賀藩へ代金の一〇ヶ年賦返済を求め、佐賀藩は当初は難色を示し三ヶ年賦としたが、のちに手銃製造方による小銃製造計画が始まると、

家格	給人	挺数
親類	鍋島河内（白石鍋島）	100
親類	村田若狭	100
親類	鍋島安芸（村田鍋島）	20
親類同格	鍋島上総（武雄鍋島）	40
親類同格	諫早豊前	50
親類同格	多久与兵衛	100
親類同格	鍋島安房（須古鍋島）	80
家老	鍋島鷹之助（横岳鍋島）	30
家老	鍋島誠吉郎（神代鍋島）	25
家老	鍋島左馬助（深堀鍋島）	20
家老	鍋島志摩（倉町鍋島）	30
家老	鍋島監物（太田鍋島）	13
家老	鍋島縫殿助（姉川鍋島）	10

註：鍋島上総と鍋島安房には「後込」エンフィールド銃が与えられている（安房は20挺）。

表6　慶応元年9月エンフィールド銃「拝領買」

藩の小銃調達への支障が無くなったとして諫早家に一〇ヶ年賦を認めた。こうして小銃「拝領買」は、給人に対する財政支援の側面を色濃くすることもあった。

給人の「役目筒」が管打銃からエンフィールド銃に替わると、佐賀藩は「拝領買」用のエンフィールド銃の自作を目論む[55]。さらに同年九月には白石鍋島家ほか大身給人の求めに応じ、エンフィールド銃六一八挺の「拝領買」が（表6）、同年一一月にはエンフィールド銃千挺の「拝領買」が決定されている[56]。また深堀鍋島家は翌年から五ヶ年賦で代金を支払うよう、佐賀藩武具方から指示されており[57]、このときの「拝領買」は当初より年賦返済が予定されていたとみられ、やはり財政支援の側面を有した。

慶応三年には、スペンサー銃の「拝領買」が実施された[58]。この年佐賀藩ではもともとスナイドル銃八〇〇挺の「拝領買」が計画されていたが、連発可能なスペンサー銃に変更され、まず四五〇挺の「拝領買」を実施した。すると「至極利用之筒」との評判がたち、給人から「拝領買」願いが相次いだ。そのため佐賀藩はスペンサー銃千挺を、「拝領買」に追加投入した。またこのとき表7の通り、給人の石高に応じて支払期限および支払額に差がつけられた。基本的には収入の少ない給人の救済措置で、最も小身の給人層については支払期限三〇年、支払額は四割に抑えられている。大組頭や大配分にあたる大身給人層は即時・全額払いとなっているが、佐賀藩は個別に年賦返済の願いを受け付けていたとみられる。

また年賦払いを願い出るのではなく、購入資金を佐賀藩から借り入れる場合があった。前述の倉町鍋島家のスペンサー銃調達はこの「拝領買」に該当すると思われるが、このとき同家は金千両を「側」の懸硯方から借り入れ、翌年六月までに全額を返済する約束だった。しかし五〇〇両を準備できず、同家は懸硯方に返済猶予を願い出ている。なお倉町鍋島家は、元本は返済できないが「御益」すなわち利息は支払うと約束しており、「側」は給人の小銃購入の際、調達資金の融資によって利益を得ていたことがわかる。

給人石高	支払期限	支払額
200石以上	即時払	全額
100石～	2年	全額
50石～	5年	全額
30石～	10年	全額
20石～	15年	8割
15石～	20年	7割
9石～	25年	6割
5石～	30年	5割
5石未満	30年	4割

表7　給人石高別スペンサー銃「拝領買」

陪臣石高	支払額
200石～	9割
100石～	8割
30石～	7割
15石～	6割
～14石	5割

表8　給人石高別スペンサー銃「拝領買」

最後に、蓮池鍋島家の家中で実施された「拝領買」を紹介したい(59)。慶応二年九月、蓮池鍋島家は自身の家中にエンフィールド銃を行き渡らせるため、表8の通り「拝領買」を施行した。陪臣の石高に応じて支払額を定め、全員一〇ヶ年賦で返済とされている。前述の佐賀藩スペンサー銃「拝領買」よりも、買う側(借りる側)にとって好条件であり、蓮池鍋島家は陪臣たちを財政面で支援し、エンフィールド銃の普及を急いだ。またこのときのエンフィールド銃は三種類あり、前装エンフィールド銃は金一五両と七両、後装式は二九両とされた。前装式に値段が二種類あるのは、前者が輸入品、後者が自領内での改造品なのだろう。

ただ陪臣にとっては、強制的に購入させられる面もあったようである。蓮池鍋島家家中の西村甚之允はエンフィールド銃を「拝領買」で入手したが、その支払は、毎年の「御宥免米」から天引きされることになっていた。同家中における「御宥免米」の詳細は不明だが、陪臣の救済策として付与されていた、もしくは上米などを免除されていたものと考えられる。こうした生活を支えるための収入から、西村はエンフィールド銃代金を毎年差し引かれることとなり、「難渋」を訴えている。蓮池鍋島家は「拝領買」において代金の回収に滞りがないよう対策を施しており、佐賀藩の「拝領買」においても同様のことがあったかもしれない。

おわりに

幕末佐賀藩については藩政改革の「成功」や軍事面での「先進性」が強調されることが多く、本稿はそのこと自体に批判を加えるものではない。また幕府や他藩においても武装自弁の原則は残り続けており、佐賀藩が「後進的」という訳でもない。積極的に新たな技術を取り入れる姿と、近世的原則を維持し続ける姿。その両面をあわせて評価することで、「藩」の到達点／限界性がみえてくると思う。

筆者がみる限り、「藩」はやはり大名の「御家」のために存在した組織である。それは外圧が迫ったり内戦が勃発したような状況でも、変わることはなかった。本稿では「側」と「外向」の財政面での関係について触れ、「側」が幕末以前から豊富な資金を有していたことを指摘したが、幕末期、その資金は家臣が小銃を調達するための資金として貸し付けられ、利息もついた。利息自体はストレートに利益追求とはならず、「側」資金による金融システムを維持するには、融資が焦げ付いた際の補塡として必要となる。

しかし筆者は、可能な限り「側」の資産を維持し、殖やしたい／すべきという、佐賀藩の方針が貫かれた、と考えてしまう。慶応三年、佐賀藩主鍋島直大は朝廷より京都警衛を命じられ、一二月二一日、深堀鍋島家当主鍋島孫六郎が兵を率い上京した(60)。その際の費用のうち、銀六八貫目を同家は佐賀藩より借用し、月〇・五％の利息をつけて翌年一二月までの返済が義務づけられた(61)。その後の戊辰戦争の戦費は、どこから出されたのだろうか。さすがに藩が全部持ったのか、(支援はあったとしても)家臣の自弁が貫かれたのか。今後の課題としたい。

註

(1)秀島成忠『佐賀藩銃砲沿革史』(肥前史談会、一九三四年)。
(2)「佐賀藩における文久・慶応期の製砲事業」(「幕末佐賀藩の科学技術」編集委員会編『幕末佐賀藩の科学技術』下、岩田書院、二〇一六年)。
(3)「幕末佐賀藩における西洋銃陣の成立と変遷」(『幕末佐賀藩の科学技術』下)。
(4)高野信治「佐賀藩家臣団の編成と構成」(藤野保編『九州近世史研究叢書』第二巻、一九八四年、のち高野『藩国と藩輔の構図』名著出版、二〇〇二年に収録)。
(5)いうまでもないが、「陪臣」とは藩主からみた「給人の家臣」を指す。給人からみれば自身の「直臣」であり、本稿のなかで給人の目線で論じる際には「直臣」「家臣」が正確な表現となる。しかし繁雑になるため、本稿では「給人」=藩主家に仕える家臣、「陪臣」=給人の家に仕える家臣、で統一する。
(6)高野「佐賀藩家臣団の編成と構成」。
(7)佐賀藩の大組編制については、中野正裕「『大組頭次第』にみる明暦~慶応期の大組編制について」(『佐賀大学地域学歴史文化研究センター研究紀要』四号、二〇一〇年)に基づく。
(8)梶原良則「幕末佐賀藩における火術組創設の意義」(九州大学国史学研究室編『近世近代史論集』、吉川弘文館、一九九〇年)。
(9)梶原「幕末佐賀藩における火術組創設の意義」。
(10)高野「佐賀藩家臣団の編成と構成」。
(11)〔風聞書〕(長崎大学附属図書館所蔵『武藤文庫』一六八、同館ウェブサイトにて閲覧可能)。
(12)「直正公御年譜地取」(佐賀県立図書館編集・発行『佐賀県近世史料』第一編第一一巻、二〇〇三年)、四二九頁。

(13) 佐賀藩は、石高表示を物成高で表記していた。
(14) 高野「佐賀藩家臣団の編成と構成」。
(15) 佐賀県立図書館内古文書研究会編集・発行『佐賀藩着到帳集成』(一九八一年)、一三八頁。
(16) ただし考慮すべきは、「大配分」の給人は、佐賀藩同様「外向」「側」のような二重財政構造を有していた。であれば、佐賀藩が給人に課していた構造が、給人の家中・知行地において彼らの家臣(佐賀藩からみて陪臣)に適用されていた可能性もある。
(17) 「直正公御年譜地取」、七〇七頁。
(18) 杉本勲・酒井泰治・向井晃編『幕末軍事技術の軌跡――佐賀藩史料『松乃落葉』――』(思文閣出版、一九八七年、以下『松乃落葉』と表記)、五八頁。
(19) 三好不二雄・三好嘉子編『佐嘉城下町竈帳』(九州大学出版会、一九九〇年)、八六五頁。
(20) 『佐賀藩銃砲沿革史』一五四頁、「直正公御年譜地取」七六五頁。
(21) 「直正公御年譜地取」七六五頁。
(22) 『松乃落葉』一三八頁。
(23) 前田「佐賀藩における文久・慶応期の製砲事業」三六五頁。
(24) 『佐賀藩銃砲沿革史』二四九頁。
(25) 「直正公御年譜地取」八一七頁。
(26) 「直正公御年譜地取」八五九頁。
(27) 青木歳幸・野口朋隆編『「小城藩日記」にみる近世佐賀医学・洋学史料〈後編〉』(佐賀大学地域学歴史文化研究センター、二〇一〇年)、二二九~二三〇頁。
(28) 「請御意下」(鍋島報效会所蔵・佐賀県立図書館寄託『鍋島家文庫』三〇九の〇二六)。
(29) 保谷徹『戦争の日本史一八　戊辰戦争』(吉川弘文館、二〇〇七年)。
(30) 『松乃落葉』三三二頁。
(31) 前田「佐賀藩における文久・慶応期の製砲事業」。

(32) 万延二年から慶応元年にかけてのライフル銃にかんする記述は、前田「佐賀藩における文久・慶応期の製砲事業」を参考にした。
(33) 『松乃落葉』三〇三、三〇七頁。
(34) 『松乃落葉』三〇九頁。
(35) 秀島『佐賀藩銃砲沿革史』三〇七頁。
(36) 慶応二年は「諸家届伺船買入御附札御条約外之船渡来達留」(長崎歴史文化博物館所蔵『長崎奉行所関係資料』B(一四 三四‐七 二)、慶応四年以降は「諸家願伺御附札」(同、一四 三三‐一 一〜三)。
(37) 米軍艦のエピソードを含め、『松乃落葉』三〇七頁。なおこの歌を詠んだのは『松乃落葉』の作者本島藤大夫なのか他の人物なのか、判断できなかった。
(38) 慶応二年「請役所日記」(佐賀県立図書館所蔵『蓮池鍋島家文庫』〇二三の七九)。
(39) 慶応二年「家事局日記」(『蓮池鍋島家文庫』〇二三の八一)。
(40) 慶応三年「会計局諸控」(『蓮池鍋島家文庫』〇二三の八〇)。
(41) 慶応四年「会計局諸控」(『蓮池鍋島家文庫』〇二三の八二)。
(42) 明治二年「会計局諸控」(『蓮池鍋島家文庫』〇二三の八四)。
(43) 慶応四年白石鍋島家「日記」(『鍋島家文庫』〇二三の六一)。
(44) 慶応四年白石鍋島家「日記」。
(45) 万延二年諫早家「日記」(諫早市立諫早図書館所蔵『諫早家文書』、佐賀県立図書館所蔵複製本を利用)。
(46) 木原溥幸「幕末期佐賀藩の長崎貿易」(箭内健次編『鎖国日本と国際交流』下巻、一九八八年、なお木原『幕末期佐賀藩の藩政史研究』九州大学出版会、一九九七年に収録されており、本稿ではそちらを利用した)。
(47) 木原溥幸「幕末期における佐賀藩の軍制改革」(『香川大学教育学部研究報告』第一部四一号、一九七六年)。
(48) 「触状写」(『鍋島家文庫』三二六の〇八一)。
(49) 文久三年納富鍋島家「日記」(『鍋島家文庫』〇二二の二六三)。
(50) 慶応二年納富鍋島家「日記」(『鍋島家文庫』〇二二の二六八)。

(51) 鍋島報效会編『明和八年　佐賀城下　屋鋪御帳控』（鍋島報效会、二〇一二年）、五七頁。
(52) 万延二年諫早家「日記」。
(53) 万延二年諫早家「日記」。なお史料には銀建てで書かれていたが、ほかの小銃代金と比較がしやすいよう、本文中には金換算（金一両あたり六四・五匁）額を記した。また史料には、燧発銃は「壱丁ニ付弐百三拾五匁ツヽ」、管打銃は「壱丁ニ付弐百五匁かへ」とされているが、この記載に従うと管打銃のほうが安価となる。しかし管打銃三五〇挺の総額は「代同九拾四貫三百五拾匁」とされており、これから逆算すると一挺あたり銀二七〇目ほどになり、本稿ではこちらを採用した。
(54) 万延二年「請御意下」（『鍋島家文庫』三〇九の二六）。
(55) 慶応元年「請御意下」（『鍋島家文庫』三〇九の三五）。佐賀藩は実際にエンフィールド銃を自作したが、その費用が購入するより高くついたため、自作を断念している。木原「幕末期における佐賀藩の軍制改革」。
(56) 慶応元年「請御意下」。
(57) 慶応二年「深堀日記」（『鍋島家文庫』〇二三の四二）。
(58) 慶応三年「請御意」（『鍋島家文庫』三〇九の三八）。
(59) 蓮池鍋島家の「拝領買」にかんする記述については、慶応二年「請役所日記」。
(60) 『鍋島直正公伝』年表索引・総目録（侯爵鍋島家編纂所、一九二一年、本稿では一九七三年西日本文化協会の復刻版を使用）、二〇四頁。
(61) 慶応三年「深堀日記」（『鍋島家文庫』〇二三の四三）。

『診察御日記』にみる西洋医学治療

青木歳幸

はじめに

慶応三年（一八六五）、佐賀藩一〇代藩主鍋島直正は下痢を発症した。侍医の蘭方医松隈元南[1]や、蘭方医戸塚文海の診察により、一週間ほどで回復した。以後、発症と治療を繰り返した。この鍋島直正の診察記録が、『診察御日記』で、医学史研究者中野操博士の旧蔵で、現在、大阪市史編纂所が所蔵している。『御診察日記』は、慶応三年の京都での発病から始まって、明治元年五月の京都での下痢、明治二年四月の東京在府中の下痢、明治三年の熱海療養中の眩暈や頭痛ほか嘔吐などの治療記録、明治四年正月から同一八日に亡くなるまでの日々の診療記録で、五〇丁からなる。記録をしたのは侍医の松隈元南である。

先行研究で、加藤詔士氏が、晩年の直正公を診療した外国人医師の医療活動、とくにボードインとその後任にあたるヨングハンスの診療について紹介した[2]が、『御診察日記』全体に関わる蘭方医や外国人医師の治療の実際についての研究はまだない。鍋島直正は、領内全医師へ漢方医学を禁止し、西洋医学への研修を義務づけたほど、西洋医学への信頼は厚く、当時最新最高の西洋医学での診療を希望していた。従って、本記録により、幕末維新期における西洋医学の最高レベルの診療と処方の違いと医学交流を見ることができる。また、直正の治療にたずさわった蘭方医と外国人医師らの治療の実態と明治初年の政治情勢とを関連づけて報告したい。なお史料解読にあたり、ヤード・ポンド法での記号（オンス、ゲレイン）はカタカナ表記に改めた。

一　直正の発病と診療の実際

直正は、生来胃弱であり、『鍋島直正公傳』によれば、文久三年（一八六三）五月二一日に、長崎五島町の深堀邸にてボードイン[3]の診療をうけ、五月二三日にも、再びボードインの診療を受けた。当時、ボードインに学んでいた佐賀藩出身医師相良弘庵（のち知安）の直正へのすすめもあり、この診察となった。このとき、ボードインは薬に頼るよりも、まず滋養のあるものを取ることが大事である、なるべく肉食がよいと勧めた。が、牛や羊の肉は慣れないから嫌だと直正がいうので、西洋料理も軽く茶菓ですませて、ボードインは、今後、なるべく野鳥の肉やスッポンなどを食べることをすすめている。

その後、直正の胃弱は次第に進行して、ついに慶応三年（一八六七）に激しい下痢と嘔吐を起こすこととなった。

資料一　直正の発病と松隈元南の治療

慶応三年卯六月下旬暑□□テ御旅行、京都ノ妙顕寺ニ御寓居、七月三日卒然御暴瀉水様ノ便ヲ下利（痢）スル事、六、七行、御嘔吐五、六次、御手足微冷少シク冷汗ヲ出ス、御顔色蒼白微ニ皺襞ヲ生シ御脈微細数御平脈三十八九度、今七十度ニ至ル　夜ニ至テ御熱発煩渇。

鹿角粟売煎ニ縷多扭謨十八滴ヲ加、熱飯蒸湯毛布ヲ以テ手足ヲ摩擦ス、京都の妙顕寺に避暑にでかけたところ、七月三日に暴瀉病（コレラ）のような激しい下痢と嘔吐に見舞われた。侍医の松隈元南は、鹿角粟売煎と縷多扭謨一八滴を処方した。鹿角は鹿の角で、とくに鹿の幼角は、鹿茸《ろくじょう》と呼ばれ、いわゆる滋養強壮剤。粟売はケシの実だろう。中国宋代の本草書『開寶本草』に収載されていて、止咳、止痢の効果がある。縷多扭謨はラウダニュムで、アヘンチンキのこと。アヘンをエタノールで侵出させたもの。鎮痛と咳止めの効果がある。

資料二　戸塚文海の治療

（七月四日）漸御鎮静、然トモ御食機絶テ無ク昼夜僅ニ稀粥一、二匕ヲ進ムノミ。旧幕府ノ医戸塚文海ヲ招テ御診ヲ乞フ。爾後隔日拝診。沙利布煎ニ甘硝石精五十滴、老利児水一オンスヲ加フ

七月四日に、戸塚文海[4]が診察にやってきた。戸塚文海は備中国出身の医師で、幕府奥医師の戸塚静海の養子で、長崎でポンペに学び、長崎養生所の松本良順のあとの監督となった。この時期京都に滞在していた。その処方に使われた沙利布（サレップ）は、オルキス・ミリタリス等のオルキス属の塊茎から作られる粉で、グルコマンナンと呼ばれるデンプンに似た多糖を豊富に含み清涼剤の役割をはたす。甘硝石精は、アルコールに硝酸を少量滴加したもの。気を失ったときや気付けにも口中へ流し入れたりする。老利児水（ローレル水）は、ローリエすなわち月桂樹の葉を煮た水のこと。一オンスとは、二八・三四九五二三一二五グラム。一六分の一ポンド。

資料三　直正回復する。

一（七月）八日、九日ニ至テ御食機少シク旺シ、漸次ニ種々ノ品物ヲ御好ミアル、是ニ於テ滋養ノ御食餌

ヲ奨メ少シツツ新鮮気中ノ御運動ヲ務ム。爾后四、五日ヲ経テ御気力、漸々故ニ復シ、諸機旺盛シテ御疲労次第ニ旧ニ復シ鉄剤・幾那剤等ヲ調上シ七月下旬、御全快アリテ御帰国ニナル。

直正は、日々回復して、食欲も出てきて、滋養のあるものも食し、運動もして、七月下旬に佐賀へ帰国できた。鉄剤は鉄欠乏性貧血治療剤で、幾那剤は、キナ剤のことで解熱薬に用いられた。キナは、南アメリカ原産のアカネ科の薬用樹木でキニーネの原料。一七世紀に南米からヨーロッパにもたらされた薬で、トコン同様ヨーロッパの医学の進歩に大きく貢献した薬である。本来マラリアの特効薬であり、その他の熱病にも解熱薬として使われた。一八二〇年にキナから抽出されたキニーネは、同じくキナから得られるキニジンと共に、現在でも重要な医薬品である。ただ、シーボルトはキナをあまり解熱の目的に使っておらず、主に強壮または止腐の目的に使用したようである。

資料四　京都郡山邸で発病

明治元年辰五月中旬、京都郡山邸御寓居中、俄ニ御下痢アリ。日ニ三、四行、二、三日ヲ歴テ遂ニ御痢病トナル。御発熱微渇舌上白苔御食機ナク御臍傍左側ヨリ攣痛御少腹、直腸ノ部ニ至テ咬痛御下利、昼夜三十行裡急後重大便黄褐色中ニ赤色白色及ヒ桃花色ノ粘液ヲ混ス、或ハ粘液ニ血線ヲ淆スル物ヲ利スル寸アリ、度々、同カラス量亦多少アリ。御脈七十度ニ至リ少々力ラアリ。

緩和発衣剤護謨ヲ加

菲沃斯五ゲレイン散トナシ御兼用

直正は明治元年（一八六八）五月京都の郡山藩邸にいたところ、俄に下痢があって痢病となった。黄褐色の便には、赤色、白色、桃花色の粘液が混じって、脈は七〇度に至った。
　緩和剤にゴムを加えた薬を投与した。少腹とは、下腹部の真ん中が小腹でその両側が少腹という。裡急後《りきゅうご》重《じゅう》は、渋り腹のことで、便意をしきりに催す症状をいう。痛みの緩和のため、緩和剤を使用した。菲沃斯（ヒヨス）はユーラシア大陸原産のナス科の植物で麻酔薬として使用した。五ゲレインのゲレイン[5]は英語でいうグレーンで、ポンドの七千分の一の重さである。

資料五　新宮涼民、岩佐玄圭の診療

一　五、六日ヲ経テ御熱稍鮮シ御度数十二七、八ヲ減ストトモ御通利ノ状、依然トシテ変セス。御腹痛後重故ノ如ク御食餌乏シク御羸痩増々加リ、新宮涼民ヲ招テ拝診ヲ請フ。又越前公ノ侍医岩佐玄圭者公命ヲ受テ拝診ニ来ル。其後両人トモ多クハ隔日ニ拝診ス。
　御煎薬包摂剤中ニ大黄ヲ加
甘汞二ゲレイン、摸爾比捏三分ゲレインノ一ノ散剤ヲ調上ス
其中漿粉浣腸シ数回行ヒ、又半身浴ヲ数次行フ
甘汞ハ二日半ニシテ止ム、然トモ数日后瞑眩状アリテ御飲食益々不進嚥下亦御困難ナリ。
一　御病状荏苒トシテ治セス。延テ六月中旬ニ至リ御疲労倍加ス。且其比霖両未タ止マス、故ニ郡山邸ノ卑湿ヲ避テ、上長者街ノ御私邸ニ御転居ニナル
　鹿角格綸僕煎或ハ規尼捏ホミカエキス等ノ丸剤ヲ調上ス。

五、六日を経て熱がようやく下がってきたけれども、便の状態は変わりがなく下痢状態であった。そこで京都の蘭方医新宮涼民[6]を呼んで診断を請うた。さらに越前侯の侍医である岩佐玄圭[7]もまた藩主松平春嶽の命をう

けて診察に来た。その後も、両人はおよそ隔日に診察に来ている。直正と松平春嶽との親交の厚さも伺うことができる。

処方薬は煎じ薬の包摂剤中に大黄を加え、甘汞二ゲレイン、モルヒネ三分の一ゲレインの粉薬を調合した。甘汞を与えるのは二日半でやめたが、瞑眩（めまい）の症状が出て、まだ飲食も進まなかった。甘汞は塩化第一水銀で殺虫剤に用いたが、大量に与えると水銀中毒の症状が出る。モルヒネは鎮痛薬である。

その後も病状はあいかわらずで六月中旬に疲労が倍加した。郡山邸を出て、上長者町の私邸に転居した。松隈元南は、鹿角格綸僕を煎じ、或いはキニーネホミカエキスの丸剤を調合した。鹿角は鹿の角の粉。格綸僕はアフリカ大陸東南のモザンビーク産のコキュリス、パルマチュスの根のこと。キニーネホミカエキスとはストリキニーネを含んだ食欲増進剤・胃腸薬であるホミカ（馬銭、マチン、インド原産）のエキスのことである。六月下旬に至り下痢がすこしづつ回復したといえども、食欲がなく、はなはだ衰弱が激しいので、アメリカ軍艦の「医師某」を大阪より招いて診察を請うた。

資料六　アメリカ人医師ボイヤーの診察

一（明治元年）六月下旬ニ至リ御下痢、日ニ二、三行或ハ三、四行後重ノ状ナク御腹痛示微ナリ。稍佳候アリト雖モ御飲食未十分ナラズ、御衰候、殊ニ太甚シ故ニ米利堅軍艦ノ医、某ヲ大阪ヨリ招テ拝診ヲ乞フ。規尼涅溶液一食匕《匙》ツツ日ニ三回用后ポールト酒一食匕ヲ飲ム。外ニ保魯福角謨、阿芙蓉液及ヒ沃度鎌白糖ノ合　薬水剤ヲ調上ス、其方詳カナラス。

一上ノ諸薬御連用ノ後、七月上旬ニ至リ、御下利漸次歇ミ御食機次第ニ旺盛シ御全身舊適御衰弱復故ノ状アルヲ以テ、同月中旬暇ヲ賜リテ御帰国ニナル。

アメリカ軍艦の医師某とはアメリカ海軍軍医ボイヤーのことで、その処方は、キニーネ溶液を一食匙づつ、日に三回用いた後、ポールト酒一食匙を飲ませた。ほかに保魯福角膜（クロロホルム）、阿芙蓉液（アヘンチンキカンフル液）及び沃度鹸白糖の合薬水剤を調合したが、その処方はつまびらかではないと書いてある。ポールト酒はポートワイン、阿芙蓉はアヘン、沃度はヨード、鹸（ケン）は塩基のことである。

ボイヤーのこの診療については、布施田哲也氏の研究[8]に詳しいのでそれを紹介する。

資料七　ボイヤーの診察

佐賀藩の本嶋喜八郎が旧知のジョセフ彦[9]に直正公を診察できる外国医の斡旋を依頼したので、ジョセフ彦は兵庫のスチュワート領事経由で米国海軍医のボイヤーを斡旋してきた。戊辰戦争が進行中で、上野では佐賀藩のアームストロング砲が大きな戦果をあげ、新政府軍が江戸から宇都宮・会津へ展開中のころの京都での出来事である。診察記録はボイヤーの日記から西暦の月日のまま記す。

七月二六日　大坂で肥前藩役人より京都での直正公の診察診療依頼があり、ボイヤーはイロコイ号のイングリッシュ艦長と神戸のスチュワート米国領事に出張許可をとった。

七月二七日　肥前藩役人本嶋喜八郎が迎えに来た。

七月二八日　ボイヤー医師、スチュワート米国領事、ジョセフ彦、肥前藩役人二名の計五人で大坂を出発し、枚方にて宿泊。夜間に肥前藩の精鋭警護兵士五〇名が京都より到着した。

七月二九日　陸路を警備兵に守られながら、枚方から淀、伏見、五条大橋経由で肥前藩邸へ向かう。途中で大雨にあったが、午後二時に、上長者町の肥前藩邸に着いた。午後五時にボイヤーが直正を診察した。新宮涼民、佐野常民、片山伝七が同伴して診察を見た。

七月三〇日　午前七時　ボイヤー、直正を診察。午後三時　ボイヤー、直正を診察。午後七時、家老中野数馬宅で、直正公の回復を祝う祝宴が催される。
七月三一日　朝、ボイヤー、直正を診察。午後一時、ボイヤー、直正を診察する。直正に挨拶して、午後四時に藩邸を出発し、午後八時に伏見に着き、午後一一時に大坂行きの船に乗った。
八月一日　朝五時、大坂着。船がすすまず神戸まで馬で行く、午後八時イロコイ号到着。
八月五日　相良知安がボイヤーを訪問し、直正の回復の報告をする。
八月二七日　相良知安がボイヤーを再度訪問し、直正が回復されて領地へ戻ることになり、改めて直正からの感謝の意を伝えにきた。

ボイヤーが、京都の佐賀藩邸で直正を診察すると、舌は乾燥した茶色の舌苔がびっしりあり口腔内や歯肉も茶色に変色し、大きな口腔内潰瘍が一つあった。食欲はなく大変衰弱した状態だったと記録している。ボイヤーはこの症状を甘汞による水銀中毒とみて、解毒作用を期待してトコン末を処方した。その処方は以下の通りであった。

（七月三〇日）朝七時には診察に行き、次の処方をした。処方は、ヨウ化カリウム〇・〇六五グラム、アヘンチンキカンフル液一五滴、クロロフォルム〇・一三グラムを水一五ミリリットルに混和して一回分として、一日三回内服、その他うがい薬として食用酢一〇ミリリットル、食塩一二グラム、水一五〇ミリリットルを混和したうがい薬で一日　五～一〇回実施を指示した。午後三時に再度診察をしたところ、公はとてもしっかりしてきた。口腔内の潰瘍もなおりはじめ、食欲が出て肩やおなかの痛みがなくなってきていた。胸部の圧迫感も消失し呼吸がとても楽そうであった。午後六時には公自身、半分ぐらい改善してきたと感じていた。ジョセフ彦の印象によると、「西洋医学は直正公の症状改善に絶大なる力を発揮した。」とある。
その日の夜七時から直正の回復を祝う祝宴が開かれた。出席者はボイヤー、スチュアート領事、ジョセフ彦、肥前藩より中野数馬、片山伝七、本島喜八郎、佐野常民の七名であった。片山伝七が祝いの謡をすると、スチュアート領事が「グローリーハレルヤ」を返した。

八月五日に相良知安が、ボイヤーを訪ね、薬をとりに来つつ回復の状況を伝えた。以前は歩行介助に二人必要だったが、今では一人で部屋の中を歩くことが出来るようになっていたとの報告をした。八月二七日にも相良知安は面会に来て、直正が回復し、領地へ戻ることになったことを報告している。ボイヤーの治療により、劇的に回復した直正であったが、明治二年（一八六九）になって、直正は再び下痢で苦しむことになった。

資料八　五月中旬より下痢

明治二年巳四月ヨリ東京御在府

一、五月初旬ヨリ酸敗御下痢シ淂日ニ三、四行或ハ五、六行御少腹ヨリ胃部ニ延テ攣痛ヲ覚フ御食機乏シク少シク御熱アリ、左ノ諸薬ヲ用ヒ十餘日ヲ歴テ全ク癒、

護謨煎中老利児水ヲ加フ、或ハドーフルス、發汗散及ヒ謨爾比捏等

愈后、西瑪爾抜皮煎ヲ持重ト雖トモ苦味ニ御

困究故ニ格綸僕煎加甘硝石精等ヲ以ス

直正は、明治二年四月から東京勤務となり新政府の要人としての活動を開始した。同年の政治動向を見ておくと、明治二年六月六日には、蝦夷開拓総督を命ぜられ、旧藩士島義勇らを開拓御用掛に登用して、その任にあたらせた。同年七月一三日には初代開拓使長官に就任したが、病気のためもあり、蝦夷地へ赴任することなく、七月二二日に島義勇を開拓使判官に就任させた。島義勇は、一〇月一二日、銭函（現小樽市銭函）に開拓使仮役所を開設し、札幌を本府と決めて「五州第一の都」（世界一の都）を造るという壮大な構想を描き、工事

を進めた。直正はその間の八月一六日に岩倉具視と同じ大納言に転任し、開拓使の長官には東久世通禧が就任するが、札幌建設費用を巡って島善勇は翌年一月に解任されることになる。

直正は、明治二年五月初旬より下痢になり、腹や胃に攣痛を覚えるようになって食欲も減退したため、以下の諸薬を用いて一〇餘日たつと快癒したという。その薬はゴム煎の中に老利児水（ローレル水、オリーブ油か）かまたはドーフルス（アヘン・トコン散、痛み止めや下痢止め薬）を加え發汗散やモルヒネを使った。癒えてからは、西瑪爾抜皮煎（不明）を用いたが苦みをいやがるので、格綸僕煎に甘硝石精[10]を加えて用いた。甘硝石精は、アルコールに硝酸を少量加えた亜硝酸エチルエステルのことで、英語では sweet spirits of nitre という。シーボルトの持参した薬に甘硝石精があり、よく蘭方医には用いられた。

資料九　六月下旬発症

一　六月初旬ニ至リ又前症ヲ発ス。但シ五、六日ノ後少ク裏急後重ノ状アルト御下利ノ数、前ニ比スレハ少ク多ク御熱モ随テ強ク稍腸ノ聖京偏状アルヲ異ナリトス。二週許ヲ歴テ漸ク全癒。

同年六月にも同様の症状を発した。裏急後重（しぶり腹）で、しきりに便意を催すのに排便がごく少量で、すぐまた行きたくなる症状。今回は前に比べれば軽く、異なるところは聖京偏状があるところが異なるとしている。聖京偏については聖京偏性炎とか聖京偏眼衝などの病症がある。このときは二週間ほどで全癒した。前回と同様の薬のほか、強壮収斂のために、キニーネ、タンニネ、ホミカエキス、牛胆、橙皮末等の丸剤などや龍動鉄チンキなどを用いた。

同年一〇月初旬に軽い感冒をひいて、咳がやまず一週間ほどして桃花色の血線のある痰を吐いた。しかし、毎回、このような痰を吐くのではなく、時々であった。左胸などに痛みを覚えるが、熱はなく飲食も普通なのでとくに表沙汰にはしなかった。

諸薬を加えて、運動をすることで、翌年二月にはすこぶる元気になった。ところが、翌年になって、とうとう最後の大病を発することになった。

資料一〇　明治三年熱海から帰るとき発病

明治三年午四月中旬熱海ノ温泉ニ御入浴アル事二週許、著シキ効験ナシト雖モ諸機運益々適ス。然トモ熱海航海ノ動揺ニ由テ従前患フ処ノ御眩暈頭痛ヲ続発ス。局部ニ水蛭ヲ貼シ、ヘリネ油ニモルヒネヲ混和セシ剤ヲ塗擦ス。五六日ヲ経テ癒。爾後著シキ御患害ナシト雖モ兼テ患フ処ノ御酸敗嘔吐ヲ発。スピスミュット或ハプロイス散等ヲ用ユト雖モ少効ナシ。是ニ於テ毎朝用ル所ノ牛乳ヲ暫ク御休止。

直正は明治三年四月に熱海に療養にでかけた。とくに効果はなかったが、元気であった。しかし、帰りの船の動揺によって気分が悪くなり、眩暈や頭痛を発した。薬は局部に水蛭を貼り、ヘリチネ油にモルヒネを混ぜた剤を塗擦した。水蛭によって悪血を吸い、血の新鮮な循環を促す療法である。ヘリチネ油[11]は、下痢症状に効くとされ、大正期まで使われていた。

五、六日して著しき患害はなかったが、すっぱい嘔吐を発した。スピスミュット或いはプロイス散などを用いたが効果はなかった。ここにおいて毎朝用いる牛乳をしばらく休止した。この炎暑のなかで腐敗しやすいからである。以後、嘔吐が減った。牛乳を飲んでいたのは、滋養のあるものをボードインにすすめられたからであろうし、いかにも西洋好きの直正らしい。

資料一一　明治三年八月発作

八月中旬頃ヨリ夜モ亦発作シ嘔吐モ随テ多ク御滋養、之ガ為ニ減乏シ御全身、日ヲ追テ衰候ヲ現ス。

滋養の御食料

御薬、健胃丁幾（幾那、橙皮、肉桂等ノ諸薬ヲ浸漬スル品）

硇砂・加亜捏私精、或ハ希塩酸、番木越鼈越幾斯

規尼捏、乳酸鉄、牛胆等ノ品

（明治三年）八月中旬頃より、夜に発作と嘔吐も従って多くなった。このため全身が日々に衰弱した。薬は健胃チンキ（キナと橙皮、肉桂等の諸薬を浸漬した品）硇砂・カーネル精、或いは希塩酸、番木越鼈エキス、キニーネ、乳酸鉄、牛胆等の品であった。硇砂は、塩化アンモニウムで肝・脾・胃などの薬。カーネル精は、アブラヤシオイルのこと。この際にいろいろ服用したが咳嗽は鎮まらず、衰弱は倍加していく。

明治二年四月より、東京在府中、伊東大典医（伊東方成）[12]が時々、診察に訪れて、緩急により隔日、あるいは五、六日隔てて拝診にきた。よって薬も伊東氏の指示どおりであった。

明治三年九月一七日に、オランダ医のボードインが診察にやってきた。明治新政府の医学校取調御用掛としてドイツ医学導入に奔走していた相良弘庵（相良知安）[13]が、ボードインが東京にきていることを知らせてくれた。相良弘庵とボードインは長崎以来の知り合いなので、来診を願った。明治二年の春、ボードインは一度大阪で忠直診察をしたことがあるが、そのときに比べて、直正が大きく衰弱していたので大いに驚いている。通訳は大石良乙[14]がつとめた。

九月一九日にもボードインを呼び、伊東大典医が通弁し、その処方は左のようであった。

資料一二　ボードインの処方

葛刺歇安私謨斯煎（カラヘアンスモス）　五オンス
右謨斯《モス》半戔、熱湯七オンスヲ以テ煎シ、五オンスノ液ヲ取ル。
機那皮、橙皮、合煎三オンス
右二味、各五分水六オンスヲ以テ煎シ三オンスノ液ヲ取ル。
右両液合和一昼夜ノ量トス、但シ六回ニ御服用。
御兼用として歇弗失涅《ペフシネ》　二十ゲレイン
右熱湯二オンスニ溶和シ漸ク冷ルヲ待テ希塩酸十二滴ヲ加フ。
右一日ノ量、四回ニ御分服。

同二〇日より二九日まで諸症、同様にて異常はなく、運動のため、日々勉強して散歩した。もっともその遊歩が難渋のときは馬車ででかけた。

その後もボードインや伊東玄朴の診察をうけている。明治三年一〇月から連日のように、ボードインや伊東方成らが診察に当たっている。一〇月二日、ボードインと伊東玄朴が拝診し、キニーネ二ゲレイン、カスカリルラ末適宜、右四丸にして一回に二粒、朝夕服用という処方を与えた。一〇月一二日には伊東が拝診した。一〇月一三日に胃が痛みだし、夜になり咳嗽が激しくなり、翌日の大便は緩くなっていた。一〇月一五日には咳嗽がさらに激しくなったので、苦みのある丸薬の服用を中止した。以下、しばらく同様の症状が続き、伊東方成とボードインが回診しているが、翌閏一〇月になると直正公の病状は、日増しに悪くなって行った。

資料一三　病状悪化

閏一〇月一〇日　第三抱氏（ボードイン）幷に伊東氏（伊東方成）拝診。
御煎薬、機那皮一オンス半、鹿角一オンス
右水八オンスヲ以テ煎ジ五オンスヲ取リ一日ノ量
御副用　ペプシネ　十五ゲレイン
右熱湯一オンスニ溶解シ、冷ヲ待テ、希塩酸十滴ヨリ
二十滴マデヲ加ヘ御食後ニ用
同十一日十二日、同様
同十三日、朝御灌腸

一五日までいつものように下痢が繰り返された。

資料一四　伊東新典医とマッセ
十六日御大便、硬軟混交一行、第四字抱氏幷伊東拝診、
抱氏同道ニテ仏医マッセ初テ拝診、通弁伊東新典医。

一六日から大便の硬軟混交があり、ボードインと伊東方成が拝診に訪れた。このときフランス医師の「モッセ（通称はマッセ）」も初めて拝診に訪れた。マッセ[15]は、ボードインの後任の大学東校教師である。伊東新典医は伊東玄朴養子の伊東貫斎[16]で、明治三年一〇月一〇日に大典医になったばかりでの往診であった。
松隈元南は、これまでの容態を飛脚便で佐賀藩まで連絡をした。一六日に江戸詰の犬塚文十郎と藩医の宮田魯斎が見舞いにやってきた。

資料一五　ボードインの離日

閏十月二十一日朝御下痢溏便多量一行、御機嫌悪シ、
　御薬　粟売剤僂多扭謨十六滴ヲ加
　此日御離杯ノ為抱氏幷伊東（方成）御招キニナル御酒宴アリ。
　伊東新典医、（相良）弘庵、（大石）良乙等陪ス

閏一〇月二一日にボードインのお別れの酒宴を行った。伊東方成、伊東貫斎新典医、相良弘庵（知安）、大石良乙（佐賀藩医）らが陪席して、酒宴が行われた、これ以降、ボードインの治療は見当たらない。離日の準備をすすめたのであろう。

資料一六　明治三年一一月、永田町私邸、竹内玄庵拝診

十一月朔日、永田町御私邸御増築中ニ付、当分
同処下小屋へ御転居。同日ヨリ九日マテ格別ノ御節モナシト雖モ
気分悪シ。尤モ日々馬車ニテ近傍御遊行等ハ御怠ナク御勤メ。
一同十一日、御干嘔五次、御食機減乏夜大便一
行、少量滑
一　同十二日、朝御大便一行、滑少量、御食機ナシ、牛乳
少々奨ム。尤モ御夜食ハ少シ宜シ。
一　同十三日、朝御通シナシ、午前干嘔、一次、第五次、
竹内玄庵拝診、御処方、左ノ如シ

同人、曽テ伊万里ニ於テ初メテ拝謁ス。其故ニ因ル。

格綸僕六分　鹿角　桂　甘草

右水煮

明治三年一一月になると、直正公の病状は日増しに悪化していく。が、馬車での近傍の遊行等は日々怠りなく勤めている。

一一月一日の記録には永田町の屋敷が増築中とある。永田町の私邸は麹町にあり、約二万坪の広大な敷地だった。のち明治二五年に一一代鍋島直大が、辰野金吾に依頼して三階建の西洋建築を建てたので、明治天皇らも行幸している。ただし、この建築は一九二三年の関東大震災で崩壊した。

一一月一三日に竹内玄庵[17]が診察にきた。玄庵は、伊東玄朴の友人竹内玄同の子でボードイン門人で、以前に伊万里で直正に拝謁したことがある。その縁で、診察に呼ばれたのであった。その処方では「格綸僕六分　鹿角　桂　甘草」を使っている。格綸僕は『薬物新論』によれば、アフリカ東南海モザンビークに植生するコキュリュス・パルマチュスの根で、吐瀉、嘔吐に特効ありとされる。一一月一五日に竹内は再診に来た。同日に伊東貫斎もやってきて、しきりに築地在住のドイツ医を奨めた。一一月一七日に、佐賀藩医宮田魯斎が佐賀へ戻るにあたり、これまでの容体書を国元に伝えさせた。

築地のドイツ医というのは、ヨングハンス[18]のことで、一一月二四日に、初めて直正を診察した。通訳として同行したのが司馬量海[19]（凌海）で、長崎でポンペに医学を学び、江戸に戻ってから語学方面で活躍し、明治三年段階は、医学校（のち東京大学医学部）の少助教となっていた。

資料一七　明治三年一一月、ヨングハンスの治療

一　同（一一月）廿四日、朝御大便ナシ。御食餌少シ宜シ。築地在留ノ独逸医「沃武華《ヨムハン》」ヲ招テ拝診ヲ乞フ。通弁司馬量海（凌海））御附方左ノ如シ。
芦薈越幾私　番木鼈越幾斯
右二味　各四分ゲレインノ一ヲ一丸トス。日二三丸御食後ニ用。
御含漱薬　明礬　没薬丁幾　ピンピネ丁幾
朝夕漿粉ノ御浣腸。
竜脳油ヲフラネルニ浸漬シ、御臍傍攣急ノ部ニ被覆ス

一一月二四日のヨングハンスの処方は「芦薈越幾私　番木鼈越幾斯　右二味　各四分ゲレインノ一ヲ一丸トス。日二三丸御食後ニ用」というものであった。芦薈越幾私（ロワイエキス）はアロエエキスのこと。当代きっての西洋名医による診察にもかかわらず、直正の容態は悪化していく。

資料一八　明治三年一二月の病状
十二月朔日、朝御大便一行滑中量。午后一行同少量。
　第二字御遊行トキ、皮屋宅ニテ一行同中量夕刻御浣腸
一　同二日、朝御大便溏便中量、午前一行少量茶褐色粘液混ス不化物アリ
夕刻一行少量同、夕刻御浣腸、夜二字一行中量同、
　御食機、御気先ハ宜シ。
一　同三日、朝御大便中量溏。

一　同四日、朝御大便多量歟。例刻御浣腸。御下痢止ラス。
御衰弱倍加ル故ニヨムハンニ往テ附方ヲ乞
硝酸銀硝十ゲレイン、アヘン丁幾半戔　蒸留水十六オンス
右下痢コトニ二オンスヲ取リ直腸ニ注ク
遠志丁幾二戔、ラウリール水二オンス、
バルサムトーリュー舎利別一オンス
右二洋時ゴトニ一茶匕ヲ服ス
一　同五日朝御大便一行中量歟、夕刻ラーピス阿片
液浣腸

ヨングハンスは一二月六日の診察では、「没食子酸三ゲレイン　格綸僕一匁　右適宜ノ水ニ浸漬シ、白糖適宜ヲ加フ一日量　御湯中ニバルサム三十滴ヲ加ヘ吸気筒ニ入レ、其蒸気ヲ吸入ス」という治療を施した。侍医である松隈元南は、六日までの容体書を記して飛脚便で佐賀へ送っている。一二月七日に、近所を馬車で「遊行」しているが、これが最後の「遊行」となった。

一二月一八日午後三時にヨングハンスと司馬凌海が診察にやってきた。その処方は、「「カリサア、エッセンス」ニ「ステレキニーネ」四十分ゲレインノ一ヲ加、右一日三次但蒸留水一オンス中ニステレキニーネ一ゲレインヲ溶和ス。此液十二滴中四十分ゲレインノ一ヲ含」という処方であり、松隈元南は、浣腸時に薬液が腸の上部に届いて、下痢が治まることを願っている。

一二月二二日に、建築工事が終わって、近くの仮の屋敷から、永田町の屋敷に駕籠で移った。以後、永田町の屋敷での療養を続けたが、病状はよくならず、明治三年の大晦日である一二月二九日に、脈が微弱になり、

力がなく、実になんともすることができない容体になったので、侍医松隈元南は、家僕の本島喜八郎に七日以来の詳しい容体書を渡して、佐賀へ早駕籠で行かせた。直正の病状は、平常の脈は四〇程度であったが、今は七〇程になり、体もこれ以上は痩せられないほどになってしまっていた。こうして、翌明治四年を迎えることになる。

資料一九　明治四年正月
　明治四年未正月元日、朝御軟便一行黄色中量、
　御丸薬　規尼捏一ゲレイン、謨爾比捏三分ゲレインノ一
　右四回ニ御分服。
一　同二日、便通ナシ。
一　同三日、同様、時々御少腹痛アリテ鳴動ス。
一　同四日、朝御便通ナシ。御少腹攣痛、益々増劇御困難ニ付、漿粉、御浣腸僂多扭謨（ラウダニユム）二十滴ヲ加へ行フ。直ニ御便通軟便中量其内を魂作スアリ。続テ一行極少量琶布状三字比一行滑便少量、爾后御嘔吐、一次

便通も少なくなり、浣腸を施すなどの手立てをするも、症状は一向に改善せず、体力は消耗するばかりとなった。正月六日にヨングハンスが司馬量海とともに診察に来た。処方は「カリサーエッセンス半オンス、ステレキニーネ四十分ゲレインノ一、キニーネ一ゲレインヲ加フ」というものだった。翌日の食事は雑炊と汁を少々で夜食も同様であった。吐き気が強く、胃痛もあり難渋の様子であった。元南は、これまでの症状の容体

書を冨岡十蔵に持たせて、佐賀へ急行させた。

一月八日にもヨングハンスが司馬量海を伴って来診した。このとき、ヨングハンスは滋養をつけるため、牛肉エキスをワインとまぜて直腸から入れる方式を提案したが、元南は、効果が期待できないし、体力をさらに消耗させるだけとして採用せず、記録だけは残すことにした。

資料二〇　ヨングハンスの提案
一　同八日（中略）ヨンハム幷量海拝診。血液ノ滋養不足、至極ノ御衰弱ニ付、専ラ滋養ノ食餌ヲ希望スルノミ。今御食機減乏已ニ何トモ無ケレハ、直腸ヨリ之ヲ奨ムヘシト云。然レトモ遂ニ御用ヒナシ。縦令ヒ強テ之ヲ行トモ幾許ノ効アランヤ。徒ニ御難渋ヲ増スノミ。然トモ普医、喋々頻リニ其効験ヲ述故ニ只其用方ヲ記スルノミ、一封度ノ牛肉ヲ煮テ六オンスノ液ヲ取リ、初メノ用方三オンスノポールト酒ヲ和シ行フ。第二ニハ半オンスヲ加へ、第三ニハ復タ半ヲ減ス

体は衰弱していても、九日には、「牛乳一椀、牛乳ハ毎朝怠リナシ」として、毎朝欠かさず牛乳を飲む直正であった。

一月一〇日に、ヨングハンスが司馬量海とともに診察に来た。投薬を休止して、飲食の栄養をとることのみを奨めた。元南は、加密列《カミルレ》湯にて直正の全身を浄め拭いてあげ、芳香水を綿に浸して痛みのあるところにあてた。

一月一一日からは、雑炊と汁のみで、薬は煎じ薬にして最小限にとどめた。一一月一五日朝は「牛乳、一二時に雑炊少々、夜も雑炊の食事だった。翌日の一月一六日に佐賀から「正四位様御着京」とあり、子息の鍋島直大が到着した。直大は明治二年に正四位下右近衛権少将を与えられていた。いよいよ父の病状が悪化したと

いうことで上京してきたものであろう。

一月一七日夜から、「宵ヨリ微御発熱、御手足或時温或時冷、御精神恍惚トシテ明了ナラス、御脈微弱、僅ニ指下ニ応スルノミ」という人事不省の状態に陥った。同日、ヨングハンスが司馬量海とともに来診した。

資料二一　ヨングハンスの最後の治療

一　（一月一七日）エリキシル。シフカリサア。ウイツ。アイロン及トリキヒン　訳云黄幾那、兼鉄香木、髓合剤　右半茶匕ヨリ始メ一茶匕ニ至ル。日ニ三次　御眠瘡ノ部ハ始メ冷水ニテ洗ヒ、後ニ芳香水ニテ再ヒ洗ヒ、バルサムヘーリュ一オンス、石炭酸五滴合テ綿布ニ浸シ、御患部ニ被フ。

ヨングハンスは、エリキシル、シフカリサア、ウイツ、アイロン及トリキヒンを調合している。長い間横になっていた床ずれによる湿疹については、冷水で洗い、芳香水で洗い、バルサム（樹脂油）を一オンス、石炭酸五滴を合わせて患部に被せた。

資料二二　直正の最期

一　同十八日暁、四字半比ヨリ、御脈指下ニ応セス。薬液ノ御嚥下出来兼御呼吸次第ニ幽遠、六字比遂ニ御大切ニ及バセラレタリ。一統恐怖シ奉リソロ。

明治四年正月一八日に直正は息をひきとった。一月の診療日記からは、日に日に衰弱していく直正に対して、賢明に治療を続ける医師団と外国人医師らの診療がよみとれる。

二　外国人医師の蘭方医との交流と影響

鍋島直正の死につながる発病は慶応三年からであり、松隈元南が侍医として治療にあたった。松隈家は、代々漢方医であったが、直正の西洋医学推進の動きをうけて、蘭方医学を学び、侍医となった。そして直正の病気治療のために、国内外の名医が次々と診療にあたった。蘭方医としては、戸塚文海、新宮凉民、岩佐玄圭、伊東方成、伊東貫斎、竹内玄庵など、戸塚静海や伊東玄朴、竹内玄同ら、シーボルトの直接の門人世代の子らで、海外留学もある世代による最新の西洋医学による診療が行われていた。

また幕末から明治初期において、直正ほど外国人医師から直接診療をうけた藩主はいなかっただろう。直正の西洋医学への信頼は多大なものがあった。この直正を診療したボイヤー、ボードイン、ヨングハンスら西洋医の斡旋に、佐賀藩出身蘭方医相良弘庵（知安）が深く関わっていた。

明治元年六月の米国人医師ボイヤーによる治療は劇的に効果があった。ボイヤーが、京都の佐賀藩邸で直正を診察したとき、舌は乾燥した茶色の舌苔がびっしりあり、口腔内や歯肉も茶色に変色し、大きな口腔内潰瘍が一つあった。ボイヤーは、この症状を甘汞による水銀中毒とみて、解毒作用を期待してトコン末を処方した。たしかに、ボイヤーの診察前の明治元年五月の段階で、新宮凉民ら蘭方医は、直正に「甘汞二ゲレイン、摸爾比揑三分ゲレインノ一ノ散剤ヲ調上」などを調剤しており甘汞を多用していた。これはシーボルトが甘汞を多用したことも伝統的に影響したかもしれない。しかし、ボイヤーが、甘汞による水銀中毒とみて、解毒させ、劇的に回復させた以後は、直正を診療した蘭方医は、甘汞は一度も使用していない。ボイヤーの処方が蘭方医に顕著な影響を与えたのである。

ボードインは最も直正の治療にかかわった外国人医師であり、佐賀藩蘭方医への影響が最も大きかった。

ボードインが文久三年（一八六三）に長崎で最初に直正を診療したとき、まず滋養のあるものを取ることとして、なるべく肉食を勧めたが、牛や羊の肉は慣れないから嫌だと直正はいやがったが、晩年は毎日欠かさず牛乳を滋養摂取のために欠かさなかった。もっとも牛乳が直正の胃弱には合わなかったかもしれないが、ボードインの肉食の勧めに対する直正と侍医らの答えの一つであったろう。

ボードインの明治三年の診察は、九月三〇日、一〇月五日、七日、九日、一六日、二〇日、二六日、一一月一〇日、一六日、二九日と一〇回にも及んだ。ボードインはキニーネを多用した。この影響でキニーネを佐賀藩の蘭方医もよく処方した。明治三年に、ボードインが直正を診療したとき、相良知安は、新政府の要人として、大学東校建設やドイツ医学導入など、近代医学制度改革の真っ最中であった。知安が、上野の森に医学校の建設をボードインに相談したところ、ボードインは上野の森を残すことを提言した。そのため、医学校は、やがて本郷の加賀藩前田屋敷跡に建設されることとなった。そのこともあり、上野の森にボードイン（銅像ではボードワン像）が建てられている。また、ボードインが処方した胃腸薬が、漢方と融合して、太田胃散などさまざまな胃腸薬を生み出したことも影響の一つとして挙げられる。

ヨングハンスの往診は、明治三年（一八七〇）一一月二四日から逝去前日の明治四年一月一七日まで計八回に及んだ。この縁もあり、明治四年一二月に好生館に雇われることとなり、明治五年二月二八日に東京を出発し、横浜港で乗船し、三月四日に長崎に着き、諫早経由で三月一一日に佐賀呉服町の本陣に到着し、三月一二日に病院で饗応をうけ、勤務を始めた。じつは、この時の佐賀藩医学校病院である好生館館長が直正の最期をみとった侍医松隈元南であった。ヨングハンスは明治六年二月、満期となり好生館を退職した。明治六年五月に、愛知仮病院（現名古屋大学医学部）に転任し、明治九年に米国に帰国した。ヨングハンスの好生館在任時代のくわしい事績の記録は残っていないが、好生館兼病院での教師や医学生への実地診療での教授は、影響が多大であったろうことが推察できる。

おわりに

佐賀藩一〇代藩主鍋島直正の診療記録『診察御日記』から、国内外の西洋医学に係わる医師らの診療の実際をみてきた。直正ほど、幕末明治期に、直接外国人医師からの診察を受けた藩主は見られない。この診察記録から、幕末明治期の下痢等に対する、当時における内外の最新の医療を知ることができた。また、外国人医師の処方をみて日本の洋（蘭）方医らが臨床的に学んでいた医学交流を見ることができた。そのような外国人医師と日本人医師との医学交流と幕末・明治期の医学の学術レベルを知るよい手がかりがこの『診察御日記』であった。

外国人医師らの処方の違いの比較から、その背景にある各国の医学教育の特徴なども見出すことができたらと考えたが、不十分であった。また、直正の病気の進行による明治初年の政治情勢の変化や、明治四年一月の死により、佐賀藩出身者が中央政界における後ろ盾を失った影響は各方面に大きなものがあったとみられるが、本稿では探り得なかった。今後の課題としたい。

註

（1）松隈元南（一八一五〜一八七八）は、佐賀藩医。もと漢方医であったが、佐賀藩の西洋医学化に伴い、蘭方医に転じた。文久二年（一八六二）頃から直正の侍医となり、慶応三年（一八六七）から明治四年（一八七一）までの『診察御日記』を書き残した。明治初年に好生館病院長となり、門人を指導した。明治一一年に没した。

（2）加藤詔士「鍋島直正公の『診察御日記』」（日本古書通信、第七四二号、一八〜二〇頁、一九九一、五）

（3）ボードインは、ポンペのあとの長崎養生所（のち精得館）教官として、文久二年（一八六二）に来日し、生理学・眼科学など最新の西洋医学を教授していた。
(4)戸塚文海(一八三五～一九〇一)は、幕府奥医師戸塚静海の養子。長崎養生所でポンペに学んだ。のち海軍軍医制度創設に尽力し、海軍軍医総監となった。
(5)一グレーンは一九五九年七月一日以降、正確に〇・〇六四七九八九一グラム(六四・七九八九一ミリグラム)と規定された。大麦一粒の重さに由来する。
(6)新宮凉民(一八二〇～一八七五)は、備中国岡山出身で本姓は柚木、名は義慎。京都の蘭方医新宮凉庭に学び、その養子となった。維新後は京都医学会や京都療病院の設立などにつくし、明治八年に没した。
(7)岩佐玄圭(一八三五～一九一二)は、越前藩医で、明治二年(一八六九)、相良知安とともに医学校取調御用掛となり、ドイツの医学教育制度の導入を主張し実現した。次いで学校権判事、文部大丞、宮内省大侍医、宮中顧問官に累進。高等官一等になり男爵を授与している。
(8)布施田哲也「鍋島直正公を診察した米国医師ボイヤーによる医療支援の概略(1868・7・29)」(第一四回研究助成研究報告会報告、のち布施田哲也翻訳『アメリカ海軍医ボイヤーの見た明治維新―1868～1869年の日本』(デザイネッグ、二〇一六)に所収。
(9)浜田彦蔵(一八三七～一八九七)は幕末に活躍した通訳、貿易商。「新聞の父」と言われる。洗礼名はジョセフ・ヒコ(Joseph Heco)。幼名は彦太郎。帰国後は「アメ彦」の通称で知られた。
(10)板垣英治「甘硝石精とは」『北陸医史』三四号(二六～三〇頁、二〇一二)による。
(11)『倉富勇三郎日記』(国書刊行会、二〇一二)の大正八年三月九日記事)に、「医坂田稔ヲ招キ之ヲ診セシム。九時頃坂田来リ。十時ヘリチネ油ヲ服用ス。十二時下痢ス。体温三十八度一分ニ進ム。今夜ヨリ内子ヲシテ別室ニ寝セシム。予カ病流行性感冒ノ疑アルヲ以テナリ」とある。
(12)伊東方成(一八三四～九八)は、相模国上溝村(現相模原市中央区上溝)出身で、伊東玄朴に師事し、文久二年(一八六二)オランダ留学。明治三年に大典医となり、天皇家侍医となる。明治三一年(一八九八)、六六歳で没す。
(13)相良知安(一八三六～一九〇六)は佐賀城下に生まれ、佐倉順天堂で佐藤泰然、長崎精得館でオランダ人医師ボードインにより医学を学ぶ。明治二年(一八六九)新政府から医学校取調御用掛に岩佐純と共に任命され、ドイツ医学の導入や医学制度改革に奔走した。

(14) 大石良乙は佐賀藩医大石良英の子で、嘉永二年（一八四九）生まれ。こののち明治三年一〇月に「明治政府派遣第一回ドイツ留学生」（九名）の一員に選抜され、同年一二月にプロイセン（ドイツ）のベルリン大学へ医学留学に旅立つ。専攻は化学である。

(15) マッセ（一八三六〜一八七七）は、明治三年に来日、ボードインの後任の大学東校教師となったが、二ヶ月後に退任して、高知藩病院医師や、群馬県富岡製糸場医師として過ごし、明治一〇年に日本で死去した。

(16) 伊東寛斎（一八二六〜一八九三）は、本姓織田で、伊東玄朴の門に入り、玄朴の娘婿となり、伊東姓となり、安政四年（一八五七）下田詰めとなり、アメリカ総領事ハリスを治療。幕府奥医師、西洋医学所教授、大典医を歴任し、明治二六年死去。六八歳。

(17) 竹内玄庵（一八三六〜一八九四）は、天保七年（一八三六）生まれ。蘭方医竹内玄同の子。竹内玄同は伊東玄朴の推挙で奥医師になっている。玄庵ははじめ父玄同に、のち長崎でボードインらに西洋医学を学んだ。長崎病院頭取、東京病院準頭取などをへて明治一九年宮内省侍医となった。明治二七年（一八九四）六月二〇日死去。五九歳。

(18) ヨングハンスはドイツ系アメリカ人医師で、名古屋の医学講習所（のち名古屋大学医学部）に招かれ講義をしている。このときの生理学講義が『原生要論』で、名古屋大学最初の学術書となった。

(19) 司馬凌海（一八四〇〜一八七九）は、松本良順について長崎でポンペに医学を学び、江戸に戻ってから語学方面で活躍し、明治三年段階は、医学校（のち東京大学医学部）の少助教となっていた。語学の天才と言われ、独・英・蘭・仏・露・中の六か国語に通じており、明治五年に日本最初のドイツ語辞典といわれる『和訳独逸辞典』を出版している

復古神道とキリスト教

――肥前の事例から――

三ツ松　誠

はじめに

記紀に描かれた神話を歴史的事実と見做した本居宣長は、太陽神の命令によって基礎付けられた、その子孫たる天皇家による統治こそが、この国の正しい政治の在り方なのだと唱えた(『玉くしげ』[1])。結局それは日本の近代国家における根幹的教説となり、それに公然と異を唱えることを抑えこむ空気が長らくこの列島を蔽うことになる。

しかし、太陽がこの国だけに特別な繋がりを持つとする宣長の議論に、普遍的な説得力を認めることは難しい。神話をそのまま事実とみて、我らがアマテラスこそが四海万国を照らす日の神なのだ、とする宣長の信仰は、同時代人である上田秋成からも批判を受けている。小さな日本列島こそが世界各国に先立って開かれた日月の本国であると納得する国などあるまい、そういった古伝説の類はどの国にもあって、自国内でのみ信憑性を持つものなのだ――これが秋成による批判の骨子である。

しかし宣長はこれに納得しない。「皇国」と「唐天竺」とで日月が別物だということなどあろうか、外国の古伝説は偽物で、「皇国」の古伝説だけが真実であることは、「濁りなき純一の古学の眼を開きて見る時」明白になるはずだ、と主張する。古伝説が信じるべきものならば、「天地は一枚なれは此国の人のみならす、万国の人みな信ずべきこと也」。異なる神話が複数併存することを認めるようでは、信じていることにはならない。日本のそれのみが正しいと、どうして判らないのか。これが宣長の立場である[2]。

所謂「鎖国」下で国典の世界に没頭して暮らした本居宣長にとって、こうした信念を保持し続けるのは、そう難しいことではなかっただろう。しかし泰平の世が揺らぎ、眼前に異なる信仰の保持者が現れたとき、彼らの言葉を無視することが出来なくなったとき、矛盾する世界観の衝突をどう解決すべきなのだろうか？　一九世紀中盤、ポスト宣長期の国学者たちは、キリスト教文明の（再）接近によって、かかる問題に直面することになる。そして、宗教的多元主義の不／可能性とも関わって、この問いは今日なお興味深いものとしてあり続けている。そこで本章では、この問題に対して如何なる解答が用意されたのか、当該期の西洋文明との交流の窓口になった肥前地域に流れ込んだ、平田篤胤門流の復古神道家たちを中心に、追いかけていくことにしたい。

一　篤胤の包摂主義的神学思想

国典を偏愛した宣長は、秋成との論争でも、神典に描かれた怪しげな神話的事実について、そのまま信じるのだ、という態度をとった。理屈めいた神話解釈を「漢心」として排除するのである。しかしこうした宣長の不可知論的態度を、宣長の没後門人を称した平田篤胤は受け継がなかった。

宣長の『古事記伝』は、基本的には『古事記』注釈の形をとって彼なりの神話＝歴史解釈を提示するものであって、神典への信仰と文献学的性格とが併存するものであった。これに対して、篤胤が『古事記伝』に倣って著した『古史伝』は、篤胤自身が諸書を繋ぎあわせて生み出した「古史」の注釈という形をとっており、神典のテクストそのものを尊重する姿勢を欠く。それどころか漢籍や洋学知識を引っ張り出してきて、日本神話と付会する、というのが篤胤学のやり方であった。宣長の天地一枚説は、篤胤において、こう組み替えられる。

抑天地世界は。万国一枚にして。我が戴く日月星辰は。諸蕃国にも之を戴き。開闢の古説。また各国に存り伝はり。互に精粗は有なれど。天地を創造し。万物を化生せる。神祇の古説などは。必ず彼此の隔なく。我が古伝は諸蕃国の古伝。諸蕃国の古説は。我が国にも古説なること。我が戴く日月の。彼が戴く日月なると同じ道理なれば。我が古伝説の真正を以て。彼が古説の訛りを訂し。彼が古伝の精を選びて、我が古伝の闕を補はむに、何でふ事なき謂……（『赤県太古伝』一）

世界は一つである以上、どこに行っても日本の古伝説は正しい——この立場を篤胤は宣長から受け継いだ。しかし他国の古伝説を偽物と片付けて終わる宣長とは異なり、篤胤は外国の古伝説をも事実の反映として受け入れてしまうのである。何せ、諸外国はスクナビコナ・オオクニヌシが渡海して開かれた地であって、「外ツ国もろ〳〵にも訛ながらに古伝の片端の残れるも。この二柱ノ神の。かく往還し賜へるによ」るのだから（『霊能真柱』上）。かくして篤胤が接することの出来た世界中の情報が総動員されて、あるべき神話が紡ぎだされることになる。彼の手にかかれば、アダムとイブの説話も、イザナギ・イザナミのお話の訛伝とされてしまう。あるいは西洋医学も、本来日本の神々が生み出したものなのだから、逆輸入してもかまわないのだとされる（『霊能真柱』上）。国典への没頭と、洋漢の典籍との付会。宣長と篤胤の文献学は、ある意味では、真逆の性質を有している。(3)

そもそも宣長と篤胤とでは、学者としての出発点が根本的に異なるのだ、というのは宮地正人が強調する所である。(4) 彼の説に従えば、一九世紀はじめの対ロシア衝突(5)を前提に、かかる対外危機に対抗し得る国家意識・

宗教意識を確立させるため、篤胤の出世作『霊能真柱』は書かれたことになる。蘭学をも学んだ篤胤[6]のこの著作は、「太陽と地球と月の形成を地動説的に解釈した上で、キリスト教的世界創造神話と旧約聖書的歴史展開を意識しつつ、天御中主神を創造主とするきわめて首尾一貫した神道神学[7]」を示すものとされる。

篤胤国学の特徴を、キリスト教を彼岸において形成された神道神学に見る視点は、ドナルド・キーンや村岡典嗣らにまで遡ることが出来る。[8] 篤胤の遺した「本教外篇」なる草稿は、マテオ・リッチの『畸人十篇』をはじめとした漢訳カトリック教理書——当然、禁書であった——この表現を利用して、人は没すると顕界からオオクニヌシの治める幽界に赴き、死後審判を受けることになると説いている。表向き人は死ねば穢れた黄泉の国に赴くしかないと説いた宣長よりも、キリスト教や仏教（のある部分）に類似した議論であり、彼においで復古神道は救済論的神学の色彩を帯びる。[9]

このように、西洋列強の接近を前提に、儒教や仏教のみならずキリスト教に対抗する形で編み上げられた篤胤神学は、国典をそのままの形で重んじる意識が薄く、自らを飾るのに都合のいい限りにおいて西洋を含む世界中の諸思想を取り込んだ議論であった。宣長学に比べ、包摂主義的傾向が強いと言えよう。従って「篤胤＝排外主義」との単純な批判には与することが出来ない。安丸良夫の「人間の頭脳が考えうるかぎりもっとも身勝手で独りよがりな議論[10]」という篤胤評は、一見単なる罵倒に思えるかもしれないが、篤胤の付会論的特質を表す言葉として、上手く出来ている。

二　神学寮と佐賀平田派の系譜

（一）六人部是香

皇国の至尊を説く中で漢学的世界像の批判を続けた篤胤は、幕府の教学担当としての地位を高めていた林家の警戒を招き、江戸から国許へと追放され[11]、失意のうちに亡くなることになる。しかし江戸に残った養子の鉄胤の努力もあって、篤胤学の灯が消えることはなく、幕末のウェスタン・インパクトを受けて、尊王攘夷運動の大きなうねりを生み出すことになる[12]。

篤胤の協力者としては山城国向日社の神職、六人部是香も無視できない。文政六（一八二三）年、御所への著書献上を図った篤胤が、対立する本居派の面々が待ち構える京都に赴いた際、是香は篤胤との交流を深め、入門に至った[13]。彼は篤胤神学を発展させて、幽界の主たるオオクニヌシに加え、各地の産土神が人の死後生活を管掌することを説き、神社を組み入れた死後世界論を唱えた。また、篤胤の未刊の大著『古史伝』の初期稿を写しえていた、数少ない門人であることでも知られている[14]。

（二）弘道館と神学寮

ここで彼に注目したのは、他でもない、幕末佐賀の復古神道家たちに彼が大きな影響を与えていたからである。幕末の佐賀藩は全国有数の教育藩として知られ、藩校弘道館では、後の藩主直正を指導した古賀穀堂（幕府儒家としての古賀家は彼の弟が継いだ）の構想――その建言「学政管見」[15]は有名である――を発展させる形で、人材登用制度と結びついた藩士皆学の仕組みが導入された。そして穀堂の学問奨励構想は様々な分野に渉るもので、国学にまで及んでいた[16]。弘道館内部でも、漢学のみならず日本の古典の研究教育にも勤しむ史学派の教諭が登場し、その下で新政府に入り込む佐賀藩尊王派が育つことになる。あるいは神学館・神学寮という社家向けの教育機関も設けられ、神職たちは武士や医師同様、試験でその身分に相応しい学識を証明することを義務付けられるようになる[17]。

こうした弘道館史学派や神学寮講師は、どのような学問を学んでいたのであろうか。ことを神学に限って言えば、平田派の影響が強いのである。まず、義祭同盟（楠公祭祀を軸にした尊王派グループ）の発起人である枝吉神陽は、篤胤没後の平田派随一の碩学、矢野玄道の昌平黌時代の親友として知られている。漢学者として藩校教諭を務めながら、史籍や律令を重んじ、『古事記』を講じた。弟の副島種臣[18]も弘道館の教諭となっているが、それに先んじて彼が留学した先は京都、目的は皇学修行、そこで矢野玄道や六人部是香らと親しく交わっている。その後英学を修めた彼は、新政府の制度整備や外交を担当した後、明治天皇の侍講を務めるなどしているが、晩年まで平田流の神秘家としての性格が強い人物であった。復古神道家本田親徳と交わり、西南戦争時には神憑った親徳の預言に従い、中国に渡って西郷隆盛と命運を共にすることを避けたと伝えられている[19]。六人部是香と交わった佐賀藩神道・国学教育機関の関係者は他にも多く、藤原貞紹、森若狭、糸山貞幹といった神職が彼の許に書信を寄せている[20]ほか、枝吉神陽の弟子である岡吉胤・西川須賀雄――彼らについては後述する――も上京して是香に入門している。

(三)　南里有隣

特筆すべきは、藩校和学寮（この辺りの似た名称の機関の相互関係ははっきりしないところが多い）の教授とも言われる、南里有隣である[21]。父同様に藩内の古記録担当職（御什物方、神陽は後輩にあたる）に勤め、地域史料を編纂した「肥前旧事」などの著述を残し、桂園派の歌人として和歌サークル小車社の代表的立場にあったが、六人部是香を先生と仰ぐ復古神道家としての顔を持っていた。有隣による「古史伝」の抄録[22]が残されているが、これは公刊前の六人部本を写した可能性がある。だとすれば篤胤神学の本格的な受容の例として、早い時期のものになる。

そして日本思想史業界で有隣が篤胤との関わりでよく知られている理由は、篤胤同様、キリスト教神学を「横領」して独自の復古神道神学を編み出した点に求められる。日本思想史学の創始者とも目される村岡典嗣は、有隣は平田篤胤の唱えたこの世とあの世――人々の生きる顕界と、死後の神々の住まう幽界――の説を発展させ、その死後審判説を継承するのみならず、時に不合理に見える現実の禍福にも合理的な善悪応報が貫かれていることを説き、彼において神は絶対的な信頼の対象たる愛の神となったのだ、と高く評価した[23]。そして村岡はこの変化の背後に、やはりキリスト教思想の影響を認めた。論拠となるのはプロテスタント教理書である『天道溯源』を元ネタに書かれた「神理十要」、篤胤の「本教外篇」同様に中国のキリスト教教理書を流用して神道神学を説いた著作が存在することである[24]。

肥前佐賀は、日本で最初期のプロテスタント信者を輩出した地域でもあった[25]。長崎警備を「役[26]」として、西洋の再接近に対する危機意識を抱いた鍋島直正の下、軍事や医学の分野で西洋の先進的な科学技術の導入が進んだ一方、宗教・精神文化の面でも西洋文明に如何に向き合うかをめぐって、知的格闘が為された。かくしてプロテスタント受容においても、対極的ながらともに特筆すべき事例が生じるに至ったのである。

（四）柴田花守

本藩の国学者とは別に取り上げるべき人物に、柴田花守がいる。小城藩士鍋島大学に仕えた柴田礼助の息子で、藩主の命で長崎においてシーボルトの弟子である高良斎について医学修行に励んだが、途中で断念し、藩では御用絵師として知られることになった。他方、長崎では富士信仰教団である不二道の八世、小谷三志に出会い、修行を積んだという。教団では咲行三生と称した。長崎では国学者中島広足に学んでおり、端唄「春雨」の作者として有名である。

天子・将軍を重んじ、孝や恩の重要性を説いた小谷三志以降の不二道は、関東中心の富士参詣グループとしての他の富士講系諸集団とは異なる規模の組織となっていく。弘化四（一八四七）年、天子・将軍に不二道関係書を読ませようと信徒が駕籠訴を行うと、あらためて富士講禁止令が出されることになる。他方でこの頃から、極めて特殊な不二道の教義を、記紀神話の神々と関連付けて読み替えていく動きが起きるのだが、大局的にその意義を考えるに、近世社会の公認宗教の枠からはみ出た民間信仰として規制を受けた教団について、神道的要素との付会で公的承認を得やすくするための動きだと、理解することが出来るだろう。

平田派国学者としても知られる柴田花守は、この不二道神道化の推進者となった。後述する弟子の西川須賀雄がまとめた『国之真柱』（元治二（一八六五）年）では、宇宙創成から説き起こした復古神道神学書である篤胤の『霊能真柱』と、富士講系の教義が結び付けられて、世界の始まりから富士山が存在したとする議論が図解つきで登場する。維新後には神道による国民教化に協力し、神道化に反対する信者を抑えて不二道のトップに立ち、実行社・教派神道実行教への改組を進めることになる[27]。

花守の次男の介次郎は本藩の納富家に入り、やはり画業を修め、文久二（一八六二）年には幕府の上海行使節団に絵師として同行した。当地では西洋列強が支配する租界の拡大・太平天国と清朝支配の衝突による混乱が広がっていた。こうした状況を聞いた花守は、外部から侵入してくる「病毒」として、キリスト教をコレラ同様に共に予防しようという、『虎狼利袄教毒予防法』を著すことになる（文久三年成立）。篤胤同様、西洋医学への関心が転じて、西洋文明への対抗意識につながっていると言えるだろう。

三　キリシタンと神祇官・宣教使

（一）新政府と浦上キリシタン

討幕派によって樹立された新政府は、国学者が理想視した天皇による統治を蘇らせるものであり、そこでは祭政一致が目指されることになった。盛り込まれた政治方針の開明性が強調される五箇条の誓文も、神々への誓約と言うその形式は復古的色彩が濃い。そして五榜の掲示が相変わらずの「邪宗門」の禁令を維持したことからも分かる通り、キリスト教禁教を通じて公定宗教の地位を得てきた仏教に代わって神道が前面に出ることになるとはいえ、西洋列強との接触の拡大が予想されるこの時期、他者としてのキリスト教に対する警戒心が消えることは無かったのである[28]。

とりわけ長崎は、相変わらず西洋との重要な窓口であり、しかも新時代の到来に合わせて潜伏キリシタンが公然化したこともあって、新政府にとってその思想的コントロールが大きな課題となった[29]。佐賀藩は長崎に関して古くかつ深いつながりを持ち、宣教師フルベッキを雇うなどして、英学に長けた藩士を数多く育てていた。当地に設けられた蛍学稽古所で、西洋文明についてそれぞれの形で深く学んでいた副島や大隈は、慶応四（一八六八）年の一月に幕府役人が逃亡した後、当地を掌握する上で大きな役割を果たすことになる。そして二月には、七卿落ちの当事者にして生野の乱で担がれた、筋金入りの尊王攘夷活動家だった公家の澤宣嘉、それに長州の井上聞多が長崎裁判所に着任し、新政府による長崎支配がはじまる[30]。

澤の業務記録を見ると、着任早々、キリスト教対策を課題視していたことが覗える。澤曰く、当地では外国人民向けの天主堂が認められており、内地人民までが「邪教ニ染」まっている。取り締まり・処罰が必要だが、結局は朝廷の神聖さ、大道を明らかにする教法を確定させなければ、奴らの教誘に圧倒されてしまう。皇国中一途の教法がなくてはならない、と[31]。明治政府における神祇官の復興は、かかる教法確立への意志と深く結びついた政策となっていく。

三月には中心人物に対する説諭を試みたが納得できる結果がもたらされるはずもなく、四月には井上・大隈らの上方出張に際してキリシタンの厳重処罰が上申され、分割配流の方針が定められ、百人規模で配流が実施された[32]。

その一方で澤の下で、復古神道を軸にした民衆教化策が採られる。浦上皇太神宮の設立が進められる[33]。澤の家来、米川信濃として来肥した平田派国学者である角田忠行は、黒住教の取り締まりを実施した[34]。江戸の平田塾で修行を積んだが過激な言動で国許に幽閉されていた島原藩の丸山作楽[35]が「国学長者[36]」として登用され、六月付けで新政府の支配への協力を促す説諭書を頒布する。[37]さらには肥前人の岡吉胤（常陸）がやってきて、「有難き　皇上の御思食をも弁へ、神州の民たるにそむかさる様、人々憤発勉励いたし候様[38]」に説教を実施することになった。

岡[39]は三根郡坊所（現在上峰町）の佐渡神社の神職を務め、藩内では草場珮川や古川松根、南里有隣や枝吉神陽に学び、副島種臣や大木喬任とも友人だった。上京して、後述する西川須賀雄とともに六人部是香に入門している。後に『霊能真柱』流の天体論と神々の存在を関連付けた『徴古新論』を著しており、平田－六人部流の復古神道家として代表的な人物の一人であろう。

次に掲げるのは、京都の皇学所に出仕した豊橋の平田門人、羽田野敬雄が、丸山作楽の説諭書の写しの巻末に書き入れたものである。[40]

長崎耶蘇宗徒ヲ教化セシハ

澤殿

平田門人　島原藩　丸山太良真彦　年廿五

同門　澤殿雑掌　米川典膳　信州神職本名角田由三郎ㄱ

六人部門人　岡常陸

肥前参謀　大熊八太郎

右四人古事記ヲ本トシテ教化イタシ屈服改宗イタシ候由

先に見た三人のほか、フルベッキから西洋文明について学び、枝吉神陽から『古事記』を学んだ大隈重信が担当となって、『古事記』を元にキリシタンを神道へと改宗させようとしたことが伝えられている。

（二）宣教使と平田派たち

副島の中央政府への転出後、早くから中央と長崎とで取り合いになっていた大隈[41]や、翌明治二（一八六九）年には外務卿として栄転した澤に付き従って旧江戸に向かった丸山や角田が長崎を離れる[42]一方、キリシタンの信仰の高まりには抑え難いものがあった。これに抗するべくこの年七月には対キリスト教機関である宣教使が神祇官の下に設置され、集議院では疑問視する声も少なくなかったが、全国の復古神道家たちがこれに動員されることになった[43]。

しかし俄か造りの復古神道家の寄せ集め機関で、religion civile[44]を定着させるのは容易なことではなかった[45]。トップに立った長州の小野述信の「神教要旨」は、天祖が天地万物の主宰者であり、魂もこの神が賦与し、死後はそこに復帰するものとした。平田神学のフォロアーからすれば、受け入れがたい所説である。

明治二年の末には、大教宣布の詔が出され、列強の反対を押し切って三千人規模のキリシタン逮捕・配流が実施された。翌年一月には小野述信らが長崎に派遣されることになった。気吹舎三代目平田延胤をはじめ、宣教使に入った平田派が頑張ったからか、この際の「神魂帰着」に関する教義は篤胤説に従って実施されることになった。霊魂は産土神が賦与し、顕世では天皇朝廷の支配に服し、幽界はオオクニヌシが死後審判を行い、産土神が支配をその分掌する、というのが『神魂大旨』で述べられたその教義の骨子である[46]。

しかし神学論争はこれでは収まらなかった。ヨミの国の在処をめぐって議論が紛糾し、古典に即して地胎にあると唱えた論者を、篤胤流の穢れたヨミの国＝月球説を奉じる平田派たちが問題にし、八月には宣教使の外部に在った矢野玄道や角田忠行までが登場して、吊し上げて自己批判させたのである。結局これが祟ってか、宣教使は平田家の私塾ではないということで、延胤は一二月には宣教使から外されることになってしまう。

宣教方針をめぐって議論の紛糾は他でも已まなかったこと、藤井貞文の紹介した事例から見てみよう。この明治三年八月、田中知邦は敬神・尊王を一般人に対して説くにあたって実効性のある方途を求めて、「神代之幽妙高遠之道理」ばかりを説くようではいけないのでは、と問いかけた。岡吉胤は田中の意見を已むを得ないとしながらも、「神代之幽妙高遠之道ヲ措テハ、何ヲ以テカ、祭政惟神ノ事ヲ弁別セム」と主張した。あるいは西川須賀雄は、神代の幽妙高遠の道理だけで尊王・敬神を勧めても一般人の信は得られないのではというが、深く神典を信じて思いを凝らした明弁者ならば、信を起こさせられないことはない、と反論したのだという[47]。難解な神典解釈に基づく民衆教化の困難さを説こうにも、吉胤や西川須賀雄は、筋金入りの復古神道家として易行に流れることを良しとしなかったのである。

西川須賀雄は小城の祇園社（須賀神社）の社家の出で、先に見た同郷の柴田花守の弟子として不二道の教義の神道化に協力したほか、本藩の南里有隣や枝吉神陽らに学んでいる。岡吉胤や副島種臣と親しく、岡と共に上京し、六人部是香に入門して国学を修めている。維新後は佐賀藩神事局録事・神学寮教導試補といった職を務め、出張講義も行う[48]など、藩内でも有力な神道家だった。先の田中批判も、佐賀藩における神職としての経験に裏打ちされたものに違いあるまい。そして明治三年七月から一年にわたって宣教中講義を務めた[49]。六人部経由で平田神学を身に付けた吉胤や須賀雄は、宣教使に相応しい人材と見做されて上京することになったのだろう。

とは言え神学論争に明け暮れた宣教使が、キリシタン改宗をめぐって捗々しい成果を挙げたとは言い難い[50]。その一方、尊王攘夷を実現しえない政府主流派に反発した矢野玄道や角田忠行、丸山作楽といった面々は、政策に反対する意見表明を繰り返した。他派の国学者を憎む矢野らは神憑りの女の子に同意を求める始末である[51]。サハリンをめぐる対ロ交渉で弱腰な政府に不満を持った丸山作楽は、不平士族を糾合して朝鮮半島侵略を通じた国威発揚を目指し、これが命取りになって平田直門の主要部分は明治四年三月、一斉捕縛の憂き目に遇うことになる。時期を同じくして国内の攘夷派不平分子は次々に処罰され、社寺領の上知・世襲神職身分の廃止を経て廃藩置県が断行される[52]。平田派や神職を取り巻く環境は、大きく変化したのである。

この時神祇官御用掛を辞した大隈重信は、神道によるキリシタン教化策は「余が歴史に於ける失敗」だったとして、次のように振り返っている[53]。

想ふに、真箇の宗教たるへき要素は、種々雑多なるへしと雖も、完全なる経典を有すること、誠に必要なり。耶蘇教にバイブルあり、マホメツド教にコーランあり、儒教には四書五経あり。共に依て以て教を布き、民を導くの具と為す。我神道に至りては、此のごとき経典あるなし。若しありとするも古歴史あるのみ。是とても甚た不充分不完全にして、古事記なといふ簡単なるものに過ぎす。是を以て、耶蘇教を斥け、仏教に代り、以て世道人心を維持せんとは、固より難事の上の難事にして到底為し得へきことにあらす。然れとも是猶ほ可なり幾多の国学者儒学家及び神道家等か天神地祇を祭る祝詞、歴代天子の詔勅、若くは明君賢相の言行等を基礎として一教を組立つるの必要を認め、之を組立て丶全国の民人子弟に教ゆる所あらんとせしに至つては、実に大胆至極の挙動と謂はさるへからす。仮りに当時の神祇官及ひ其一派の人々は斯くの如くして自から完全なる経典を作り得るものなりと信し、其力量もて為す能はさることを為さんと其心力を労しつ丶ある其間に、梭よりも疾き歳月は昨日と過き、今日と暮れ、倏忽二三年を経過すれは定まりなき時勢は茲に一変するに至り。特に神道擁立の本尊たるへき神道家、国学者の如きは、其偏僻の性習にて仏教を憎み、耶蘇教を憎むのみならす、甚たしきに至つては神道家、国学者の間も相互ひに憎み且争ふことすらありし。固より出来難き経典は遂に作成せらる丶能はす。一時革命の潮勢に乗して頗る威勢の善かりし神道も、遂に我国の国体を維持し、世道を補益し、人心を支配する真箇の宗教と為る能はさりしは偶然にあらさるなり。

枝吉神陽の弟子でありながら廃藩置県時に早くも神道家に見切りを付けた——以下で見る通り、神道家たちの格闘はまだまだ続く――大隈重信のこの議論は、たとえ後知恵にせよ、神道国教化政策の失敗を見事に説明したものだと言えよう[54]。

四　教部省と佐賀出身の神道家たち

(一)キリシタン禁制の終焉と教部省の成立

直正の死去、社寺領上知・世襲神職身分の廃止、廃藩置県と、佐賀藩の神職を取り巻く環境は大きく変動する。しかし中央政府にも出仕し、神道家として一目置かれていた須賀雄や吉胤は、その力量を生かして新たなキャリアを歩むことになる。新時代の葬礼として大々的に実施された直正の葬儀にあたっても彼らは意見を答申する立場となった[55]。須賀雄に即してより詳しく見れば、明治四年一〇月、佐賀藩廃止後に設置された伊万里県に宣教祭典・社寺取調、そして「肥前国彼杵郡深堀町異宗徒説諭方」を依頼され、一一月には神祇官兼務を解かれることになる。明治五年五月時点での身分は伊万里県一四等出仕であり、キリシタン対策担当者あるいは県の神社担当として地位を得ていたものと見える[56]。

廃藩置県に伴う政治変動は民衆教化政策にも変化をもたらした。なかなか結果を出せない神道家によるキリシタン対策に留まらない、天皇の政府による開化政策への同調を促す教化政策が、仏教者をも巻き込んで実施されることになる。太政官から孤立して機能不全を起こしていた神祇官は神祇省への格下げを経て廃止され、明治五年三月、新たに民衆教化を主たる使命とした教部省が設置されるに至ったのである。制度の大枠を設計した――そして道筋をつけて司法省に転出した――のは、枝吉神陽の弟子の一人、江藤新平である。「敬神愛国ノ旨ヲ体スヘキ事」「天理人道ヲ明ニスヘキ事」「皇上ヲ奉戴シ朝旨ヲ遵守セシムヘキ事」という三条の教則を軸に、政府は大・中・小教院を拠点として設置し、神仏合同での国民教化に乗り出すことになった[57]。

ここに至るまでキリシタンの強制改宗は成果を挙げず、配流先の負担に反発が生じる一方、西洋列強からのキリシタン弾圧への批判は高まっていた。かつて強圧的な政策を促した井上も考えを改め、長崎のキリシタンは解放された。外務卿副島種臣は明治六年二月、「邪宗門」禁制の高札撤去を列強に通告する。キリスト教徒に対する弾圧策はもはや取れない。しかし、キリスト教が広がる事態を政府首脳が受け入れたわけではない。禁制の終焉が、積極的な国民教化政策を要請したのである。

とは言え、やはり神道を重んじる幹部が多かった教部省ではあるが、寺請制下で長年の蓄積を持つ仏教側に比べて神道側の力量の不足は歴然としていた。世襲神職の特権は剥奪済みであり、教部省は旧来の神道系の信仰拠点を掌握するべく、各地の大社に宮司等を派遣することになる。

（二）佐賀の復古神道家たち

佐賀出身者に目を向けよう。岡吉胤は唐津の田島神社禰宜となり、筑前の香椎宮、京都八坂神社の宮司を経て、明治八年に伊勢神宮の禰宜となっている。

柴田花守は大阪に設けられた豊国神社の権宮司となって、件の『虎狼利祆教毒予防法』や『開化古徴』といった著作を刊行し、西洋の文物が流入して政府も新しい政策を打ち出す中で、「文明開化の御政」（『開化古徴』）に対する服従・報恩を促す一方、キリスト教に対する警戒心を植え付けようとしている。この時期の花守の著作は、篤胤の持つ、西洋文明をも都合のいい範囲において取り入れる姿勢を共有しており[58]、強硬な復古・排外主義者とは一線を画した包摂主義的傾向を認めることが出来る。次男の介次郎は、佐野常民の下でウィーン万国博覧会に参加して以降、西洋に学びながら、日本の工芸技術の水準向上に努めていくことになる[59]。西洋文明に学びつつ、それに負けない日本を実現するという課題は、親子の間で共有されていたのであろう[60]。

西川須賀雄はどうであったか[61]。明治六年三月、浦上キリシタンの弾圧が終了すると、羽前国田川郡羽黒山出羽神社宮司に任じられる。出羽行に先立って東京の大教院の講究課・編輯課にも籍を置き、六月一七日には大教院開講式で説教を行い、その内容は『教院講録』に掲載される。[62] 以後、同誌や『教場必携』に度々寄稿するなど、神道教導職の代表的な人物だったと言えよう。また、柴田花守とも連絡を取っており、不二道・実行会の神道化に政府の内部から協力していたようだ。

話を明治六年に戻すと、須賀雄はロシア正教会のニコライの布教によって広がった正教徒を説諭するために宮城県に赴いた後、[63] 九月に出羽神社に入り、修験道で有名な出羽三山の神仏分離＝神道化改革を断行する。開山堂に祀られた能除太子は東北支配のために派遣された蜂子皇子として位置付け直されるなど、山内の仏教色はまとめて排除されることになった。廃仏毀釈の典型として極めて有名な事例であり、彼の意図はそれなりに「成功」したものと見える。[64]

明治七年二月、一時上京中に須賀雄はニコライと神学論争を繰り広げた。[65] 神理教の佐野経彦が明治一七年に駿河台の教会に押しかけた際にニコライと行った問答については、井上順孝の紹介があり、キリスト教の創造説と神道の造化説という対立が争点となったことが指摘されている。[66] 須賀雄とニコライとの問答は、これよりも随分と早い事例になる。議論は須賀雄の著した幽顕君父図[67]を軸に進んでいくが、①相手の経典は人造物ではないか、②天地の造化や霊魂の事は自分たちの教えに拠るべきである、③自分たちの神こそが造化主である、といった対立点が挙がった後、④ニコライが、アメノミナカヌシが天地を創造した古伝が無いことを衝いたのに対し、須賀雄は、「いたらさるなき大神なれは、自らなし玉ふ事あるへからす、なし玉ふことのなきか、為玉はさる事なきしるしならすや」と述べた上で、聖書中の世界創造のストーリィは粗漏なものに過ぎない、細やかな日本の古伝に比べて及ぶものではない、と反論している。天地自然が如何に生まれたのかをめぐって経典を比較し、相手を批判している訳であり、佐野とニコライとの論争における重要な論点は、須賀雄とニコライの問答の段階で既に登場していた、と言えるだろう。

比較神話学的視点から相手を批判し、我が古伝こそが正しいと唱える須賀雄の姿勢は、如何にも平田門流に相応しいものである。須賀雄は後に、スクナビコナが道教古典に登場する「春華小童君大乙小子」、インドの「古梵天子」であり、「埃及の高塔ヒラミーテ」はその墓に間違いないと述べている[68]。世界中の古伝説は、日本の神々の事蹟の訛伝であるとする篤胤の立場を、彼は正しく受け継いでいる。

須賀雄はまた、佐賀藩時代の知己の縁で招かれて廃藩後の宇都宮に赴き、旧領主の恩を否定することなく新しい県治に協力すべき旨を説いて、聴衆の涙を誘っている。開化の世の天皇の治世を翼賛することが、教導職に期待された仕事だとするならば、彼は十分にその役割を認識して努めていると言えよう[69]。

五　実行教とキリスト教

（一）大教院・教部省・神道事務局の解体

再び国民教導の地位を得た仏教であったが、教部省におけるその地位は神道に従属するところが大きかった。キリスト教対策への僧侶の貢献を訴えてきた浄土真宗（西本願寺）の島地黙雷は、洋行で仕込んだ新知識と同郷の長州閥との人脈を生かし、浄土真宗の大教院からの離脱運動を主導する。自派の自由な布教を通じて、キリスト教の防遏に貢献することを訴えたのである。明治六年の政変で佐賀や薩摩の神道系の政治家が下野する――江藤も間もなく世を去ることになる――と、長州閥の影響力は高まり、政府は結局明治八年、混乱続きの大教院を解散するに至り、教部省も明治一〇年に解体されることになる。

残された神道側は、神道事務局を拠点に宣教を続けようとするのだが、本部神殿の祭神をめぐって、またも神学論争が引き起こされることになる。出雲大社の大宮司である千家尊福は、平田派よろしく出雲の主神たるオオクニヌシの表名合祀を訴え、これに反対する伊勢派と争うことになったのである。結局明治一四年に勅裁が下り、神道事務局神殿は宮中三殿の遙拝所だということになる。千家尊福の主張は容れられず、そもそも幽界の主宰神は誰かといった神学論争への介入自体が避けられた。そればかりか翌年には神官教導職の分離が定められ、神葬祭や神道教化が国営の神社に勤める神主の本務から外されることになった。宗教としての神道を求める立場が、神社神道から切り離される事態に立ち至ったのである(70)。

(二) 神道国教化政策挫折後の佐賀平田派たち

多くの国学者が国家の宗祀としての神社の管理者の道を選んだ一方で、岡吉胤や西川須賀雄は宗教的な神道の可能性を求める立場を採った。

吉胤は明治八年から伊勢神宮で禰宜を務めており、教部省廃止後は神宮教に入った。しかし運営上の方針対立から独立し、皇祖教を興して管長となったという。その後は各地の学校で教師を務め、明治四〇年に亡くなったとされる。

西川須賀雄は明治八年の時点で柴田花守から実行会の後継者指名を受けていたようで、神官教導職分離後、教派神道として認められた実行教に入って大幹部になり、信濃の伊那地方などで布教に努めた。しかし明治一八年五月、教派神道の管長職の世襲が定められ、実行教の後継者は須賀雄ではなく、花守の長男、礼一ということになった。これに伴い離脱した門人グループもあった。須賀雄は結局、花守が亡くなって礼一への世襲が完了した明治二三年に、郷里の佐賀県社淀姫神社の祠官となった（須賀神社と併任であろうか）。佐賀県皇典講究所講師を委託されるなど、引き続き神の道を説き続け、明治三九年に亡くなった。

(三) 柴田礼一とシカゴ万国宗教会議

花守から実行教管長の地位を継承した柴田礼一は、シカゴ万国宗教会議（一八九三）に参加したことで知られている。[71] コロンブスのアメリカ「発見」四百年を記念したシカゴ万博に合わせて開かれた諸会議のうちで最も盛り上がったこのイベントは、シカゴの牧師にしてシカゴ大の宗教学者、ジョン・ヘンリー・バローズを中心に編成された委員会が、世界中の宗教者を招聘することで実施された。日本人の参加者は、葦津實全（天台宗、のち臨済宗）、釈宗演（臨済宗）、土宜法龍（真言宗）、八淵蟠龍（浄土真宗本願寺派）という僧侶四名とその通訳の野口善四郎と野村洋三、同志社校長の小崎弘道、同志社卒で滞米中の岸本能武太、アメリカ在住の平井金三、そして柴田礼一という顔ぶれであった。[72] 礼一の弟の納富介次郎は海外経験が多く、万国博覧会にも一度ならず参加して重要な役割を果たしていた。花守がその海外経験話を実行教徒向けの講話で生かすこともあったようで、[73] 礼一も実行教の看板を背負い、自ら海外に出ることにしたのであろう。[74] ペーパーのみの参加者もおり、西川須賀雄の論文がバローズ編の大会報告書には掲載されている。[75]

諸宗教の代表が招かれたとはいえ、会議の基調はキリスト教をもっとも優れた宗教とみなす宗教進化論的なものであって、報告書をまとめた議長のバローズも、世界の宗教はいずれキリスト教で統一されるべきだと展望しているという。[76] キリスト教中心の宗教包摂主義と言えよう。そして、英語を使えない登壇者が、まま主催者側から注文された通りの議論をバローズに代読させる結果になっていたことは、既に指摘がある。[77] 礼一が旅費を出してくれた関係者向けに刊行した演説記録では、彼がバローズに代読させて世界平和の実現を訴えたところ、幸いにも拍手喝采を浴びたことが書き記されているが、[78] それは内容面では主催者側が期待した立場を受け入れたものだからであり、[79] 外形面ではエキゾチックな装いに観客が興味をそそられたからだ、[80] という事情もあったのだろう。

ただし、祝祭的空間の中で他宗教に対するキリスト教の優越を示そうとする主催者側の意図に、一方的に礼一が利用された、と見るのも正しくないだろう。実行教の教義には、包摂主義的神学を備えた平田国学が流れ込んでいる。須賀雄らによる他国の見方とは対照的な議論ではあるが、次の言明に天地一枚説の名残を認めることも、そう難しいことではあるまい。

此の一地球に、星散する人類は、同しく、一真神の愛子なれば、其同胞は、一致和合して、苦楽を共にすべきは、神慮の望む所にして、之に仕ふる宗教家が、宜しく任じて、先導すべき所なるべし、然るに、熟ら、今日の現状を見れば、各国未だ、野蛮の流弊を、脱する能はず、動もすれば、瑣末の事項を、口実として、他の弱い国を侵凌し、償金を責《ハタ》り、国土を奪ひ、其民をして、塗炭の苦に、陥らしむること、往々にして、之あり、是れ豈、神の許す所ならんや[81]

その後の礼一は、海外からやって来た宗教学者と交流を深めたり[82]、宗教家懇談会や三教会同[83]に協力して、諸文明・諸宗教間の一致融和の可能性を探ったりする宗教家となっていくことになる。

おわりに

本居宣長の国学が、中国文明を「他者」とし、それとは異なるものとしての皇国像を立ち上げるものだった[84]のに対し、平田篤胤の国学は西洋の接近という契機がその成立に大きく作用したものであったことは、よく指摘されるところである[85]。そして、宣長が外国＝中国的要素の排除によって理想の皇国像を構築したのに対して、篤胤は西洋を含むあらゆる世界の知識を飲み込んだ壮大にして粗大な皇国中心的世界像を創り上げた――こうした対比も、それなりに識者の同意を得られよう。

但し、かかる篤胤学が維新期に尊王攘夷思想の沸騰に影響した点の指摘は多くなされるものの、包摂主義的な論理によって西洋文明を受容しつつもこれに対抗しようとした篤胤国学の特質に注目し、それが明治維新期に如何なるかたちで継承されたのか、という視点から研究することは、さして多くなかったのではないか。[86]文明開化に棹差した国学者の存在は指摘されているが、[87]その内的論理については、未だ問われるべきところが多いように思われた。

そこで本章では、平田国学の影響を受けた佐賀の国学者グループの存在を指摘して、近世日本における海外交流の先駆的地域という肥前佐賀の特質に規定されて、西洋文明・キリスト教との接触・対峙・混交によって独特の思想が生み出され、幕末維新期の日本の宗教地形の変動の中で、それが特筆すべき役割を果たしたことを主張した。佐賀に流れ込んだ平田篤胤の包摂主義的神学思想は、明治の神道国教化政策の推進者へと影響を与え、教派神道にまで流れ込んでいるのである。そしてかかる包摂主義的日本中心主義は、その後の神道系新宗教やそのフォロアーにおいても引き継がれている部分があることは、無視し難い事実である。

異なる信仰は如何にして併存しえるのか／しえないのかという問題は、諸矛盾が宗教間対立の形をとって噴出し続ける今日の世界にとっても、たとえ究極的解決が万里の彼方に在ろうとも、向き合うべきものであり続けているはずである。その意味で、拙稿も全く無意味では無いはずだと考え、紙面を汚す次第である。

註

（1）以下、宣長のテクストは筑摩書房版全集に拠り、篤胤のテクストは版本に拠る一部表記を改めている。
（2）所謂「日の神」論争である。「呵刈葭」下、前掲『本居宣長全集』八。
（3）文献学的な紀州の本居派の流れを汲む飯田年平は、篤胤の、「皇国の皇神等を外国の蕃人と同体とせる」「皇国の太古と蕃国の古と混一にする」点を鋭く批判していた。拙稿「「国典」・「国教」・「国体」」『宗教研究』三七二（二〇一二）。なお、篤胤と道教については坂出祥伸『江戸期の道教崇拝者たち』（汲古書院、二〇一五）などを参照。
（4）宮地正人『歴史のなかの『夜明け前』』（吉川弘文館、二〇一五）。

(5)「千島白浪」は、篤胤が編集した浩瀚なフヴォストフ事件・フェートン号事件に関する情報集である。前掲宮地のほか、星山京子『徳川後期の攘夷思想と「西洋」』(風間書房、二〇〇三)、藤田覚『近世後期政治史と対外関係』(東京大学出版会、二〇〇五)、桂島宣弘『自他認識の思想史』(有志舎、二〇〇八)などを参照のこと。

(6)平野満「平田篤胤の蘭方医入門と蘭方医学研究」『日蘭学会会誌』一〇‐一(一九八五)。宣長も西洋天文学書を読んでいる形跡があるが、それが国典の世界と積極的に関連付けられることはない。森和也「『古事記伝という』閉鎖系」山下久夫・斎藤英喜編『越境する古事記伝』(森話社、二〇一二)。

(7)前掲宮地、三五七頁。

(8)篤胤とキリスト教に関しては村岡典嗣『増訂日本思想史研究』(岩波書店、一九四〇)、ドナルド・キーン『日本人の西洋発見』(中央公論社、一九六八)など多数。

(9)子安宣邦『平田篤胤の世界』(ぺりかん社、二〇〇一)はキリスト教との対比においてかかる篤胤像を強調するが、仏教的死後世界論との関係も考えるべきところではないか。拙稿「学者と講釈師のあいだ」『死生学研究』一三(二〇一〇)参照。

(10)安丸良夫『日本ナショナリズムの前夜』(洋泉社MC新書、二〇〇七)三三二頁。

(11)『天朝無窮暦』を重視する中川和明『平田国学の史的研究』(名著出版、二〇一二)、あるいは『大扶桑図考』を重視する吉田麻子『知の共鳴』(ぺりかん社、二〇一二)と、篤胤追放の直接の原因については、議論が分かれている。

(12)前掲宮地、拙稿「「みよさし」論の再検討」藤田覚編『十八世紀日本の政治と外交』(山川出版社、二〇一〇)。

(13)このときの経緯は『毀誉相半書』に詳しい。これに関する最新の研究は、前掲中川になろう。

(14)彼については星野光樹『近代祭式と六人部是香』(弘文堂、二〇一二)、小林威朗「草稿本『古史伝』における篤胤の思想形成過程」『國學院大學研究開発推進機構紀要』六(二〇一四)などが近年の達成になる。

(15)公益財団法人鍋島報效会より佐賀県立図書館に寄託の鍋島家文庫、鍋〇六〇‐一。

(16)穀堂の学校構想については、生馬寛信『古賀穀堂』(佐賀城本丸歴史館、二〇一五)。「学政管見」では、「和歌和文」、「日本上代ヨリノ典故制度治乱ノ事績」、「職原学」、「衣紋方」、それに「神道」と、幅広く日本文化の研究も提案されていた。

(17)大園隆二郎『枝吉神陽』(佐賀城本丸歴史館、二〇一五)。以下、神陽については、本書に拠った。彼の弟子については江頭慶宣「佐賀の尊王派枝吉神陽の義祭同盟について」中『葉隠研究』八一(二〇一六)を参照。

(18)安岡昭男『副島種臣』(吉川弘文館、二〇一二)、森田朋子・齋藤洋子『副島種臣』(佐賀城本丸歴史館、二〇一四)。

(19)親徳と種臣の関係については鈴木重道編『本田親徳全集』(八幡書店、一九八三)。ほか西川須賀雄『ゆくてのすさび羽黒山日記』(出羽三山神社社務所、二〇〇九)七六頁には、コトシロヌシの神憑りの書を種臣が須賀雄に貸していたことが記されている。

(20)是香と佐賀藩関係者の関わりについては、森山眞男「南里有隣と六人部是香との交渉」『佐賀県史編纂資料』三四八に拠った。

(21)彼に関する研究は拙稿「南里有隣研究の回顧と展望」『佐賀大学地域学歴史文化研究センター研究紀要』九(二〇一五)を参照のこと。

(22)佐賀県立図書館所蔵。図九九一/二〇三。

(23)前掲村岡。

(24)吉田寅『中国キリスト教伝道文書の研究』(汲古書院、一九九三)に拠れば、有隣が依拠したのは『天道溯源』の初版本であるという。具体的な内容に関しては、村岡典嗣の後、前田勉が検討を深めている。前田勉『江戸後期の思想空間』(ぺりかん社、二〇〇九)。

(25)中島一仁「幕末期プロテスタント受洗者の研究」(一)~(三)『佐賀大学地域学歴史文化研究センター研究紀要』八~一〇(二〇一四~二〇一六)が近年の達成である。

(26)古賀穀堂は長崎警備という役目と、世界全般の研究としての洋学の重要性とを結び付けている。前掲生馬。

(27)本項については拙編『花守と介次郎――明治を担った小城の人びと――』(佐賀大学地域学歴史文化研究センター、二〇一六)に拠る。

(28)この問題の総論としては、やはりまず安丸良夫『近代天皇像の形成』(岩波現代文庫、二〇〇七)を挙げるべきであろう。ほか、徳重浅吉『維新政治宗教史研究』(歴史図書社、一九七四)、藤井貞文の諸研究や、羽賀祥二『明治維新と宗教』(筑摩書房、一九九四)、阪本是丸『明治維新と国学者』(大明堂、一九九三)、同『国家神道形成過程の研究』(岩波書店、一九九四）など、研究の蓄積は厚い。拙稿「宗教　平田篤胤の弟子とライバルたち」河野有理編『近代日本政治思想史』（ナカニシヤ出版、二〇一四）もある。

(29) この問題についての総説としては家近良樹『浦上キリシタン配流事件』（吉川弘文館、一九九九）。以下、キリシタン配流に関する事実は主として本書に従っている。

(30) 前掲安岡、九～一三頁。

(31) 澤井勇海「明治元・二年長崎の政治外交と沢宣嘉」『論集きんせい』三八（二〇一六）、五五頁。

(32) 前掲家近。

(33) 藤井貞文「明治政府の長崎県布教」『國學院雑誌』四八‐一二（一九四二）。

(34) 前掲澤井、七二頁。

(35) 彼については丸山正彦『丸山作楽伝』（忠愛社、一八九九）、昭和女子大近代文学研究室『近代文学研究叢書』四（昭和女子大学光葉会、一九五六）。

(36) 前掲澤井、七二頁。

(37) 澤、角田、丸山らは攘夷の空気が渦巻く文久期の京都で付き合いがあったようだ。

(38) 前掲澤井、七三頁。

(39) 以下、岡については中西正幸『伊勢の宮人』（国書刊行会、一九九八）、岡玲子『国学者岡吉胤の旅日記「松浦のいへつと」』（文芸社、二〇一四）に拠った。

(40) 豊橋市中央図書館所蔵羽田八幡宮文庫旧蔵本、和一五九‐三一ア。

(41) 前掲澤井、七一頁など。

(42) 当該期の攘夷派の動向については、宮地正人『幕末維新期の社会的政治史研究』（岩波書店、一九九九）。

(43) 前掲藤井、同「宣教使の研究」上『國學院雑誌』四九‐五（一九四三）。

(44) ルソー（中山元訳）『社会契約論／ジュネーヴ草稿』（光文社、二〇〇八）。

(45) 以下の神学論争については遠藤潤「平田国学における〈霊的なもの〉」鶴岡賀雄・深澤英隆編『スピリチュアリティの宗教史』下（リトン、二〇一二）に拠る。

(46) 前掲羽賀はこれを六人部是香の『産須那社古伝抄』の抄出とするが、それに対して前掲遠藤は、産土社の役割も含め、これが篤胤説扱いされていた点を強調する。確かに『霊能真柱』では産土社の役割は強調されていないのだが、篤胤の「勝五郎再生紀聞」において幽界の支配の分掌者として産土社が位置付けられるようになる点は、前掲中川が指摘する所である。そして「勝五郎再生紀聞」における産土神説の成立は六人部の入門前と考えられる。要するに、六人部説は篤胤説を敷衍したものの範囲内に留まる、ということなのだろう。

(47) 前掲藤井、二六～二八頁。

(48) 「達帳」明治元年、鍋島家文庫三二六 - 〇八〇。

(49) 須賀神社蔵西川須賀雄自筆履歴書。須賀雄について詳しくは拙稿「西川須賀雄と佐賀の国学」前掲『花守と介次郎』、戸浪裕之『明治初期の教化と神道』(弘文堂、二〇一三)を参照。

(50) 田中知邦の師匠に当たる近江出身の西川吉輔は、平田直門の吊し上げ対象になった一人だが、明治三年の秋以降、小野述信に代わってたびたび長崎宣教の指揮を執ることになる。藤井貞文「宣教使の長崎開講」『国史学』四四(一九四二)、武知正晃「明治初年の長崎における大橋教宣布運動」『日本思想史研究会会報』二〇(二〇〇三)、同「〈場〉としての大教宣布運動」『近世の宗教と社会3 民衆の〈知〉と宗教』(吉川弘文館、二〇〇八)など。長崎における彼らと佐賀の平田派との関係は、今後の課題である。

(51) 拙稿「神々は沈黙せず」『歴史学研究』九四〇(二〇一六)。

(52) 田中時彦「広沢実臣暗殺事件の政治的背景」一～五『東海大学政治経済学部紀要』一五～二七(一九八三～一九九三)、前掲宮地。

(53) 円城寺清『大隈伯昔日譚』(立憲改進党党報局、一八九五)、三〇一～三〇二頁。

(54) 宗教を、自らは信じずとも道徳・国民統合のための手段として認める視点は、幕末維新期のエリートにはよくあるものだったようだが(渡辺浩『増補新装版東アジアの王権と思想』、東京大学出版会、二〇一六)、その点、副島との懸隔は著しい。

(55) 研谷紀夫「鍋島直正の葬儀と国葬の成立に関する基礎的研究」『財団法人鍋島報效会研究助成研究報告書』五(二〇一一)。

(56)前掲西川須賀雄自筆履歴書。

(57)大教院は芝の増上寺に、中教院は各府県に置かれ、小教院は寺社に設置された。教部省期の宗教政策については、主として宮地正人『天皇制の政治史的研究』(校倉書房、一九八一)、井上順孝・阪本是丸編『日本型政教関係の誕生』(第一書房、一九八七)、前掲阪本、前掲羽賀、小川原正道『大教院の研究』(慶応義塾大学出版会、二〇〇四)、『安丸良夫集3　宗教とコスモロジー』(岩波書店、二〇一三)、山口輝臣『島地黙雷』(山川出版社、二〇一三)に拠った。

(58)先述の通り平田派には強硬な攘夷派も多かった。しかし『開化古徴』は、種痘法の発明を例示して学校教育の重要性を説き、あるいは神宮大麻の頒布や外国人との交際、果ては椅子に腰掛ける習慣まで、神代からの古例を引き出して、新奇な習慣を正当化するという議論である。

(59)前掲『花守と介次郎』。

(60)ただし、かつての安丸良夫に言わせれば、「国体論と文明摂取論とのこうした尊大で無神経な結びつきこそ、日本人を呪縛してきた詐術の体系としての日本的「近代化」論であり、私たちの真正面の敵、不倶戴天の敵である」ということになる(前掲『日本ナショナリズムの前夜』、四七頁)。

(61)この時期の須賀雄の動向については、前掲西川須賀雄自筆履歴書、『ゆくてのすさび』に拠る。

(62)三宅守常編『三条教則衍義書資料集』(明治聖徳記念学会、二〇〇七)。

(63)宮城県の教導体制については田中秀和『幕末維新期における地域社会と宗教』(清文堂、一九九七)が詳しい。

(64)詳しい研究史は前掲「西川須賀雄と佐賀の国学」参照。

(65)前掲『ゆくてのすさび』五七~五九頁。

(66)井上順孝『教派神道の形成』(弘文堂、一九九一)、翻刻は一九八~二〇九頁。なお、そこにも書かれている通り、須賀雄の親友と言われる副島種臣は、ニコライとも親しい人間だった。中村健之介『宣教師ニコライの全日記』(教文館、二〇〇七)にも副島の名前が登場する。

(67)須賀雄に拠れば、人は幽界の父母によって魂を与えられ、顕界の父母によって肉体を与えられる。言動の善悪は顕界の君が裁き、心志の正邪は幽界の君が賞罰する、という。これを書き表した図のことである。原正勇「西川須賀雄の思想」一『小城の歴史』一八(一九七五)。

(68)「須賀神社考証案」前掲『花守と介次郎』九七頁。
(69)講義録『大道講義』を見よ。
(70)藤井貞文『明治国学発生史の研究』(吉川弘文館、一九七七)、原武史『〈出雲〉という思想』(講談社学術文庫、二〇〇一)。
(71)様々な研究があるが、鈴木範久『明治宗教思潮の研究』(東京大学出版会、一九七九)が日本の研究としては長く参照されてきたようだ。近年では後述するケテラーの研究が有名である。
(72)森孝一「シカゴ万国宗教会議:1893年」『同志社アメリカ研究』二六(一九九〇)。
(73)大谷正幸『角行系富士信仰』(岩田書店、二〇一一)二二〇頁。
(74)仲介者は島地黙雷だったようだ。嵩満也「シカゴ万国宗教会議と明治初期の日本仏教界」『国際社会文化研究所紀要』一三(二〇〇一)二五八頁。
(75)NISHIKAWA Sugao."The Three Principles of Shintoism." John H. Barrows,ed. *The World's Parliament of Religions : an illustrated and popular story of the World's First Parliament of Religions, held in Chicago in connection with the Columbian exposition of 1893 2.* (Chicago: The Parliament Publishing Company,1893)
(76)前掲森、一三頁。
(77)ジェームズ・E・ケテラー著・岡田正彦訳『邪教/殉教の明治』(ぺりかん社、二〇〇六年)二一二~二一四頁。
(78)「……宗教家互に、親愛の好を締《むす》び、共に理義の奥を究め、兼て、世界の平和を計らば、区々分立せる宗教も、相結合し、趄々敵視せる邦国も、相和合して、全地球の静謐を保ち、福祉を増し、真正完全の、大公道に、帰着すること、必しも庶幾しがたきにあらざるべし。」柴田礼一『世界宗教会演説摘要』(実行教本館、一八九四)、七頁。
(79)ケテラーは、礼一が殺到した聴衆の女性の頬にキスをしたことが地元紙で大きな話題となったこと、それが親愛の情を示す東洋の習慣と見做され、人種を越えた普遍主義・友好関係という大会の目的に叶うエピソードとして解釈されたことを述べている。前掲ケテラー、二一七~二一八頁。
(80)前掲森、一五頁。礼一は富士山と神代文字の軸を掛けて挨拶に臨んだ。前掲柴田、五頁。
(81)前掲柴田、二一頁。

(82) フレデリック・スタールとの交遊は有名である。前掲大谷二一九〜二二〇頁。

(83) 前掲鈴木、土肥昭夫「三教会同」一、二『キリスト教社会問題研究』一一、一四・一五（一九六七、一九六九）など。

(84) 子安宣邦『本居宣長』（岩波現代文庫、二〇〇一）、三谷博『明治維新を考える』（有志舎、二〇〇六）などを参照。

(85) 篤胤学と西洋の関係については前掲の諸研究が強調するところだが、晩年の篤胤の研究が、道教古典の再解釈を通じた儒教思想との対決を中心にするもので、おそらくそれが林家という虎の尾を踏む結果につながったこと、もう少し強調されてもよいのではなかろうか。

(86) 前述の通り安丸『日本ナショナリズムの前夜』も、国体論と西洋文明の摂取の野合としての篤胤国学を近代化論に擬しているが、かかる点への注目は、その後は後景に退いた印象を受ける。

(87) 宮地や安丸の諸研究のほか、岸野俊彦『幕藩制社会における国学』（校倉書房、一九九七）などを見よ。

［附記］本章はＪＳＰＳ科研費 25245029 の助成を受けた研究の成果を含むものです。

近代の〈佐賀（人）〉

森永太一郎と伊万里及びアメリカ

山本長次

はじめに

佐賀県伊万里出身の森永太一郎（一八六五―一九三七・一・二四）は、一八九九（明治三二）年八月に日本初とされる西洋菓子製造所を東京の赤坂に創設し、森永商店と称した。これが、今日の森永製菓株式会社の創業に当たる。また森永は、この創業から遡って一一年前の一八八八年に、磁器を販売するため、横浜からアメリカ合衆国のサンフランシスコに渡り、同地近郊のオークランドにおいて、西洋菓子の製造技術を習得してきたのであった。

ところで、佐賀地域における歴史的文化的特色の一つとして、江戸時代はじめに遡る有田における日本初の磁器生産と、伊万里を積み出し港とするそれらの輸出及び国内への販売があげられる。(1)そこで本考察では、森永が生誕地である伊万里や横浜で磁器を販売する経験を通じて経営感覚を身につけ、さらに、それを販売するために渡米したことが、森永製菓を創業するための製造技術や経営方法の習得につながったことについてみていく。

一　森永と伊万里及び磁器販売

（一）伊万里における生誕と磁器販売

森永太一郎は[2]一八六五年（慶応元年六月一七日）、佐賀県伊万里で、森永常次郎とキク（旧姓は力武、再縁後の姓は平山）の長男として生まれた。森永家では、森永の祖父に当たる太兵衛の代まで、伊万里焼の問屋と、壱州屋と呼ばれる魚問屋及び伊万里湾における網元を営んでいたが、やがて彼は伊万里焼の問屋業のみに専念した。しかし、常次郎の代になると業績不振に陥った上、彼は一八七〇（明治三）年（森永が数え年六歳の時。以下、年齢は数え年で表記する）に没してしまった。そのため、森永家の財産は、債権者に渡った上、キクは他家に再縁したため、森永は親類縁者の家々を転々とすることとなった。

森永は、母方の祖母で敬虔な仏教徒であったチカ（鍋島本藩の家臣であった納富家の長女ともされている）や、母の兄に当たる伯父力武喜一郎からの保護も得たが、寺子屋や小学校では、数か月間ほどしか学ぶことができなかった。そこで彼は、一二歳であった一八七六年の春まで、自分の姓名さえも正確に書くことができない状態であったが、翌一八七七年の一三歳の春まで、漢学の先生であり、伊万里で書店等も構えていた川久保雄平[3]（豫章）のもとで、店番をしながら、習字や学問の指導を受けることとなった。

写真１　山﨑文左衛門

一八七七年、一三歳の森永は、父方の伯母の家に引き取られ、山﨑文左衛門[4]（一八三一－一九〇一）（写真１）と彼女との間の子となった。なお、森永の生誕時の名前は森永伊左衛門といい、伊万里における有力な鍋島藩の御用商人であった犬塚伊左衛門[5]にあやかったとされているが、無戸籍であり続け、彼が八歳の時（一八七二年）に、伯母と山﨑との結婚を機にそのこともわかった。そこで、その時に山﨑太一郎の名で、しかもこの年の生誕として入籍された[6]。

山﨑文左衛門は伊万里でも屈指の磁器商を営んでおり、例えば愛知県多治見の豪商であった西浦との取引関係から、大阪や東京にも伊万里焼を送っていた。また彼は、当地の繁栄のため、架橋、道路修繕、埋立て、さらにコレラの流行の際、貧民に予防薬を与えるなど、公共心にも富んだ人物であった。そこで森永は、一九二〇（大正九）年に、彼の記念碑を伊万里駅構内の一角に建設している。

山﨑は、一八三一年に現在の武雄市西川登町小田志に生まれ、幼少時に伊万里に移り住んだ。貧困の中で育つが、一二歳の春から佐賀県塩田にあった磁器問屋で荷造りの見習い奉公を始め、一年間で五〇銭貯めると、焼き物の行商をすることで、やがて財をなしていった。そこで、そのような経験を有する彼は、森永を一人前の商売人にするため、元手として五〇銭を与え、まず、こんにゃくや野菜等を売る行商をさせた。そこでは、特に代金回収の大切さについて強調されたという。

もちろん、行商は容易ではない上、山﨑の甥がそれを行うことに対する周囲からの好奇の目もあったが、やがて五円、一〇円、二〇円と利益が増すにつれ、森永は大変な嬉しさと、商人として世に立つことへの興味を覚えた。また彼は、行商に出ると、父の代に手放されていった森永家が所有していた家や土地を目の当たりにし、いつかは取り返して、亡き父の汚名をそそぎたいという思いにも燃え出した。

また、山﨑の事業の中では、東京から伊万里への為替送金が不便であったため、送金のかわりに織物、袋物、蝙蝠傘ほかの品々を仕入れ、周辺の商店に卸すようなこともしていた。そこで森永は、それらの品物の卸売りも含めて、焼き物の仕入れ、売掛金の集金、出荷通信や帳簿付けなどに従事するようになった。

山﨑は森永に、商売上の訓戒として次のようなことを示し、彼は終世の指針とした。

一、金の大切さを心から知ること
二、どのような場合も正当な品物だけを扱い、不良品を販売してはいけないこと
三、適正だと信じて示した売価から値引いてはいけないこと
四、急がず、目先の損益にとらわれず、一〇年を一区切りとして仕事をし、それを終生のものとして守っていくこと

森永は、山﨑の事業に従事する中においても、時折、川久保雄平を訪ね、読み書きや実務上の指導を受けたり、書物を貸し与えてもらったりした。なお、彼にとって最も有益で、奮起させた愛読書として、サミュエル・スマイルスの『自助論』を中村正直が翻訳した『西国立志編』を挙げている。

一八七九年、一五歳になった森永は、山﨑の勧めで、大商人になるための修行先にということで、当時、全国の同業者に知れ渡っていた伊万里焼の問屋である堀七に奉公に出た。堀七の老主人であった武富熊助は、森永の祖父太兵衛から教えを受けた経緯があり、森永を仕込んでやりたいという思いを持っていた。しかし、若主人が熊助を否定し、うぬぼれた態度を示したり、目先の欲にとらわれ、取引上の約束を破るような不道徳的さがあったりしたため、ここに仕える気持ちを失う一方、東京や横浜に出て故郷に錦を飾ることを決心した。そこで、旅費作りのため、熊本に在住する母方の伯父で魚商を営んでいた力武喜一郎の手伝いや、当地で焼き物の行商をした。しかし森永は、自分の着物を質に入れて二円ほど工面して熊本に向かったにもかかわらず、彼が退店したため、大阪の備前屋から来ていた勝という奉公人が八〇〇円余り横領した罪を、あわや着せられそうになった。

森永は伊万里に戻り、さらに、上京の時機を待ちながら、再び山﨑の事業に従事したが、一八八二年の一八歳の時、彼は初めて帳簿と残品の引き合わせのため、大阪の西横堀にあった多治見の豪商の西浦の支店に出張した。そして、翌一八八三年には、同様の業務のため、東京の堀留にあった西浦の支店に出張することで上京

を果たし、そのまま横浜にとどまった。なお、当時の森永は、大阪と比較して、東京ではよく言葉が通じ、不自由を感じなかった上、万事が大まかであったので、関東は渡世をなすのにふさわしいと考えたともいう。

（二）横浜における磁器販売

横浜では、一八七七（明治一〇）年頃より、有田出身の庄村富輔（助）が伊万里焼の営業に従事しており、さらに彼の近親の小山丈太郎や森永の伯父の山﨑文左衛門らが、伊万里陶栄組(7)（森永は有田屋ともいってい る）という合資会社を組織したとされている。そこで、一八八三年に一九歳で上京と在浜を果たした森永は、山﨑との関係からその事業に従事することになり、横浜居留地における外国商館への売込みや、東京での卸売りに務めた。当時の森永は、毎月、二万円内外の伊万里焼を東京の大問屋に対して、入札売りか相対売りでさばいていたが、失敗もあったという。また、この頃の大問屋としては、蠣殻町の日比野、西浦、丸駒などが著名で、高尚な品を毎度落札していたのは、銀座の三友であったという。

そして、一八八四年の春、二〇歳になった森永は、鎌倉出身で四歳年上の小坂セキと結婚した。しかし一八八五年の夏、伊万里陶栄組の経営は急激に悪化し、森永はセキを伴って伊万里に金策のため戻るが、山﨑からの助力を得ることはできなかった。

森永は横浜に戻ると、横浜居留地内の本町通りにあった石川県の九谷焼の売込商であった道谷《どうや》商店に雇われ、住込み生活を送りながら、外国商館に対する販売に従事した。しかし彼は、店員たちの商館との取引に際しての接待費の乱費ぶりや、店主の道谷太七の経営に対する妻の執拗な干渉等に対して疑問を持った。森永は元来、自立心が強い上、商館への売込みについては、対等な取引の実行を主張したため、内部での対立が目立った。

居留地貿易では、基本的に輸出品は居留地内にある外国商館を介して輸出され、そこと取引する日本人輸出商については売込商といった。森永は、当時のそのような有力者として、道谷のほか、アメリカへの直輸出の先駆者となった森村組の六代目・森村市左衛門（一八三九－一九一九、現在のノリタケに当たる日本陶器合名会社や、さらに森村学園の設立ほかでも著名）や、佐賀出身で、起立《きりゅう》工商会社を設立した松尾儀助（一八三六－一九〇二）らを挙げている。彼らの中でも、当時の森永は、森村の気品と風格に敬服しており、仕入れに際して非常に綿密で細心の注意を払っていて、大変良い印象を感じたことから、彼のような人格者になることを目指して立派に世に立ちたいと思い、模範としていたと述べている。

　森永が道谷商店に勤め始めた翌年に当たる一八八六年になると、二、三の伊万里焼の荷主も同店に委託するようになったので、彼はそれらの折衝にも当った。そのような中、伊万里商人で資産家でもあった松尾嘉十が、横浜居留地内の弁天通りに売込商店を設置して、伊万里や九谷の荷主からの委託を受けるようになると、道谷は自身の店を閉めて松尾の店の総支配人となり、森永らも彼の部下として勤めることになった。そして、この松尾商店の設置前後の一八八六年六月には、伊万里銀行の支店が横浜の南仲通りに設置された。すると、金融上便利になり、九谷焼の荷主は好機を逸せず荷為替付で松尾に送荷したため、在庫品が日増しに嵩むようになり、ついには、倉庫が幾棟あっても足りない状況になった。そこで松尾の店は、一年余りで閉鎖に追い込まれたのであった。

　かつての道谷商店に対しては、その接待費の乱費ぶり等に対して九谷焼の荷主は不安に駆られ、自身が直接支店を設けたり、他の問屋に委託したりするようになっていった。そこで、道谷商店の第一の荷主であった綿平こと綿谷平兵衛は、一八八一年より自らの支店を横浜に出していたが、綿谷はかねてから森永を信用していたことから、松尾商店の閉鎖後、森永がそれにかかわることとなった。

　一方、道谷商店は再開されたが、もはや荷主が皆無となった。そこで森永は、かつて極度に困っていた際に道谷から同情を寄せられた恩義があったため、匿名合資の形で、同店の残品をアメリカ行きの船に積み込み、先方で売りさばくことにした。しかし、このような余りものが容易に売れるはずがないので、綿谷支店の商品

について も数千円分、外国商館に売り込んだ形にして、両方とも積み出した。森永は綿谷に対して、このような方法を取ることについて詫びつつも、あらかじめ、代金の弁済は彼がすることについて書面をもって了解してもらっていた。

二　渡米と森永製菓の創業

(一)　渡米と磁器販売

森永太一郎は道谷商店と綿谷支店の磁器販売のため、二四歳の一八八八（明治二一）年七月、妻セキと長女マサを残して一人、横浜より渡米した(8)。イギリス客船のアラビック号の三等室に乗り込み、サンフランシスコに向かったが、途中で三等室内の中国人客の中に天然痘患者が発見された。そのため、三等室客はすべてサンフランシスコ港で下船できず、消毒船に移されて半月余り、エンジェル島近くに繋船された。そこで、日本から旅立って一月ほど後の上陸となった。上陸時には、サンフランシスコ中心部の五番通り一〇〇番地にかつてあったコスモポリタンホテルに宿泊したが、森永はそこについて、中等ぐらいのランクであったという。そして、渡米することは彼の年来の希望であり、一言も英語は話せないが、日本の雑貨を売りさばくことで、百万ドルぐらいの財産家になって日本に錦を飾ろうという、夢のようなものであった。しかし、それは実に無鉄砲、大胆千万であったと、晩年の彼は当時のことを振り返っている。

サンフランシスコでの販売方法や金融については、道谷の縁故関係から、横浜正金銀行サンフランシスコ支店長であった日原昌造に相談した。販売については、委託販売が得策であろうと忠告され、竹細工の店を出していた富家という人物を紹介されて、店舗での陳列販売を試みたが、所在地が中流以下の顧客を相手にする場所であったため、森永の扱う磁器は高級すぎて売れなかった。そこで、森永は一緒に商店を訪問してほしい旨を相談するが、富家自身、そして以前、子供の頃に両親とともに横浜に住んだことがあり、日本語も英語もできるユダヤ系ドイツ人の彼の夫人からも、応じてもらえなかった。

その頃、新潟県出身の佐藤文二[9]（のちに大倉孫兵衛の娘婿となり、東京の日本橋で大文洋行等を経営）という、破れ帽子をかぶり、汚れ服に破れ靴という様相でざるを提げ、四、五ドルの雑貨を買い入れては、家ごとに行商している者がおり、彼は森永のところにも買い入れに来た。そこで、森永は卸売りの際、通訳をしてくれないかと相談したところ、佐藤は快諾し、帽子、衣類、靴を新調した上、同居もさせた。そこでしばらくの間、佐藤を採用することになるが、ともに商店を訪問する中、販路も開拓され、サンプルオーダーも得られるようになってきた。しかし、クリスマスが過ぎ、上陸した翌年（一八八九年）の春になっていたので、現品についてはほとんど売れなかった。そのような中、道谷商店からは借金の取り立てに責められている旨の手紙が頻繁に来るため、仕方なく、すぐに売れる見込みのない商品全部をオークションで売り払った。

サンフランシスコに到着してから間もなくの金融については、日原支店長の好意により横浜正金銀行より信用借りし、関税の支払い、道谷への送金、その他諸々の経費に当てたので、まず、そこに全額返済した。そして、残金は全部、道谷に電報為替で送金したため、森永は一文無しになった。道谷商店では、森永の渡米を口実にして、日夜張り込んでいた債権者に対して支払い延期を要望していたが、彼が送った一千数百円の電報為替を見るや否や、互いに先を争って取ってしまうありさまで、道谷には一銭も残らなかったという。

森永は再び商業に従事するにしても無一物であり、一日も遊んでいられない境遇だったので、無料宿泊所である日本人ミッション教会の世話になりながら、口入所におもむき、学校の用務員、屋敷の召使い、庭師、田舎ホテルの二番コック等、手当たり次第職を見つけては働いた。そのようにして、また、自身のことについては極度に節約する中、綿谷支店に対する品代金についても、数年間に渡り、毎月、送金することで、利子も加えて全額返済した。

森永は空手で帰国するわけにいかず、さりとて、再び商売をするにしても元手がなく、労働者として働いたところで蓄えることができる額もたかが知れたものなので、何か身につく職を覚えたいと思った。そこで、日々の消費物を製造するのが良いと思い、それには、まだ、日本でやりだした者がいないと思われる洋菓子の製造が適当だと考えた[10]。

また、この渡米時に森永は、キリスト教信者になった。

サンフランシスコの東の対岸がオークランドになるが、この地で、住み込みの仕事をしていた時に、ダニングというノルウェー生まれの主人とスコットランド生まれの夫人夫妻から、森永が黄色人種であるにもかかわらず、家族同様の愛情を注がれ、何かと親切に尽くされたことがあった。それからの森永は、邪心が多く、罪のとりこになっているのではないかと大いに反省させられ、初めて本当の人間らしくなってみたいという希望を抱くようになった。それまでの森永は、勧誘されても応じなかったが、自分でキリスト教を調べてみようと思い、聖書を購入して熟読した。彼は灯火を与えられ、心の闇を照らされたことで、例えようのない歓喜に満ち、信仰の道を深くたどるにつれ、信念が増すとともに、勇気は百倍に至ったと述べている。彼がハリス宣教師より洗礼を受けて、名実ともにキリスト教信者となったのは一八九〇年、二六歳の時であった[11]。

森永は、生まれつき中途半端なことが嫌いな性格で、物事に熱中し、一旦信じたら、それを貫徹しようとした。そこで信仰についても、伝道に尽くそうとするとともに、自他ともに認める、日本人の中でも十指に入るほどの熱情的な信者であると自負した。そして、森永の事業とも共通する座右の銘は「終始一貫」であった。ただし、伝道するに際して、使徒パウロに深く感銘する森永は、自活の道を講じながら資金を得て、神の道を伝えることが最善と信じた。彼が菓子の製法の研究を志したのは、自活しながら伝道に従事するという理想を実現するためでもあった。

森永は、まず、生母、伯父や伯母、そして親類縁者等にキリストの福音を伝え、喜びを分け合う責任があると深く感じ、早々にアメリカを出発することにした。彼は船中において臨時雇いで働く口を求めたところ、早川という横浜でパン屋を営んでいた知人の実兄が、船舶会社のコック長をしていた関係の好意を得て、わずかな手数料だけで乗船することができた。彼は一八九〇年の夏、半月の航海を経て帰国した。

（二）再渡米と菓子製造技術の習得

一八九〇（明治二三）年の夏、二六歳の森永は、郷里の伊万里におけるキリスト教の布教を主な目的として帰国したが、親類縁者は仏教を信仰していた上、彼の力も足りなかった。さらに、伯父の山﨑文左衛門からは国賊扱いされ、勘当することと、二度と日本に戻って来ないことまで申し渡された。そこで、彼は伊万里を離れ、横浜から乗船して再渡米することとなった。

サンフランシスコに到着後、森永はただちに職業紹介所に当たる桂庵に行くと、当地の東の対岸に当たるアラメダにおいて、ジョンソンというホームベーカリーを営む人物[12]の西洋料理店での日本人皿洗いの求人があった。給料は一六ドルで、この額はただのように安かったと彼は述べているが、それでも、菓子製造技術を習得する目的につながり得る可能性があった。

森永は、住み込みで毎日一八時間ほど、皿洗いのほか、パン工場やトイレの清掃、店の手伝いなど、一生懸命働いたので、ジョンソン夫妻の信用を得た。一か月ほど経つと、料理店の方は閉じることとなったが、彼はパン工場の方で働けた。彼はスコットランド人のネルソンというパンの職人頭から、パンのほか、パイやドーナツなどの製造方法を学んだ。続いて、彼はケーキベーカリーの方に回され、ドイツ人のウイリアムという職人から、ベーキングパウダーの調合から、フルーツジャムの製法、そして、高級なビスケット類の製造調合法まで教わることができた。

しかし、ジョンソン夫妻は迷信に惑わされ、狂態を演じるスピリッチュアーの出入りと異様な祈禱とに明け

写真2　ブルーニング夫妻（1923年7月、森永太平の渡米時に撮影）

暮れるようになってしまい、ついには事業を手放すことになってしまった。この事業は、ミセス・ヤングという未亡人が一人息子のために出資する形で譲り受けたが、まず、ネルソンが衝突することで辞職し、森永に対しては奴隷のごとく冷遇したため、彼も辞職した。なお、この辞職に際して、森永は日本の家族への毎月の送金も理由として、給料を上げてほしい旨を述べている。また彼は、ベーカリーに勤務していた頃のこととして、一八九四年七月の日清戦争の開戦について述べているので、一八九〇年の再渡米から四年間ほど、ここでの仕事に従事していたことになる。さらに、この辞職後の半年間ほど、ネルソンとベーカリーを開き、パンやケーキを売ったこともあった。

その後の森永は、一八九九年六月に三五歳で帰国するまでの五年間、ブルーニング（写真2[13]）がオークランドで営むキャンデー工場とキャンデーストア[14]（写真3[15]、写真4[16]）で働き、西洋菓子の製造技術や経営方法を習得した。

ブルーニングはドイツに生まれ、幼少の頃、両親や兄弟とともに、アメリカに移住してきた。彼は大胆かつ細かい注意を払って、事業の発展に力を入れた。ブルーニング夫人は、スイスに生まれ、両親姉妹とともにアメリカに移住してきた。彼女は、アメリカで大学教育も受け、帳簿係をはじめ、店のすべての事務を切り回していた。夫婦ともに、営業に対しては全く真剣で、森永も敬服していた。

写真３　ブルーニング・キャンデーストアが入っていた建物

ところで、森永がつとめる前であるが、一八八六年六月五日のオークランド・トリビューン紙に掲載されたものとして、ブルーニング兄弟社の製造に関する状況が紹介されている(17)。

ブルーニング兄弟社は、ワシントン通りと接する角の七番通りの四八三番地にあり、オークランドを代表する第一の卸売り菓子業者である。一八七一年の創業で、キャンデーは最高品質であり、第一級との評判を得ている。常時、一四人の職人がキャンデー工場で働き、三台の配送用荷馬車で隣接した町にも卸している。

写真４　ブルーニング・キャンデーストアーがあった場所の現在

当初は、ストアを朝夕清掃する要員の募集であったが、森永は早く出勤した上、この仕事を遅くまで居残りしてこなすので、日中は工場で働き、キャンデーの製造を手伝い、製法を習得することができるように便宜を与えてほしいと頼んだ。ブルーニングは彼に対して好意的であったが、工場内では、特に若い男女職工からの人種的差別意識や偏見が強かった。さらに、彼が製法を習得したいことや、そのため、長時間に渡り数多くの仕事を懸命にこなしていくことが、既存の職工たちの解雇にもつながり得ることなどから、警戒感や真面目に働くことに対するやっかみもあった。しかし、イースターやクリスマスといった時期、職工たちは時に泥酔し、製造が間に合わないこともあり、ついにすべてを、森永に教えざるを得なくなったのであった。やがてブルーニングは、森永をすっかり信頼し、製造方法として秘密にしていた部分についても教え、彼に仕事をさせた。

森永が勤めていた時、配達用の荷馬車については、郡部の店舗に行くためのものが二台、市内を回るためのものが数台あったが、ブルーニングと一緒に回るようになった上、毎週金曜日は、森永が一人で回るようになった。彼はそれらの小売店を回る時、ガラス瓶が汚れていると拭いてやるとか、陳列を整えたりとか、いろいろと手伝ったり、世話してあげたりした。すると、だんだん注文も増え、ブルーニング夫人はどうしてなのかと不思議がったほどであった。

(三) 帰国と森永製菓の創業

森永は一八九九(明治三二)年六月下旬に横浜に到着することで帰国し、八月一五日に西洋菓子製造所を東京に創設するが、折しもこの年の七月より、一八九四年に締結された日米通商航海条約が、発効することになっていた。一八五八(安政五)年に締結された日米修好通商条約に代わるものであったが、その結果、治外法権の撤廃などとともに、外国人居留地も廃止され、外国人の内地雑居が認められるようになった。そこで森永も、菓子業の経験があるアメリカ人から、共同事業を始めないかと持ちかけられるようなこともあった。しかし、彼らのパートナーになれば、彼らが資本を提供し、森永は単なる雇用者として、経営上や製造上の労力を提供するような関係になることは明らかであった。

三五歳になる森永は、一通りの菓子の製造法を習得し、そろそろ日本で一旗揚げる時期に来たと思ったが、このような歴史的背景も、この時期の帰国を決心させる契機となった。とはいえ、生原料からのチョコレートの製法、機械によるビスケットの製法をはじめ、まだまだ知りたいと思うことはあったが、それは、欧米から技術者を招聘すればよかった。

森永は、一八九〇年の一時帰国をはさむが、一八八八年の渡米以来一一年間在米し、まず、道谷商店関係の負債返済のために働き、続いて、菓子製造技術の習得に努めた。森永はこれから、日本で西洋菓子の製造を始めるに当たって、資金が必要になってくるが、それは、負債の返済が済んだのちも、ぎりぎりの生活を送ることで節約し、貯蓄したものを当てた。そこで、在米中に洋服を新調したことは、一度しかなかったという（写真５）[18]。その創業に際しての資金の配分については、それぞれ三分の一ずつ、設立資金、運転資金、そして備荒《びこう》資金に当てた[19]。

帰国する直前の森永は、日本での創業についてブルーニングに相談すると、人口が二〇〇万人ほどのにぎやかな都会である東京を拠点とするのであれば、小売りをせずに卸専門で小さく始めれば、家賃の安い辺鄙な場所でもできるだろうと助言された。ブルーニングは、青年の時、三〇〇ドルの資本を母より兄と自分の二人に与えられ、二坪ばかりの極狭い場所で、そこで寝泊まりもしながら、キャンデー工場を始めたことを語った。そして、中年になるに及んで兄と別れ、この地にとどまって業を持続していたのであった。森永は、とても参考になる教訓であると感銘した。なお、ブルーニング夫妻とのその後については、一九一五年四月三日から七月五日にかけて、森永はアメリカに視察のため出掛けているが、その際に再会している。さらに、ブルーニング夫妻とは、彼の長男で第三代社長となる森永太平（一九〇〇－一九八三）も、一九二三年七月に会っている。

写真５　オークランド滞在中の森永太一郎

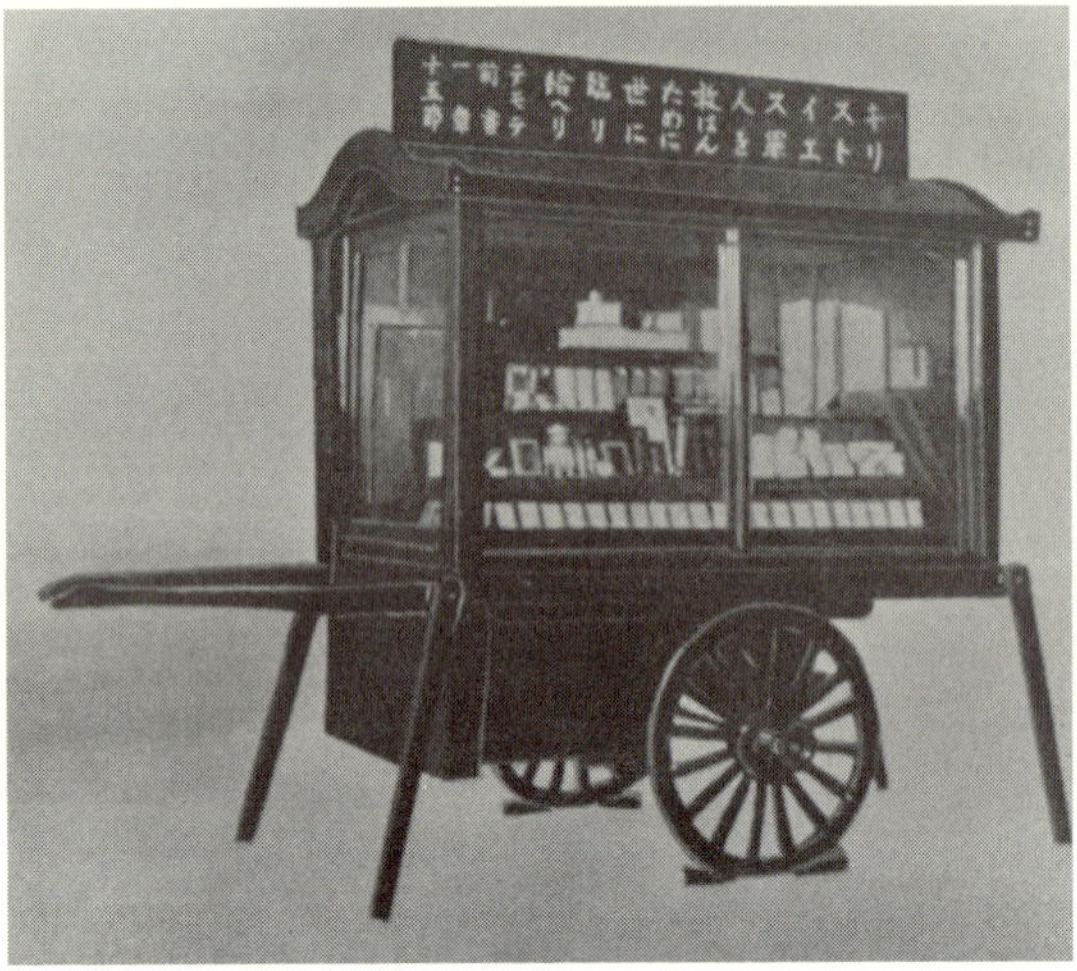

写真６　実物見本箱車

また、事前の市場調査として森永は、視察のため日本からサンフランシスコに来た人々の滞在先であるパレスホテルなどにおもむき、彼らにキャンデー類ほか、いろいろな菓子を持参して試食してもらった。すると、マシュマロの評判がよく、最初の売れ筋商品になると確信したのであった。そこで、マシュマロの製造ほかに要する原材料、香料や着色料、バターカップ機、コーティングチョコレート、さらに、ブルーニング夫人の意見にしたがって、ドロップ製造用の手動機械なども一通り買い揃えて帰国した。

森永はブルーニングの教えどおり、最初は製造卸の形でやることにし、東京の赤坂溜池に家賃二円三〇銭の借家を見つけ、そこに二坪分屋根を建て増して工場にした。創業すると、八月下旬より見本の菓子を製造して、東京市内の一流和菓子店を一軒一軒訪問したが、商談はまとまらなかった。そこで、人力車製造所に、四方にガラスがつき、屋根には聖書の一節が書かれた箱車（写真６）[20]の製造を依頼した。高級菓子を扱うので、その箱車は本漆を塗った高尚かつ優美なもので、中は雛段となっていて、ガラス瓶に菓子を入れ、きれいに陳列した。これを東京市内で引き歩き、実物広告をしようとしたのであった。

森永が初めて注文を受けたのは、京橋中の橋の青柳商店からで、ちょうど創業から二か月目の、一八九九年一〇月一五日のことであった。店主山口浅吉の夫人のワカは、旧佐賀藩主であった鍋島侯爵のところに御殿勤めしていたことがあり、森永が佐賀出身であるため、話に花が咲き、一五円分の注文を受けた。これをきっかけに、東京では青柳の本支店や銀座の亀屋ほかの有名菓子店、そして横浜では、明治屋本店等が主要な得意先になっていった。

おわりに

以上、本考察では、佐賀県伊万里出身の森永太一郎が、この地域の磁器にかかわる歴史文化を背景に、アメリカにおけるものも含めた人的関係の中で、経営方法や製造技術を習得し、日本初の西洋菓子メーカーとなる森永製菓を創業した経緯について、特に森永と伯父の山崎文左衛門やブルーニングとの関係について詳察する中で明らかにした。森永は、伊万里での磁器の販売を通じて経営方法を学ぶ一方、その販売のために横浜に行き、さらにアメリカにも渡った。そして、渡航先であったサンフランシスコの近郊に位置するオークランドで、西洋菓子の製造技術や経営方法を学び、一八九九（明治三二）年に森永製菓を創業したのであった。また、歴史的背景として、この創業年に日米通商航海条約が発効しており、森永が外国人の内地雑居の容認や彼らによる投資等に懸念を抱いたことも、この時期の事業開始につながった。

なお、本稿における森永の考察は、彼が一八六五年に生誕し、森永製菓を創業する一八九九年前後までの時期に限定したが、その後の彼の国内外における企業者活動や経営理念の確立、そして彼自身や彼の事業と佐賀地域との関係等についても、別の機会にまとめていきたい。

註

（1）通常、佐賀の磁器については、江戸時代に有田で生産されたものをはじめ、伊万里を通じて国内外に販売されたものを「古伊万里」、伊万里にあった鍋島藩窯で生産されたものを特に「鍋島焼」、近代以降、有田で生産されたものを「有田焼」、そして伊万里で生産されたものを「伊万里焼」とよく区分されるが、森永は「有田焼」や、さらに「伊万里焼」

等の可能性のある佐賀の磁器も総称して伊万里焼と述べているため、本稿でも、そのようなニュアンスでこの語句を用いている。

また、山崎文左衛門の事績として、彼と佐賀県塩田との地縁について触れるが、当地は有明海や塩田川を経て運ばれてきた天草陶石が積み上げられる場所で、ここで陶土に加工されて有田及びその周辺に運ばれた歴史的経緯もあったため、志田焼に代表される磁器の生産や問屋業等も行われていた。

(2) 本稿における森永太一郎の事績の記述に際しては、森永太一郎・松崎半三郎『パイオニアの歩み 現代語版』のほか、森永太一郎「懺悔録」、三好右京『森永太一郎伝』、『森永製菓一〇〇年史』などを参考としている。なお、『パイオニアの歩み』の森永に関する記述のもととなったのが、『森永五十五年史』に所収されている「古今の感」であり、さらにその原典は、森永が口述したものがまとめられ、業界紙である『菓子新報』において、一九二九年一〇月号から一九三〇年一〇月号まで一一回に渡って連載されたものである。そして、「古今の感」関係と「懺悔録」との間で内容が異なる場合、ここでは「懺悔録」の方に多く依拠している。

また、森永関係の史料のみからしか検証できなかった事象や人物等も、本稿では多くある。

(3) 中島浩氣『肥前陶磁史考』(六一二頁)によると、「伊万里湾に汽船入る」という項の中で、川久保は川窪と表記されており、楠久津の出身で、一九〇九年二月二四日に七六歳で死去している。また、彼の功績として、これまで帆船の入港のみであったが、伊万里の一番ヶ瀬富助と一八七九年七月に初めて運貨丸という汽船を導入して、博多及び大阪との間の定期航路を開いたことが挙げられている。このことにより、陶器荷が迅速に運ばれるようになるとともに、一八八八年には、伊万里の洸切に運輸会社が設立された。しかしその後、一八九七年の九州鉄道の開通(武雄・早岐間)にともない有田駅が開業すると、有田からの陶器荷は、鉄道で各地に運ばれるようになり、伊万里汽船の定期航路は、唐津方面や平戸近地へと短縮されるに至ったのであった。

(4) 『森永五五年史』、三頁より転載

(5) 森永太一郎「懺悔録」[第一回](『菓子新報青年版』一九三三年五月号)

森永が生誕時に伊左衛門と名付けられた理由は、江戸時代の天保年間の頃、伊万里の犬塚伊左衛門が、江戸の蛎殻町に支店を設けて伊万里焼を販売し、鍋島家の御用商人として成功したので、彼の実業上の功績にあやかってということであった。そして、犬塚の屋号は丸駒といったが、最晩年の森永は、深川あたりの老舗陶磁器商の老人なら記憶にあるのではないかと述べている。

また、前山博『伊万里焼流通史の研究』(二九二頁)では、幕末期の犬塚家の経営状況として、伊万里の商人から大量に商品仕入れを行い、主として江戸へ積登していたとし、伊万里の仕入元として伊左衛門が、そして江戸の蔵元として駒吉が、その役割を相互に担っていたと総括している。そして対大坂については、伊左衛門と蔵元の鴻池庄十郎との間の関係も重要であったとしている。

(6)森永太一郎「懺悔録」[第一六回](『菓子新報青年版』一九三五年三月号)

山﨑太一郎であった頃の森永は、実際の年齢と八歳の相違があったので、兵役の関係上も長い年月困惑させられたという。

そして森永は、一八九〇年にアメリカから一時帰国した時か一八九九年に帰国した際、実質的ないし名実ともに、山﨑家から除籍されて森永姓になった。一時帰国した時の彼は、家の再興を希望しつつも、彼がキリスト教に入信した上、勧誘までしたため、山﨑は激しく立腹し、書面で一生涯勘当することと、国賊同然のものとなったからには、日本に帰ることがあってはならぬと記されたという。

(7)中島浩氣『肥前陶磁史考』(六二八頁)によると、「陶栄会」という項の中で、一八八二年に伊万里で、資本金一〇万円の陶磁器販売会社陶栄組が創立され、上土井町の西喜左エ門(土井忠)が社長となり、有田白川生まれの小山丈太郎が支配人をつとめたとされている。そして、有田の仕入部には、中野原の庄村藤十が当たり、庄村藤吉がこれを補佐した。また、横浜の尾上町にあった支店には、庄村藤十の舎弟的存在であった庄村富助が当たり、神戸栄町の支店には伊万里の立石利右エ門が、朝鮮仁川の支店には西某が主任として、それぞれ当たった。業績は、一時非常に盛大であったが、明治二十余年に至って解散した。

(8)この渡米時、森永は山﨑姓で、一八八八年に「第八六〇〇号、神奈川渡、山﨑太一郎」として外務省から海外旅券が下付されている(「海外旅券下付返納表進達一件」[明治二一年]、外務省外交史料館所蔵資料)。なお森永は、一八九〇年の夏に帰国し、同年九月に再渡米したとされている(斎藤政晴『森永翁の思い出』、七一頁)が、外務省外交史料館所蔵の関連資料からその前後の期間に渡って、山﨑太一郎または森永太一郎の名前のものをみつけることで、事実の検証を試みようとしたが確認できなかった。

（9）大倉（佐藤）文二（一八六一［文久二年一一月九日］－一九一八・七・一九、一八八四－一八九〇在米、一八九二年に養子縁組・結婚）については、打越孝明「大倉洋紙店二代目店主大倉文二」（『大倉山論集』第五四輯、二〇〇八年三月）に詳しく、彼は大倉洋紙店の事業に携わったほか、大倉精神文化研究所を創設し、東洋大学学長なども務めた大倉邦彦（旧姓は江原で、佐賀県神埼出身、一八八二－一九七一）の養父にも当たる。

（10）そのような、森永が洋菓子製造を志すきっかけについては、三好右京『森永太一郎伝』（五二－五五頁）に次のような記述がある。なお、三好は森永と直接の面識もある。

落ちぶれたデイワーカーであった森永は、秋のサンフランシスコの散歩する人々で賑わう公園の柵の陰から、ベンチに腰かけている娘たち、芝生に転がって歌を唄っている一団の学生らを眺めていた。彼ら彼女らアメリカ人の老幼男女は、笑いさざめきの間にも、思い思いにおいしそうなキャンデーの類を、ポケットの小箱から引き出しては隣の者に与えたり、投げ与えたりして食べていた。彼は、流れてくる唾を嚥みこんでは凝視し、さらに目を一層鋭くしながら、次々に別の一団に眼を転じた。そして、急いで街中に引き返すと、日本人の開いている口入屋に飛んで行き、菓子屋の仕事を見つけてほしいと頼んだという。

（11）森永に洗礼を施したハリス（Merriman Colbert Harris、一八四六－一九二一）は、アメリカ・メソジスト監督教会の所属で、一八七三年に来日し、新渡戸稲造ら、札幌農学校の学生を洗礼したことでも著名である。一八七八年から一八八六年まで東京に配置され、伝道の傍ら、森永の葬儀が行われた青山学院の前身校の教師なども務めた。一八八六年から一九〇四年にかけては、ハワイと米国本土西海岸の日本人移民を対象とする伝道事業の監督を務めた。一九〇四年に日本及び朝鮮の監督に選出され、死去するまで、青山学院構内に居住した（『日本キリスト教歴史大事典』、一一四一頁、一四一一頁）。

（12）一八九三年時点の史料になるが、オークランド地域に位置するアラメダのパーク通り一三一五番地が、ベーカリーを営むジョンソンの住所であったとされている（塚本浩「『今昔の感』探訪記」［『森永ライフ』一九八二年一〇号、六－七頁中の一八九三年の人名録［City Directory］として紹介されている資料中の［Johnson Lewis E, bakery, 1315 Park, res Oakland］という記載と、松崎昭雄氏［当時、専務取締役］の訪問記事］）。

（13）森永製菓株式会社史料室所蔵写真

（14）キャンデー工場は七番通り四八三番地、キャンデーストアは、一三番通りと一四番通りの間のワシントン通り一一六三番地にあった。なお、後者については、現在のオークランドのシティーセンター付近にあったが、再開発後、ワシントン通りは途中で途切れ、一三番通りも歩道となっている。そして、ブルーニングの住居は、オークランド港に近いヘンリー通り八六四番地にあった。

（15）塚本浩「『今昔の感』探訪記」（『森永ライフ』一九八二年一〇号、四頁）より転載

（16）二〇一五年二月二八日に山本が撮影。場所は註14に示したとおり、カリフォルニア州サンフランシスコ郊外のオークランドのシティーセンター付近。

（17）「Bruning Brothers Confectioners」（「List of contents for tracing Mr. Morinaga's footprints」［森永製菓株式会社史料室所蔵の内部資料］）、塚本浩「『今昔の感』探訪記」（『森永ライフ』一九八二年一〇号、六頁）

なお、新聞記事の内容とは別のブルーニング兄弟社の沿革を記した資料によると、同社は一八七二年か一八七三年にジョンとヘンリーの二人により設立され、一八九一年にジョンに代わって（死亡した可能性もある）、ファビアンが参加したという記載がある。そして、ブルーニングが森永に語ったこととして、「我等青年の時三百弗の資本を母より兄と私の二人に与へられ、極小さくキャンデー製造を創めたが、中年に及んで兄と別れ此地に留まつて業を持続して居る」（「懺悔録」［第二回］［『菓子新報青年版』、一九三五年一一月号］）とあるので、おそらくブルーニングとは、ヘンリーのことを指しているかと思われる。

（18）『森永五十五年史』、二〇六頁より転載

（19）『森永製菓一〇〇年史』（三二一三二頁）によると、備荒資金（予備の貯蓄として絶対に手をつけず、万が一の用意のためにとっておくもの）と運転資金については新橋銀行に預けていたが、一九〇一年に同行が経営不振から支払い停止に陥ってしまったことがあった。その際、元金の八掛けが無利子で払い戻されることになり、戻ってきたのが、八〇〇余円であったという。そして、そのうち四〇〇円ほどが、品物のいたみによる返品を新品に代えて無料で納品し直すことで、信用を大きく回復した際の原資に充てられたのであった。このような金銭関係の記述から、森永が彼の事業の創業に際して準備した概ねの額が推定できるかと思う。また、創業時の森永は、信用が得られなかったため、仕入れはすべ

て現金取引であったが、販売においても相手に現金取引を求めることで流動資金を確保した。

(20)『森永五十五年史』、二〇七頁より転載

参考文献等

(最近の森永製菓に関する研究として、)五十嵐千尋「明治期製菓業における垂直統合――森永製菓のグループ化の事例――」(『経営史学』第五一巻第二号、二〇一六年九月)

伊万里市史編さん委員会編『伊万里市史　教育・人物編』(伊万里市、二〇〇三年)

伊万里市史編さん委員会編『伊万里市史　近世・近代編』(伊万里市、二〇〇七年)

伊万里市史編さん委員会編『伊万里市史　陶磁器編　古伊万里』(伊万里市、二〇〇二年)

打越孝明「大倉洋紙店二代目店主大倉文二――その生涯と事業――(特集　大倉孫兵衛の事跡と思想の研究)」(『大倉山論集』第五四輯、二〇〇八年三月)

大森一宏『森村市左衛門』(日本経済評論社、二〇〇八年)

「聞蔵Ⅱビジュアル」(一八七九年以降の『朝日新聞』記事データベース)

「九谷焼解説ボランティア」ホームページ、http://www.kutanimus-volunteers.com/

斎藤政晴『森永翁の思い出』(菓子飴新聞社、一九五八年)

『佐賀銀行百年史』(株式会社佐賀銀行、一九八二年)

佐賀近代史研究会編『佐賀近代史年表　明治編上』(佐賀新聞社、一九八八年)

佐賀県立図書館『生誕一五〇年記念「森永太一郎――二坪の町工場から始まった〈おかし〉革命――」展図録』(二〇一四年七月)

田川永吉『政商　松尾儀助伝』(文芸社、二〇〇九年)

塚本浩「『今昔の感』探訪記」(『森永ライフ』一九八二年一〇号)

中島浩氣『肥前陶磁史考』(肥前陶磁史考刊行会、一九三六年)(なお、一九八五年に青潮社より『同　別巻　索引』ととも

に再刊されており、本稿における引用等も再刊版からである。）
日本キリスト教歴史大事典編集委員会『日本キリスト教歴史大事典』（教文館、一九八八年）
前山博『伊万里焼流通史の研究』（一九九〇年）
宮地英敏『近代日本の陶磁器業』（名古屋大学出版会、二〇〇八年）
三好右京『森永太一郎伝』（東京菓子新聞社、一九三七年）
森田忠吉『開港五十年記念横浜成功名誉鑑』（横浜商況新報社、一九一〇年）
『森永五十五年史』（森永製菓株式会社、一九五四年）
『森永製菓一〇〇年史』（森永製菓株式会社、二〇〇〇年）
森永太一郎『キャラメル王の体験談』（日本自由メソデスト教会出版部、一九三五年）（国立国会図書館デジタルコレクションに所収）
森永太一郎「懺悔録」（『菓子新報青年版』一九三三年五月号より一九三六年二月号にかけて、二四回に渡り連載）
森永太一郎・松崎半三郎『パイオニアの歩み　現代語版』（森永製菓株式会社、一九九二年）
森永長壹郎「新島襄と森永太一郎――誕生より帰国まで」（『新島研究』第一〇二号、二〇一一年二月）
『森永乳業五〇年史』（森永乳業株式会社、一九六七年）
「ヨミダス歴史館」（一八七四年以降の『読売新聞』記事データベース）
「List of contents for tracingg Mr. Morinaga's footprints」（森永製菓株式会社史料室所蔵の内部資料で、一八八二年六月六日から一二日にかけての松崎昭雄元五代目社長［当時は専務取締役］の訪米にさきがけて調査、準備されたもの。ここには、Bruning の事業の沿革や、特に森永が、再渡米時の病気の際の世話等で親切にされたオークランドのメソジスト日本人教会の牧師であった中村徳太郎のアメリカにおける足跡等について、Oakland Tribune 紙の記事の調査等をもとにしてまとめられている。なお、森永製菓は森永太一郎が創業し、二代目社長となる松崎半三郎［一八七四－一九六一］が一九〇五年に入社することで、事業が拡大していくことになるが、昭雄氏は半三郎の孫に当たり、さらに、太一郎の長男で三代目社長となる森永太平の長女の恵美子氏と結婚している。そして、松崎昭雄氏と恵美子氏の間の長女が、政治家である安倍晋三氏の夫人の昭恵氏になる。）

若山三郎『菓商――小説　森永太一郎』（徳間文庫、一九九七年）

アメリカ合衆国カリフォルニア州サンフランシスコ、アラメダ、オークランドにおける山本による現地調査（二〇一五年二月二八日、三月一日）

なお、この現地調査に際しては、北カリフォルニア佐賀県人会会長の大久保利貞氏、さらに、本研究に際しては、森永製菓株式会社史料室の関係者の野秋誠治氏、賀村正昭氏、須古邦子氏をはじめとする皆様にも大変お世話になっており、この場をお借りしてお礼を申し上げたい。

戦時期佐賀の郷土雑誌に関する一考察

――「郷土精神」と県人会――

鬼嶋　淳

はじめに

近年の戦時・戦後を対象とした地域史研究では、引揚げなどに代表されるような「人の移動」に着目した研究をふまえながら新しい方法が模索されている[1]。戦時期佐賀の地域史を課題とする場合でも、こうした動向を踏まえて考える必要がある。

佐賀新聞社は、戦後七〇年を契機に、「刻む――佐賀・戦時下の記憶」と題して、七〇名の戦時下を生きた佐賀県に関係する人々から聞き書きを行った[2]。その戦時経験を読むと、ことのほか、朝鮮、台湾、中国大陸などで暮らしていた人が多い。それは、出征のためだけではなかった。「戦時下の記憶」として振り返った場合、多くの人は佐賀県外の体験を語る。近年の研究成果を重ねてみれば、戦時から戦後にかけて、佐賀地域でも多くの人が移動し、県外で暮らしながら「佐賀」を見ていたといえる。

すでに竹永三男は、近代地域史研究の課題として郷土雑誌分析、県人会研究の意義を提示している[3]。郷土雑誌や県人会・同窓会などは、全国各地で結成されながらも、各地域的特質も有する。竹永は、県人会などが資本主義の発展による中央集権が進むなかで盛んに結成されたことから、一九二〇年代を中心に分析している。郷土雑誌や県人会は「地方」の「中央」への結合といった受動的側面だけではなく、能動的側面を検証できる対象として、近代地域史研究にとって重要な課題であることを指摘する。

戦時期の郷土雑誌や県人会は、植民地、占領地などを含めた広がりのなかで「佐賀」という地域を考える対象となるのではないか。「故郷」に関する研究や、戦時期の地方文化運動研究などの成果を参照すれば、だれがどのように「郷土」を位置づけようとしたのかを郷土雑誌や地域新聞からうかがうことができる。[4]

戦前佐賀の「郷土雑誌」には、佐賀郷友青年会により一八九三年に創刊された『佐賀』、一八九六年創刊の『肥前協会』、一九三一年創刊の『大肥前』など、佐賀県外で発行されたものがある。また、佐賀県内では、肥前史談会による『肥前史談』が一九二七年に創刊、一九二九年には佐賀郷友社による『佐賀郷友』の刊行が始まる。両誌は一九四四年に合同し、一二月『郷土佐賀』が発刊された。[5]

郷土雑誌は、在郷の人ばかりではなく、むしろ県外在住県人が論考や各地県人会の動向を寄稿し、同時に県下の情報が掲載され、郷里を同じくする者たちの「交流の場」といえた。本稿では、在郷者と県外在住県人の関係性に注目しながら、県内で出版された『佐賀郷友』と県外で出版された『大肥前』を具体的に分析することを通じて、戦時下佐賀の「郷土精神」と県人会の一側面を明らかにしたい。

一　郷土雑誌『佐賀郷友』と『大肥前』

(一)『佐賀郷友』について

『佐賀郷友』は、一九二九年二月、甲斐久男を中心にして創刊された。発行所は佐賀市松原にある佐賀郷友社であり月刊誌であった。[6] 創刊号は定価一冊五〇銭、七〇頁であった。一九三五年頃には一〇〇頁を超えることもあったが、確認できる最後の冊子（一九四三年三月号）は約七〇頁であった。

主幹であった甲斐久男は、一八九七年佐賀郡鍋島村で生まれた。京城日報記者を経て、一九二八年佐賀に戻り翌年二月『佐賀郷友』を創刊した。甲斐は毎月各地の県人をめぐり交流を重ねていた。一九三九年一一月に甲斐が死去すると、発行人は妻の甲斐ヨネクリが引継ぎ、顧問に太田保一郎、東虎喙、中村郁一が就き編集作業を支えた(7)。

創刊された一九二〇年代末、甲斐は、佐賀を郷里とする「郷友」が「国民伝統の精神」を培うことを忘れ、互いに反目して僅かな利害のために争い、郷土を忘れて「軽薄なる時代思潮」に迷わされていると嘆く。物質文明を謳歌する青年男女、共産主義思想へ接近する青年男女、そして政界や官僚の汚職などを批判した。さらに、経済不況に伴う失業者の激増への不安、都市へ若者が集まり県人が「不良化」する危険性を指摘する。『佐賀郷友』は農村青年の思想善導が必要であるといった認識を示した(8)。

こうした郷土、日本にとって慨嘆すべき時代状況、経済・思想・国際的状況の重大危機といった「国難」を克服するために、『佐賀郷友』は発刊された。まず、佐賀を郷里にする県人の相互連絡を図り、郷土を向上発展させていくために、「郷土精神の涵養」の重要性を訴えた。さらに不況から脱却するために、物質的救済だけでなく精神的結合、「郷土民の団結」が必要であり、佐賀特産の宣伝に努め県外・海外へ販路を拡張していくといった目的を掲げた(9)。

誌面は、当初、巻頭言、論説、「郷土紹介」「郷土に誇るべき人々」「県内事情」「郷友消息」「読者便り」「こどものページ」「編輯後記」などで構成された。三一年頃には、「県下の雑報」欄が開設されて、各市郡ごとの出来事、人事異動、「郷友消息」などが詳細に報告された。また、三〇年には「在鮮郷友訪問記」（のち「郷友訪問記」）が連載され、佐賀郷友社の記者が、朝鮮在住の県人を訪問して現地で活躍する県人を紹介している(10)。

こうした訪問は、甲斐の京城日報社記者時代からのつながりといえ、三〇年八月には、佐賀郷友社京城支局が開設される[11]。彼の訪問を契機にして三〇年一二月に大分支局が開設、さらに、三一年八月に東京支局が設置されたと思われる[12]。

その後、「各地に於ける郷友の通信」、「地方通信」欄が開設されていき、各地県人会から寄せられた通信が掲載された。東京からの記事よりはむしろ、佐賀県下の出来事を各市郡ごとに詳報し、県人に関する人事異動、住所変更といった「郷友情報」を掲載、さらに各地県人会、とりわけ朝鮮、台湾、満州からの通信が多く掲載されている。

一九三五年には、本社の使命に中堅青年を対象にした郷土精神の涵養、および県人在住各地に連絡機関を設置して情報交換を徹底することを挙げ、奉天支社設置を「満蒙飛躍の一階梯」と位置付けた[13]。三六年には、創刊時の目的は、各地に県人会や郷友会が創設、あるいは復活してきたことから達成されてきていると自己評価をした[14]。甲斐は、「内」は「一致協力」を説いて、「外」は「海外発展の方途」を考えていた[15]。

甲斐主幹の死去後も、基本的な社旨は継続され県外県内の県人連絡機関といった役目を自認し、「郷土名物の取次斡旋」、「郷土史蹟の巡礼探訪」、「読者文芸欄の創設」などに取り組んだ。戦争の長期化による用紙の配給減少などにより減頁を余儀なくされつつも、「個人の雑誌」ではなく「県人皆様の機関誌」である以上は「郷友の向上発展に向つて挺身する覚悟」と表明し「県人間唯一の連絡機関誌」として出版を継続している[16]。結局、四四年一二月に『肥前史談』と合同し『郷土佐賀』と改題され、一六年間で終刊となった。

(二)『大肥前』について

『大肥前』は、一九三二年六月、古澤一次郎によって創刊された[17]。発行所は、大肥前社(東京市)である。定価は一冊三〇銭(一九三四年九月現在)であった。頁数は、一九三六年頃から約六〇〜七〇頁で推移していたが、四一年一一月以降、四〇〜五〇頁程度となる。雑誌用紙配給制限が強化されたためであり、贈呈用などを一時中止するなど発行部数を減じることで急激な減頁を避けようと編輯側は努力している[18]。しかし、四二年五月号以降になると三〇頁前後となり、四四年四月号は二〇頁となった。

大肥前社は、一九三〇年前後、物質文明の謳歌、都会中心の社会を批判、日本の行き詰まりを打破するためには、「郷土文明の再建と郷土精神の復興」から始めるべきという認識をもち、「郷土主義」を掲げてスタートした[19]。すなわち、「我が郷土の伝統的殉国精神の宣揚と保全」と「郷土佐賀及佐賀人の発展と相互の連絡並に和親協力」の達成を期すために、毎月一回雑誌「大肥前」を発行した[20]。

佐賀人は郷土の問題について比較的冷淡であったが、在京及び在郷の県人が一致協力する必要を説き[21]、『大肥前』の刊行とともに、事業として、在京県人名簿作成、「相談部」「調査部」「出版部」を設けて就職紹介、法律医療結婚相談などに取り組んだ[22]。また、「郷土愛＝国家愛」を育てるために、郷土教育を実施、郷土文化の顕彰などをおこなった。「佐賀人精神の聖書葉隠論語を普及版として刊行し」、県人に送ることを計画している[23]。

創刊当初は在京の県人が読者と想定されていたが、号を重ねるごとに横浜、阪神の県人へと伸び、三四年一二月段階では、北は北海道、南は台湾、西は朝鮮、満州、東は北米、南米ブラジルの県人にまで『大肥前』の愛読者は広がった[24]。

誌面は、主張・論説（時事関連）があり、後半に郷土の人物考、葉隠関連論考、人事消息、「帝都事情と各地情報」（各地の県人会の活動報告）、「郷土事情」などで構成された。

一九三五年四月号から誌面構成に大きな変化が見られた。「郷土事情」欄が、従来の「県下の会と催し」「郷土短信」といった総括的な記事だけであったものが、「郷土日誌」「市町村めぐり」「各郡市別ニュース」などが加わり出来るだけ詳細な報道がなされるようになった。郷里の情報を知りたいと思っている読者の期待に応えることが使命であると感じたためであった。佐賀支局の顧問に野中萬太郎が就任して、県人の依頼による調査や県物産の取り次ぎを開始した[25]。

その後も「郷土雑誌と云ふものは飽迄郷土色を濃厚にする事がその使命であり、その為めには郷土の事情を詳報する事や、郷友の動きを伝へる事が一般に歓迎されてゐるやうですから、これには一層努力致します」[26]と述べ、さらに四〇年にも佐賀支社を拡張して「郷土の事情」欄の充実を図っている[27]。誌面の変化は読者の期待に沿っていた。

また、一九三六年以降「各地県人の集い」「帝都事情と海外地方通信」欄などが登場する。四〇年一月には南京佐賀県人会関係者に委嘱し南京支社の設立準備が報告されている[28]。誌面が全国各地の佐賀県人の「交流」の場になっていたといえる。

(三)各地との「交流」

以上のように、『大肥前』と『佐賀郷友』は、東京と佐賀と発行場所が異なるものの、一九三〇年前後の時代状況に危機感をもちながら「郷土精神」の昂揚と各地県人との連絡機関としての役割を重視している点は共通していた。ともに「通信」欄を充実させている。

両雑誌で取り上げられた各県人会組織を居住地と参加の基準(同郷・同窓・同業)ごとにまとめたのが、表1、表2である。雑誌に掲載されない団体があることを考えれば、さらに多数存在していたであろう。

両雑誌で「交流」した組織には、それぞれの雑誌の特徴が反映している。

『大肥前』掲載の県人組織の特徴は、第一に、在京組織が圧倒的多数を占めている。出身地が県レベルではなく、郡、市町村、部落レベルといった小さな結びつきの団体がみられる。また同じ県民でも東京での居住区ごとにも県人組織が存在した。第二に、在京の同窓会、同業会組織の数が多い。これは大肥前社の顧問や相談役、誌友に在京の実業家、政治家、官僚、弁護士、病院関係者などが多数含まれていたためであろう。『大肥前』がまず東京周辺から読者を増やしていったことに対応している。第三に、北米・南米、中国大陸の県人会とのつながりにも注目できる。詳細には確認できないが、一九四〇年になり「大陸進出に拍車をかける為め」に南京支社設立準備を進めていることから、四〇年代に積極的に中国大陸の県人会と連絡をとったためと考えられる[29]（以上、表1参照）。

一方『佐賀郷友』掲載の県人組織の特徴は、第一に、朝鮮半島、台湾といった「外地」の県人会との結びつきであろう。これは甲斐久男主幹が元京城日報記者であったこと、東京支局より早い一九三〇年に京城支局を開設して、記者が「在鮮郷友」を訪問していることなどからも佐賀郷友社の意図といえる。社の目的に佐賀物産の海外進出をあげて、三〇年代を通じて朝鮮、台湾、満州への佐賀物産の進出のために県人会との連携に力を注いでいることと関わると思われる。第二に、圧倒的に同郷会が多く、同窓会が少ない点である（以上、表2参照）。

両誌には異なる特徴が見られたが、共通した点も多々あった。その一つは、三七年頃から「戦地からの便り」が盛んに掲載されるようになったことであろう。例えば『佐賀郷友』三八年八月「各地通信」欄のなかに「戦地便り」が掲載されている。一ノ瀬一平は、佐賀県出身兵士に送付された『佐賀郷友』を読み、「我が郷里の情報、出征勇士の生死をも御蔭様にて全部知る事が出来、一同天使にでも遭つた様な気が致しました」と感謝の言葉を綴る。そして改めて奮闘を決意している。また、中島貞善は、「飲料水欠乏し泥水を戦帽で濾して飲む」より仕方がなかった戦場での苦労を書いている[30]。

『佐賀郷友』の送付を受けた満蒙開拓青少年義勇軍訓練所の佐賀県出身隊員も、「自分の村の出来事又県の色々の出来事を喜びて見たり又戦死者の処を見てはあゝと懐しい郷里を想い出し又亡き人の事を想い出たりする「郷友」皇国の為に働く隊員にとつてはなんと懐しい又嬉しい慰問誌で有りました」と感謝を綴っている。そして「我等隊員も大いに皇国の為に又初志貫徹に邁進し一面坡大訓練所の先遣隊として恥しく成い様に奮闘し貴社員、又県民皆々様の御期待に副ふ覚悟です」と自らの奮闘を決意する[31]。

同窓（出身学校）	同業（職業）
関西栄城会、福岡黄城会	
東京有朋会、無恨会（鹿島中中堅組在京者）、関東栄城会、関東黄城会、関東鹿城会、在京有田工業会、在京郁芳会、在京伊万里商業同窓会、在京小城高女同窓会、在京小城中学櫻丘会、在京学生連盟、在京唐津高女同窓会、在京佐賀高女会、在京佐賀商業同窓会、在京龍谷中学同窓会、佐商在京会、東京有工会、薬学士佐賀県人会（1934、東大薬学科出身在京県人会）、早稲田大学抜天会（早稲田大学出身在京県人中堅部）	在京県人医師会、在京県人歯科医師会（1933）、在京佐賀法曹会、在京実業会、在京薬業家の会、佐賀軍友会、佐賀東医会（1932）、葉隠美術協会（1936、在京佐賀出身美術家）、水哉会（京浜在住県人銀行関係者）、陸海軍人会（在京佐賀出身陸海軍人合同懇親会）
佐中同窓会大連支部、鞍山栄城会（1939）、在済南在住佐賀商業同窓会、上海栄城同窓会（1939）	

出典：『大肥前』より作成。（　）内は、補足、数字は開設年。

表1 『大肥前』掲載県人組織一覧

居住地	同郷（出身地域）
「内地」（東京除く）	鹿児島佐賀県人会、関西佐賀会（1935）、甲府佐賀県人会、神戸県人会、在仙肥前会、在福佐賀県人会、在柳県人会、佐世保在住佐賀県人、静岡県人会、函館佐賀県人会、肥前会（横浜鶴見区在住佐賀及び長崎両県人）、広島唐津人会、三潴郡佐賀県人会、宮城県肥前会、横浜佐賀県人会（1932）、若松在住佐賀県人会
東京	入野村郷友会、伊万里長浜人会、牛津会、嬉友会（1935復活）、大詫間同郷会、大森区県人会、小城郷友会、鹿島会、神陽会（神埼町出身者）、神埼郡郷友会、京橋区県人会、在京有田町会、在京嬉野会、在京大町会、在京唐津会（1935）、在京與賀郷友会、在京須古人会、在京西松浦郡人会、品川県人会、渋谷佐賀県人会（1940）、城西佐賀県人会（中央沿線在住県民）、城山会（在京伊万里町出身者）、城田会、世田谷区県人会、多久会、多久管鮑会、東京佐賀県人会、中原村綾部会（在京三養基郡中原村綾部出身者）、西與賀郷友会、西松浦郡人会、八天会（仁比山村出身者）、深川区県人会、芙蓉會（在京旧蓮池藩関係者）、三養基郷友会、向島区県人会
朝鮮半島	京城佐賀県人会、清津佐賀県人会、釜山佐賀県人会、平壌佐賀県人会（1905）
中国大陸／東南アジア	大連伊万里人会、大連県人会、旅順佐賀県人会、厦門葉隠会（1939）、鞍山県人会（1920）、営口佐賀県人会、吉林佐賀県人会、新京佐賀県人会（1909）、撫順佐賀県人会、済南県人会、武漢佐賀県人会、上海佐賀県人会、張家口佐賀県人会（1940）、天津松浦会（1940）、南京佐賀県人会、葉隠会（在北京佐賀県人会）、葉隠県人会（在塘沽佐賀県人）、哈爾浜佐賀県人会、北京佐賀県人会、奉天佐賀県人会、奉天唐津人会、牡丹江佐賀県人会（1935）、満州武雄会、ダバオ佐賀県人会
アメリカ大陸	桑港佐賀県人会、バストス佐賀県人会、ビリグヰ佐賀県人会、ロンドリーナ佐賀県人会、南加佐賀県人会、羅府佐賀県人会

表2 『佐賀郷友』掲載県人組織一覧

居住地	同郷（出身地域）	同窓（出身学校）	同業（職業）
「内地」（東京除く）	長崎市立神町佐賀県人会、下関佐賀郷友会、山口市在住佐賀県人会、静岡、岐阜、大阪在住佐賀県人会、沖縄、小倉県人会、在大分別府佐賀同郷会、戸畑市在住佐賀県人会、名古屋在住県人会、肥前会（和歌山）、大分市在住佐賀県人会、神戸佐賀県人会、仙台肥前会、横浜在住県人会、在福佐賀県人会協和会（1937）、大阪葉かくれ会、和歌山佐賀県人会、函館佐賀県人会	佐世保黄城会、関西栄城同窓会	大牟田三井佐賀県人会
東京	東京市在住唐津人会、肥前協会、西肥会、佐賀同郷婦人会、多久会	在京有朋会、関東栄城同窓会	
朝鮮半島	晋州佐賀県人会、在朝鮮馬山郷友会（1928）、咸北郷友会、鏡城郷友会、鎮海佐賀県人会（1905）、京城佐賀郷友会、仁川県人会、龍山葉隠会、釜山在住同郷会（1930復活）、木浦佐賀県人会、咸興佐賀郷友会（1934）、大田佐賀県人会、開城在住県人会、光州佐賀県人会、兼二浦佐賀県人会、大邱佐賀郷友会、群山佐賀県人会、清津佐賀県人会、平壌佐賀県人会、天安佐賀県人会、裡里佐賀郷友会、清道佐賀県人会、釜山県人会、恵山葉隠会（1939）		
台湾	台北佐賀県人会、高雄長佐県人会、屏東街佐賀県人会、嘉義市肥前会、睦語朗会、台北葉隠会、新竹佐賀県人会、長佐県人会（1939）、高雄葉隠会（1941）、台中佐賀県人会（1942、長佐県人会から独立）	成美同窓会、有朋会台湾支部	
中国大陸	大連伊万里人会、大連県人会、旅順佐賀県人会、哈爾浜佐賀県人会、在撫順佐賀県人会、上海佐賀県人会、奉天藤津郡会、奉天唐津人会、徐州佐賀県人会（1939）、南京佐賀県人会（1939）、漢口佐賀県人会（1941）、新京佐賀県人会、厦門佐賀県人会、北京葉隠会、奉天佐賀県人会、牡丹江佐賀県人会、上海有田会	上海栄城同窓会	
アメリカ大陸	サンフランシスコ佐賀県人会、ビリグヰ佐賀県人会		

出典：『佐賀郷友』より作成。（　）内は補足、数字は開設年。

このように戦地、前線では、郷土や同郷将士の情報を伝える慰問誌として『佐賀郷友』は重宝された。部隊内の郷土出身将士たちに回覧されていたという。『佐賀郷友』には、戦場での苦労話や、郷里のニュースを懐かしむと同時に戦地での奮闘を決意する役割が秘められていた。手紙には郷土情報を詳細に知り喜んだことを感謝しつつ「元気旺盛葉隠武士の意気を以て軍務に邁進仕りおり候」と意気込みで終わっている。[32]

佐賀郷友社の方は、戦線では郷土ニュースが期待されているから「御一覧後は在支将士の方に御贈呈下さい」[33]、皇軍将兵慰問用であれば実費で提供すると宣伝しており、[34]戦線の佐賀県人への慰問誌の役割を積極的に担おうとしていた。[35]

二　「郷土精神」の昂揚

（一）空閑少佐の死

『佐賀郷友』では、一九二九年二月の創刊から三年間、佐賀の発展のために郷土愛・郷土精神を涵養し、産業の発展を目指して、「郷土に誇るべき人々」を特集している。そこで取り上げられている人物は、朝鮮、台湾で事業に成功した「苦学力行の人」であり、必ずしも軍人や「葉隠精神」だけが強調されていたわけではなかった。[36]

しかし、三二年上海事変以後、誌面の論調が変化する。甲斐は総選挙の時期にもかかわらず、列車の乗客は廟行鎮の攻撃で壮絶な戦死を遂げた「爆弾三勇士」の話題でもちきりであり、老いも若きも三勇士を讃えていると紹介し、「鍋島男子」の意気を体現した三勇士とともにその両親遺族にも感謝の念を捧げている。[37]

『大肥前』でも、満州事変、上海事変における県出身軍人の悲壮な戦死によって、「佐賀及葉隠精神研究」が盛んになったと記されている。[38]「昭和七年は吾人の銘記すべき年であつた」と指摘し、満州上海事変における古賀大佐、三勇士、空閑少佐などの戦死は郷友の誇りであり名誉であると述べている。[39]

こうした傾向が強まるのは、「空閑少佐の死」をめぐる一連の顕彰運動の過程であった。空閑昇少佐は、一九三二年二月江湾鎮の激戦で負傷、意識不明に陥ったところを中国軍の捕虜となる。収容先で自殺を試みるも、中国士官の厳重な警戒と厚情により叶わず、三月一六日、日本軍官憲の斡旋で上海兵站病院に収容された。部下の功績調査表の作成後、戦没部下の五七日忌にあたる三月二八日に旧戦場にて自決した。[40]

当初、壮烈なる戦死を遂げたという報道もあったが、[41] 四月以降、全国紙をはじめ多くのメディアで「空閑の最期」が公表され、以降「美談」となっていく。

この過程については、重信幸彦による研究がある。[42] 以下、重信の研究を参照しながら、「空閑少佐」をめぐる死という出来事が美談へと変わっていく過程を確認したい。重信は、新聞紙面、雑誌、大衆文化などでの空閑の死の描かれ方を詳細に検討している。新聞紙面では、書簡・遺書、周囲の証言など空閑に関する様々な情報を組み合わせることで、「武勇」に優れた軍人であったと同時に家庭においては「優しい父」であったという軍人像が示されていく。さらに、武家の系譜を継ぐ空閑の実父が戦場で軍刀ではなく拳銃で自害したことを書面でわびたことや司令部が「武士道」に触れたことなどをつなげていくことで、空閑の最期が「武士道」といったイデオロギーと接続されていった。

こうしたエピソードは、映画や戯曲といったより大衆文化的メディアにより物語化された。重信は、活字メディアで空閑を取り上げた出版物を検討している。例えば、高木臨川『武士道の精華　空閑少佐』（愛国出版社、一九三二年）では、空閑の生い立ちから死までを描き、最終章では「日本精神を呼び起こせ」と題して、同時代に美談とされていた「肉弾三勇士」と並び空閑の自殺は、「武士道の精神」、「日本精神」の発露であると位置づけた。

しかし、こうした美談には弱点があった。空閑は捕虜になったのちに自殺したという事実である。「戦死」でなければ靖国神社に合祀されない。そこで、空閑が配属将校をしていた射水の中学校の生徒達や佐賀県下在郷陸海軍将校や行政関係者などは、空閑を「戦死者」扱いに加えて欲しいと荒木貞夫陸相に嘆願書を提出する運動を起こした。『佐賀郷友』では、「今回の日支事変中最悲歎事たる空閑少佐の自刃は我が葉隠の精神を発揮し社会に対し深き感銘を与へたが軍規に照合して之を戦死者の列に加へざる事は、社会的にも好果を齎すものでなく、又氏の霊に対しても礼を失した行動である」と嘆願書の意義を評している。[43] 三四年四月、世論の盛り上がりのなか、空閑に「武士道の典型」「日本魂の精華」「葉隠の精神」の実践者といったイメージが強く刻まれる。空閑は靖国神社臨時大祭にて靖国神社に祀られることになった。

こうした一連の顕彰運動を通じて、さらに空閑が『葉隠論語』を愛読していたことが伝えられることで、空閑は、郷土の伝統である「葉隠魂の精華を遺憾なく発揮して佐賀の名を一躍全国に輝かせた」郷土の偉人、「葉隠精神を実践した人物」として位置づけられ、それと郷土を同じくすることに感謝することが強調されていく。

三四年三月、空閑少佐顕彰会が発足し銅像や神社の建設計画が始まった。しかし、銅像建立計画のために募集された寄附金の集まりは悪かった。とくに県人からの集まりが悪く、また県外からの寄附金が大部分を占めていたようで、[44]『佐賀郷友』に掲載されている寄附者名簿を確認しても、そのほとんどは朝鮮や台湾に在住する県人からであった。[45] 空閑に関する論考や声も、在外県人によるものが圧倒的に多い。誌面では、郷土精神の涵養に「葉隠精神」が強調されはじめた。しかし、それは当初県内よりはむしろ、県外在住の県人からの支持が支えていたようにも思える。

(二)「佐賀と言へば葉隠、葉隠と言へば佐賀」

一九三五年一月、佐賀郷友社は改めて社の使命を「郷土観念の涵養、郷土精神の普及」と提示した。そして具体的に、①非常時に際して日本精神、所謂郷土精神の涵養のために鍋島論語『葉隠全集』の刊行、②郷友在住各地に連絡機関を常設していくことを掲げた。②については次節で検討することにして、ここでは①に注目したい。「葉隠」が前面化してきた経緯は前述の通りである。以降、「葉隠精神」の普及が様々な方法でおこなわれた。

例えば、三五年二月には、とくに青年団員に「葉隠精神」を注入するため、県内で「葉隠教育」を徹底することが主張される。[46]三六年九月の空閑少佐銅像除幕式典で、佐賀県教育会長森岡喜三郎は、「葉隠精神」を示した人物として空閑を「軍人の典型国民千古の亀鑑」と讃え、空閑の功績は今後の「教育教化に資する」と述べた。[47]『大肥前』誌上でも同様であった。警察官に葉隠講義を行ったり、皇紀二六〇〇年記念事業として、葉隠精神の神髄を示した「葉隠読本」を作成し、青年学校、国民学校五年以上の課外読本として利用した。[48]教育の場で「葉隠精神」が広められていた。

また、「葉隠」は「単なる倫理の書、修養の書ではなくて実行の書である」[49]といわれ、「葉隠精神」には、なによりも実践が求められるようになる。三七年の『佐賀郷友』には、「佐賀と言へば、葉隠、葉隠と言へば佐賀を表徴するかの如く、世間も認め、佐賀人もまた自負してゐる。殊に上海事変後より葉隠研究熱は一層高調し、随所に葉隠の文字と言葉が用ひられる様になり、此の葉隠なる文字と言葉とを使はざれば、佐賀人士の沽券に関わるかの如き感を懐く様にまでなつた」とあり、[50]佐賀の「郷土精神」として「葉隠」は普及していった。

さらに、葉隠精神は「佐賀人の間に自づと生れ出たもの」「佐賀と葉隠とは別々にして考へられない」と佐賀と葉隠の一体性を述べると同時に、「佐賀の葉隠をして日本の葉隠たらしめねばならぬ。熱烈なる郷土愛は即国家愛である」と述べる。[51]佐賀の郷土精神だけでなく日本の指導原理として葉隠精神は宣伝されることになる。

こうした佐賀＝「葉隠精神」というイメージをより一層強固としたのは、ハワイ真珠湾攻撃の際の「九軍神」のなかに三養基出身の廣尾彰大尉が含まれていたことである。『佐賀郷友』では、廣尾は幼少期から義侠心に富み、三養基中学時代「葉隠四誓願」を朗誦する教育を受けており、空閑少佐と同様に、「葉隠を信仰」し、そして「実践」した人物と評価された。「葉隠武士伝統の地である我が郷土にしてこの軍神あり」と強調されている。また、『大肥前』一九四二年四月号の表紙には、廣尾の写真とともに「あゝ軍神郷土の誇り！」と記された。両誌では、葉隠精神は、空閑・廣尾両軍神が実践したことにより、さらに偉大なものとなり全国民に影響を与えるものとなったと認識する。(52)

四二年には、東京の佐賀靖国の会、東京葉隠研究会、大肥前社の代表や、(53)東京市青少年団員による「軍神敬頌団」が廣尾の生家を訪問し、参拝するとともに遺族等と会い遺書や遺品に触れている。「葉隠精神」を育てた佐賀に学ぼうというのである。(54)

佐賀と「葉隠精神」との結びつきは、佐賀県人が「郷土の軍神」の実践として認識すると同時に、県外からも強調されていき、イメージとして固定化されていくのである。戦争末期、佐賀では、多くのことに「葉隠◯◯」と「葉隠」という語が付されている。

三　戦時下佐賀の県人会組織

（一）海外進出と県人会の役割

佐賀郷友社主幹の甲斐久男は、県外在住県人を大変重視し、郷土の発展のためには利用するべきと考えていた。県外進出者が増加する一方で佐賀の人口は停滞・減少していくことに郷土の衰退を覚え、佐賀物産の県外進出・「外地」へ進出することで郷土の産業、経済が発達し郷土が向上発展すると考えていた。そのため、在外県人会との連携を深めることを重視していたのである。

在外県人は、県人会など親睦団体を組織した。会合では、郷土の近況を語り合うだけではなく、各種の視察団が来訪した時には時間を割き醵金して歓待と歓送迎につとめていた。こうした行動は、甲斐によれば、視察団を通じて郷土の近況を知ると同時に、在外県人の活動状態を郷土の人々に知らせて相互の連繫を保ち、在郷者の奮起と郷土の発展を促したい純情、熱烈な郷土愛の発露であるという。[55]「空閑少佐銅像建立」寄附金に積極的に協力していたことからわかるように、多くの在外県人は、階級を問わず郷土に対して「熱烈な思慕と関心」を懐いていた。

しかし、在郷者は在外県人に対して「出稼人」といわんばかりの態度であり、視察の際の案内役ぐらいにしか心得ていないと、海外在住の県人から批判が出された。[56]

例えば、佐賀郷友社の「京城通信員」は、一九三八年二月京城の三越支店で開催された佐賀商工奨励館主催の佐賀物産即売会を見て、佐賀物産の今後の発展に大きな問題があると記事を書いている。その一つに、県当局者と京城の県人会との関わりがなかったことを挙げる。「県当局は県の物産は県当局で遣るぞ」という意向があったためか、個人宛には連絡しているかも知れないが、県人会に依頼はなかった。他県ではその土地の県人会とタイアップして商勢拡張と宣伝に努めている。佐賀県当局者のやり方はあまりにも「独善主義」であり、また商人も「保守的」であって、そのため県物産の海外進出が伸びないのではないかと批判している。[57]

それに対して県当局者は、京城県人会会長とは連絡をとり名簿を送ってもらったこと、現地で県人会総会を招いてくれたことを感謝しつつ、県人会の様子を知らないので、個人宛に手紙で案内をしたと述べた。県当局者は在外県人会の存在をよく知らず、連絡先、現地で受け入れをする団体程度の意識であったことがわかる。佐賀郷友社は、県当局に対して、県物産の海外進出は、物産そのものを一番知っている在外県人会を足場にしない限り不可能であるので、在外県人の存在を無視しないよう要望した。[58]

甲斐は、県当局、在郷有識者、在郷者に対して、在外者は新天地で自己の繁栄と郷土の名誉をかけて積極的に活動しており、郷土への寄附も応分の負担をしているのであって、「出稼人」のような扱いは偏見であり、在外県人と連携を深めなければならないとくり返し主張した。

具体的な提案もしている。例えば、従来のような県当局の「鮮満視察団」ではなく、「県人慰問団」「県人の産業開発状況視察団」などを派遣したほうが、当地の県人会と連絡を密に取ることができ利益を得ることができると主張する[59]。県の物産の県外進出には、在外県人の支持なくては決して万全の効果を挙げる事はできないという考えからであった。実際に甲斐は、野中萬太郎の支援をうけて、経済事情の調査に佐賀商業学校の学生を数週間派遣した。四名の学生は、それぞれ朝鮮と満州に分かれて、佐賀県人の状況や県物産状況について調査研究を行った[60]。

各地の県人会で話しを聞きながら調査を続けた彼等は、有田焼は瀬戸物に、麺類は兵庫や香川にと、佐賀物産が他県の商品に圧倒されていることを報告する。今後県物産を発展させるには、大衆向けの陶器を安く販売することに尽きると指摘した。それは第一に、満州在住邦人の大部分は、満鉄などに勤めるサラリーマンが多いので転々と移動するため、陶器のような生活品にはあまり高級品を好まない。第二に、満州在住邦人向けだけでなく「満州人」向けの陶器も製作し「一流家庭」より次第に販路を拡大するべきである。「満州人」は品質よりむしろ価格の安いものを好む。しかし「満州人」もいつまでも品質の劣った安価な製品のみを要求するかはわからない。生活様式が異なるのと同様、好みの形態、色相なども異なる。従って「満州人」の嗜好に適するように研究する余地がある。つまり、現在、佐賀の物産は品質は劣っていないが、生産費の割合が高いため、他府県物産に比べて不利な状況である。今後、十分に満州の経済を認識して進めば満州進出が実現できるとまとめている。

県産物を移出・輸出していくためには、現地の県人会との連携が必要となってくる。大連の県人会は、「大連通信」のなかで、有田陶磁器の満州進出に関する座談会での議論を紹介している[61]。①産地である有田に輸出組合のような陶磁器関係者による権威ある機関を設置して、製品の改良、取引方法、紹介宣伝、荷造輸送など輸出に関する研究を進めて満蒙進出に一層努力すること、②名古屋、京都、美濃などの流行を追うのではなくリードすること、③食器の内部には複雑で美麗な絵柄をつけないこと、④従来の絵描きに満州市場を視察させ消費者の嗜好を知ること、⑤有田焼の宣伝会を開催すること、⑥年数回は満州で陶器の普及宣伝、社会で人気となる図案を考案し販売努力すること、⑦あまりに高価であるので、値下げの工夫、運賃の軽減にも努力すること、などが提案された。結局、佐賀県産品の販路拡大のためには、県人会の役割が大きく、在郷者と県外県人との連携が重要とされた。

また、重要都市や将来進出するだろう地方の会長や顧問、相談役などのうち一人を佐賀県嘱託にして、県と各地県人会の連絡を緊密にすることで、調査のみならず郷土物産の進出をはかることを提案したり[62]、県外に多年在住して見聞を広めて帰郷した人を官公庁に招き、郷土のために働いてもられば、帰郷者は悦んで郷土のために貢献するのではないかといった提案もした[63]。

甲斐は、創刊から一貫して、在郷者と県外在住県人が提携して郷土発展を図ること、そのためにとくに愛郷心の強い在外県人を重視して、在郷者の視線の変化を促そうと力を注いでいた。

一九三〇年代後半にはこうした佐賀県物産の海外輸出が課題となり、現地の県人会から現状報告、販路拡大のために気づいた点などが寄せられた。しかし、四一年一二月には、戦争の影響が色濃く反映した記事が掲載されている[64]。大連では、毎月の県人会の会合で、「丸房露を佐賀から送つて貰つたら三分一はおろか半分は空箱が着いたとかいふ事を聞いては、途中抜荷、破損におびやかされて取り寄せる気にもならない。まして切符制と来ては外地に送つてもらふだけの余分もあるまいと悲しくも諦らめざるを得ん」といった話がでると報告されている。一九四〇年末までは郷土の物産の斡旋に全力を傾けていたから尚更、小城羊羹、丸房露、逸口香といった郷土の名物が食べたくなってきたと感じているようだ。さらに、一一月二五日になり採暖期がやってきても、煙突の配給が不円滑のため取り付け作業の完了していない家庭が、大連市中に千余戸もあるといった記事も掲載されている。戦争が長期化するにつれて「外地」での生活が厳しくなってきた様子がうかがえるだろう。四〇年代になると県物産の海外進出といった記事にかわって、前線の兵士や満州開拓団員からの声が誌面をにぎわすようになった。

(二) 在京県人会の合同構想

東京には数多くの県人会が存在していたが、「肥前協会」は大隈重信らにより一八九六年一〇月に創立され最も古い歴史を有していた。[65] 一九三〇年代、鍋島直映が総裁、大隈重常が会長を務めていたが、活動は振るわず、西肥会、東京佐賀県人会などが新しく誕生して在京佐賀人の団結は進まなかった。こうしたなか、『大肥前』では、県人の有産階級を網羅した団体と、無産者を組織した団体と性格が異なると指摘する人もいるが、「郷友」という限定された人々のなかに階級を持ち出すことは純粋な郷土愛の運動とはいえないと批判している。[66] また、肥前協会の活動が停滞しているのは「老人ばかり」であるからで「若い働き手」を入れて協会の仕事をやらせれば良いと主張し、「佐賀人のクラブ」設立を提案する声もあった。[67]

こうした意見は『大肥前』誌上だけでなく、佐賀県人会発行の『佐賀県人』でも展開された。一九三六年二月、在京県人団体は県人会、同窓会で二三あり、各校のクラス会など小団体を含めれば五〇以上あるので大同団結をする必要があると、佐賀県人倶楽部創設の提案が出されている。[68] しかし、翌月号には、佐賀県人が協力しあうことは賛成だが、一つの団体に併合していくことは現実的に不可能ではないかという意見が掲載されている。県人会が西肥会、肥前協会に併合を求めても、自らの団体を解体して合流することはないであろう。とくに「芝のあの坂の上に事務所を構へて居る肥前協会などは絶対にそんなことはしません」と述べている。[69] 一九三〇年代、在京佐賀県人関連団体が多数存在しており、倶楽部創設構想など団結する方向性が示されるが、実際には各団体ごとに性格がかなり異なっていたといえよう。

一九四〇年、村山琢一による「在京県人会の合同を促す」という論考が『大肥前』と『肥前協会』の両雑誌に掲載されている。[70] 村山自身は、肥前協会、佐賀県人会ともに会員で、大肥前の愛読者であった。「皇国空前の難局に直面し国民総力を必要とする時」に「我々郷土人が一致協力、合同団結したる大佐賀県人会の旗印の下（傍点は原文）」で助け合って行くことが佐賀県人としてだけでなく日本人として国家、社会から見ても有意義であると指摘し、国策として団体の統一が進められているなかで、県人組織が多種多様であることを問題視して、皇紀二六〇〇年を記念して大同団結し唯一の佐賀県人会を組織することを訴える。

しかし翌月号には、村山の主張に全面的に賛同しつつも、「総裁に鍋島侯爵、会長に大隈侯爵を戴き、幹事評議員に県人知名の士を有してゐる我が「肥前協会」へ向つて他の県人会が、合同することを切望する次第である（傍点は原文）」といった意見が掲載された。戦時下、国策として団体の統合が進められていたが、在京佐賀県人団体の全面的な合同は進まなかった。[71]

（三） 海外在住県人の戦時体験

戦時下、海外の県人会ではどのような体験をしていたのか。まず第一に、南京佐賀県人会の事例である。[72] 県人会副会長の岸川榮一が、佐賀県出身の日本人学校教員三名から南京へ赴任後半年もたたない段階で聞いた話の報告である。南京日本人小学校は、一九三八年四月に再度開校された。児童数は一〇名足らずであったが、一九三九年度には六〇〇名、翌年五月には八五〇名と増加の一途を辿った。教員は二〇有余名であった。

ある教員は、「第一に強く私の胸に響いたのは戦勝国の伸びる姿と共に敗戦国の悲惨な様子の対称でした」と述べ、南京に着くまでに出会った生活に苦しむ中国人の姿を「総てが哀れそうに」感じた。「城内に入りさすがに皇軍活躍の跡をあらはに見る事が出来、又大建築物の殆んどは破壊され、それと共に皇軍の御活躍をしのび感慨無量」であったと日本軍による破壊について触れた後、「南京市中を歩き第一に痛感致しました事は下層支那人階級の哀れな、みすぼらしい服装、それに職もなく町をさまやふ者、路地に迷ふ者、其の程度が洵に貧賤にして全く上下の区別の甚だしい国民だと痛感し、或は同情を寄せずには居られませんでした」と驚いている。占領地で日本軍の破壊と、敗戦の悲惨さを感じ、中国人への「哀れみ」の感情を表明している。

また、南京では各県人会が盛んに開催されており、それは「内地」では見られないと驚き、佐賀県人会総会に参加して、「盛大で佐賀言葉で自由に語られるし又現地にてかうした会合に臨みますと尚更九州男子、葉隠の地に生れ得たる誇りを持ちます」と佐賀県人会を楽しんだ。県人会での会合を終え、「この様に国民として同県人として親睦を取ると共にこの睦まじい仲を支那人の中に入つて暖かい手を指し伸して行き指導立場に立つて大いに彼の恵まれぬ支那人を教育し且つ日本人に心服させねばならぬと思います」と述べており、中国人への「哀れみ」は、日本人が指導的立場となって教育して心服させねばならないという使命感へと繋がっている。こうした彼等の体験が、在外県人会へとまとまり、敗戦への恐怖、中国人に対する日本人の「指導立場」という意識をつくり出していったといえるかも知れない。

第二に、「葉隠精神昂揚」をうたう県人会の事例についてである。台湾高雄の事例がある。(73) 一九四一年八月、高雄葉隠会が誕生した。それまで高雄には佐賀県人会はなく、長佐県人会があり会員多数ではあったが活動に活気はなかった。そのため、各県人会が高雄神社に石灯籠を奉納していたが、佐賀県のものはなかった。このことに県人として心淋しさを感じていた碇松市は、高雄神社に石灯籠を献納するため発起人を集めて相談会を開催して寄進を決定、予定金額が寄附により集まり即時発注した。「佐賀葉隠精神の昂揚」に努めるため、県産の仁比山石を使用することに決め、さらに「高雄葉隠会」を結成した。趣旨は「葉隠精神の研究並に会員の親睦を図る」などであった。

また北京の県人会でも「葉隠会」が結成された。北京佐賀県人会は、一九三七年以後急速に会員数が増加し四一年一〇月段階では三〇〇〇人ぐらいになっていた。その中の満鉄など交通関係の会社に勤める県人たちがまとまり県人会を結成することとなり、「葉隠会」が誕生した。会旗が作られ家族大会などが行われ親睦を深めている。「葉隠会」は「佐賀の士道を中心とする集り」であり、「東亜の精神となるべき士道」という意味で会名は付けられた。毎週土日は定例集会を開催して親睦を深め、毎月第二木曜に葉隠の研究精神の錬成日としている。葉隠研究は「真に郷土的精神に立脚し伝統の血を更に清浄にし、昂揚して、臨戦地帯に於ける日本人の精神文化発揚に努め度い」、「会場には郷土の新聞、佐賀郷友、大肥前、肥前協会等郷土に関係あるもの」を備え付けて、さらに研究を進めたいと報告している。(74)

ブラジルサンパウロ州のビリグヰ佐賀県人会は一九三二年一月に結成された。年一回定期総会を正月に年詞交換をかねて開催し、邦人小学校校舎を会場に近隣の女性や子どもも集めて懇親を図った。サンパウロ市在留県人を集め県人会組織も出来たがまとまらず、ビリグヰ佐賀県人会は僅かながら活動を継続していた。

盧溝橋事件後、「異郷の地」であるブラジルでも「帝国臣民の一員」として「同胞間に国防献金の議」が起こり、ビリグヰ佐賀県人会では、率先して県下出征軍人遺家族慰問のための献金募集運動に取り組んだ。ブラジル邦人のなかで最も好成績をあげ、「葉隠精神」の躍如と話題となった。在外県人が在郷者より熱心に献金募集に応じ祖国を守る意識の強さを強調し、周囲にその成果を「葉隠精神」と讃えられている様子がわかる。(75)

上海在住佐賀県人会「ますらを会」では、空閑少佐の十周年命日にあたる一九四二年三月二八日、「葉隠武士」の本領を発揮した空閑少佐と、第二次上海事変で戦死した林連隊長の慰霊祭を開催した。空閑少佐自刃の地での空閑の慰霊祭では、郷土が生んだ「悲運の武人」の最期の地を目の当たりにした参加者は、同期生による当時の激戦を振り返る講演を感慨無量の思いで聴き、空閑少佐の冥福を祈り慰霊祭を終えた。地元の江湾婦人会による墓地の草むしり、整地、掃除は、佐賀県人会一同を感動させたという。(76)

前節で確認したように、空閑少佐の顕彰運動以後、「佐賀」と「葉隠」がセットで論じられるようになった。海外の佐賀県人会は、佐賀から地理的な距離があるがゆえ、あるいは戦地に近接しているがゆえ、積極的に「葉隠精神」を強調、あるいは意識した活動を行っていたといえよう。

おわりに

一九四九年六月一日、『大肥前』は復刊する。通算一五一号であった。詳細は不明だが、大肥前社は東京から佐賀へ疎開して以降休刊していた。敗戦から約四年が経ち佐賀市からの再出発であった。戦前のような雑誌体ではなく新聞紙体にかわり四面と紙面も少なかった。各地の県人会情報、郷土の話題の欄を設けているが、県人の消息に半分の二面を割いている。海外在住の県人たちの多くは、戦時から戦後にかけて、引揚げなどを体験し混乱したであろう。『大肥前』は、戦災や疎開、または引揚げなどで消息が不明となっている県人の調査、「消息をどしどしお寄せ下さい」と呼びかけ、「郷友連絡機関誌」としての役割を担おうとしていた[77]。

本稿は、「郷土精神」の昂揚、県人会組織の動向について『佐賀郷友』『大肥前』という郷土雑誌に寄せられた情報や論調を紹介した。三〇四、三〇五頁で紹介した、戦勝国と敗戦国の状況にコントラストを感じ、また日本軍の攻撃により街が破壊され貧しい生活を送る中国人に「哀れみ」を感じて、指導的立場から教育して心服させようと考えた南京日本人学校の教員たちは、アジア・太平洋戦争、日本の敗戦をどのように感じたのだろうか。今後、戦時から戦後の各県人会や佐賀地域の実態、県人の意識・動向について検討を深めていく必要がある。

註

（1）安岡健一「地域にとって帝国の「崩壊」とは何だったのか――「日本帝国崩壊前後の〈人の移動〉に関する近年の研究動向」を手掛かりに」『同時代史研究』第六号、二〇一三年。

（2）佐賀新聞社編『刻む――佐賀・戦時下の記憶』佐賀新聞社、二〇一五年。

(3)竹永三男「県人会・郷土雑誌考――近代地域史研究の課題に寄せて」『山陰地域研究』第一号、一九八五年。

(4)成田龍一『「故郷」という物語――都市空間の歴史学』吉川弘文館、一九九八年、北河賢三「戦時下の地方文化運動――北方文化連盟を中心に」赤澤史朗・北河賢三編『文化とファシズム』日本経済評論社、一九九三年、北河賢三編『資料集 総力戦と文化』第一巻、大月書店、二〇〇〇年、山﨑功「九州・東南アジアにおける郷土文化とナショナリズム――東南アジア研究の視点から」『佐賀学Ⅱ――佐賀の歴史・文化・環境』岩田書院、二〇一四年、三ツ松誠「平田篤胤と「大東亜戦争」――『秋田魁新報』から見る篤胤没後百年祭」荒武賢一朗編『東北からみえる近世・近現代――さまざまな視点から豊かな歴史像へ』岩田書院、二〇一六年など。

(5)佐賀市史編さん委員会編『佐賀市史』第四巻、佐賀市発行、一九七九年。

(6)今回確認できた冊子は、以下の通りである。一九二九年二月〜三〇年一〇月、三〇年一二月〜三一年一二月、三二年三月、五月、八月、三四年一月〜四三年三月(三四年三月、三六年一二月、三九年一〇月、四〇年三月、五月、四二年三月、四三年一月欠)。佐賀県立図書館、佐賀大学地域学歴史文化研究センター所蔵。

(7)『佐賀郷友』一九三九年一二月。

(8)「発刊の辞」「吾が郷友の覚醒を望む」『佐賀郷友』一九二九年二月、「巻頭言」『佐賀郷友』一九二九年七月、「県人各位に訴ふ」『佐賀郷友』一九三〇年五月、「年頭に際して」『佐賀郷友』一九三一年一月など。

(9)「如何にして「難」字から離脱する乎」『佐賀郷友』一九三二年三月、「偏見を去つて不況時に善処せよ」『佐賀郷友』一九三二年八月など。

(10)「在鮮郷友訪問記」『佐賀郷友』一九三〇年八月など。

(11)『佐賀郷友』一九三〇年八月。

(12)一九三五年一月に奉天支局(社)が開設されたが、野口黙蝉(鶴市)は、「甲斐主幹来奉の節、支社設置と同時第一代支局長」に任命されたと述べていることから(『佐賀郷友』一九三五年二月)、甲斐の郷友訪問が各支局(社)設置に大きな意味を持っていたことが想定できる。

(13)「本社の二つの計画」『佐賀郷友』一九三五年一月、「中堅青年に葉隠精神を注入せよ」『佐賀郷友』一九三五年二月。

(14)「年頭の所感」『佐賀郷友』一九三六年一月。
(15)太田保一郎「弔詞」『佐賀郷友』一九三九年一二月。
(16)「皇紀二千六百年を迎へて」『佐賀郷友』一九四〇年一月、「本誌の主旨」「編集後記」『佐賀郷友』一九四三年二月など。
(17)今回確認できた冊子は、一九三二年一一月、三三年一月～六月（四月欠）、一〇月、三四年四月～一二月（五、六、七月欠）、三五年一月～一二月（四、五、八月欠）、三六年一月～一二月（二、三、六、九、一一月欠）、三七年一月、一〇月、一一月、三八年五月、三九年一月、四月、四〇年一月～一二月（三月欠）、四一年一月～一二月、四二年一月～一二月、四三年二月、三月、九月、一〇月、四四年二月、四月。佐賀県立図書館、佐賀大学地域学歴史文化研究センター、唐津市近代図書館所蔵。
(18)「お知らせ」『大肥前』一九四一年一一月。
(19)「大肥前論壇」『大肥前』一九三二年一一月。
(20)「謹賀新年」『大肥前』一九三五年一月。
(21)「大肥前論壇」『大肥前』一九三二年一一月。
(22)「本社の趣意と事業」『大肥前』一九三五年二月。
(23)「『葉隠論語』刊行予告」『大肥前』一九三二年一一月。
(24)「巻頭のことば」『大肥前』一九三四年一二月。
(25)「謹告」『大肥前』一九三五年三月。
(26)「編輯余録」『大肥前』一九三九年一月。
(27)「社告」『大肥前』一九四〇年一月。
(28)同前。
(29)同前。
(30)「戦地便り」『佐賀郷友』一九三八年八月。
(31)「各地雑信」『佐賀郷友』一九三九年九月。
(32)「陣中便り」『佐賀郷友』一九三九年一二月。

(33)『佐賀郷友』一九三八年一二月。
(34)「編輯後記」『佐賀郷友』一九四一年二月。
(35)『大肥前』も同様に、三七年には、「北支戦線より」欄などが開設され、戦地からの便りが盛んに掲載された。また「本誌を戦線へ御送り下さい」と宣伝し慰問誌の役割を担っていた(『大肥前』一九四一年三月)。
(36)「郷土に誇るべき人々」『佐賀郷友』一九二九年二月、三月など。
(37)「編輯後記」『佐賀郷友』一九三二年三月。
(38)『大肥前』一九三二年一一月。
(39)「巻頭のことば」『大肥前』一九三三年一月。
(40)佐賀県大百科事典編集委員会他編『佐賀県大百科事典』佐賀新聞社、一九八三年。
(41)「名誉の戦死者空閑少佐」『佐賀郷友』一九三二年三月。
(42)重信幸彦「顕彰と賛美のことば――「空閑少佐」という美談から」田中丸勝彦著/重信幸彦・福間裕爾編『さまよえる英霊たち――国のみたま、家のほとけ』柏書房、二〇〇二年。
(43)「武士道の典型空閑少佐を戦死同様取扱方を歎願」『佐賀郷友』一九三二年五月。
(44)「編輯室から」『佐賀郷友』一九三四年一一月。
(45)「空閑少佐銅像及紀念館建設費寄附者芳名」『佐賀郷友』一九三五年五~九月。
(46)「中堅青年に葉隠精神を注入せよ」『佐賀郷友』一九三五年二月。
(47)「空閑少佐銅像除幕式祭典」『佐賀郷友』一九三六年一〇月。
(48)「警察官に葉隠講義」『大肥前』一九三五年三月、「郷土ニュース」『大肥前』一九四一年九月。
(49)「「葉隠の神髄」を推奨す」『大肥前』一九三五年三月。
(50)「葉隠論語の編者を表彰せよ」『佐賀郷友』一九三七年六月。
(51)「佐賀人物風土記㈠」『大肥前』一九三九年四月。
(52)「巻頭言」『大肥前』一九四二年四月、岸川榮一「軍神廣尾大尉ヲ偲ブ」『佐賀郷友』一九四二年四月。
(53)前山駒見「郷党の誇り　軍神廣尾大尉御生家を訪ねて」『大肥前』一九四二年八月。

(54)「軍神敬頌団佐賀訪問記（一）」『大肥前』一九四二年一一月、「軍神敬頌団佐賀訪問記（二）」『大肥前』一九四二年一二月。
(55)「各地県人会長を県の嘱託とせよ」『佐賀郷友』一九三五年一二月。
(56)吉田周蔵「在郷者は各県人会と連繋を図れ」『佐賀郷友』一九三六年二月。
(57)「県物産の海外進出には独善主義を捨てよ」『佐賀郷友』一九三八年三月。
(58)「県物産の海外進出一問一答」『佐賀郷友』一九三八年三月。
(59)「視察団派遣の真意義は在外県人との連繋」『佐賀郷友』一九三五年七月。
(60)島田和夫・水間久馬「朝鮮経済事情調査報告書」、鶴田良雄・成富文夫「満洲に於ける佐賀物産の進出状況」『佐賀郷友』一九三五年九月、一〇月。
(61)「大連通信」『佐賀郷友』一九三五年一二月。
(62)「各地県人会長を県の嘱託とせよ」『佐賀郷友』一九三五年一二月。
(63)「編輯後記」『佐賀郷友』一九三八年二月。
(64)「大連通信」『佐賀郷友』一九四一年一二月。
(65)「肥前協会の改革」『大肥前』一九三六年四月。
(66)天映生「不団結への団結」『大肥前』一九三四年八月。
(67)「「佐賀人座談会」生る――先輩後輩の連絡機関として」『大肥前』一九三二年一一月。
(68)有楽生「在京佐賀県人に激す!!――大同団結と倶楽部問題」『佐賀県人』東京佐賀県人会発行、一九三六年二月。
(69)福山昇「佐賀県人会の拡大強化――会員増加か大同団結か」『佐賀県人会報』東京佐賀県人会発行、一九三六年三月。
(70)村山琢一「在京県人会の合同を促す」『肥前協会』七二号、一九四〇年四月、同「在京県人会の合同を促す」『大肥前』一九四〇年五月。
(71)筑紫天山人「「県人会の合同」に寄す」『肥前協会』七三号、一九四〇年五月。なお肥前協会は、一九五八年五月に『東京と佐賀』を刊行し、一九六二年春季総会の決議を経て東京佐賀県人会と改称している（『東京と佐賀』四四号、一九六二年七月、四八号、一九六二年一二月）。

(72)岸川榮一「南京日本人小学校の近況」『佐賀郷友』一九四〇年六月。
(73)碇松市「高雄通信　高雄葉隠会誕生に就て」『佐賀郷友』一九四一年八月。
(74)「北京通信　葉隠道場開き」『大肥前』一九四一年一二月。
(75)宮崎健郎(旧名八郎)「南米ブラジル便り」『大肥前』一九三九年一月。
(76)大島徳次「林、空閑両氏追悼慰霊祭」『佐賀郷友』一九四二年五月。
(77)『大肥前』一五一号(復刊一号)、一九四九年六月一日。なお佐賀県内に引揚げて落ち着いた人たちは、一九四八年二月段階で一万三〇二四人、一九五〇年四月には海外・国内復員者が八万四五二九人に達した(『佐賀県政史』佐賀県発行、一九七九年、三九六、三九七頁)。

『大肥前』『佐賀郷友』『佐賀県人会報』からの引用は、漢字は常用漢字に直し、かなはそのままとした。

編者・執筆者紹介

【編者紹介】

伊藤昭弘（いとう・あきひろ）一九七一年生まれ、佐賀大学地域学歴史文化研究センター准教授、副センター長（佐賀大学「交流」プロジェクト代表）。

主要業績

『藩財政再考――藩財政・領外銀主・地域経済――』（清文堂、二〇一四年）

「近世後期の藩領国における資本循環構造と藩財政」（『歴史学研究』八八五、二〇一一年）

『古文書にみる鍋島直正の藩政改革』（佐賀大学地域学歴史文化研究センター、二〇一五年）

【執筆者紹介】掲載順

宮武正登（みやたけ・まさと）一九六三年生まれ、佐賀大学全学教育機構教授、地域学歴史文化研究センター長。

主要業績

『佐賀県の中近世城館跡』第一～三集（佐賀県教育委員会二〇一一、一三、一四年）

「中世唐津の市と湊」（『中世都市研究』四、一九九七年）

「日本城郭の異端児たち」（玉井哲雄編『アジアから見る日本都市史』山川出版社、二〇一三年）

鈴木（宮島）敦子（すずき〈みやじま〉・あつこ）一九四九年生まれ、佐賀大学名誉教授、佐賀大学地域学歴史文化研究センター特命教授。

主要業績

『戦国期の流通と地域社会』（同成社、二〇一一年）

『日本中世社会の流通構造』（校倉書房、二〇〇〇年）

「龍造寺隆信と母慶誾尼について」（地域学創出プロジェクト編『佐賀学Ⅱ』岩田書院、二〇一四年）

井上敏幸（いのうえ・としゆき）佐賀大学名誉教授。

主要業績

『貞享期芭蕉論考』（臨川書店、一九九二年）

『肥前鹿島福源寺小志』（共著、佐賀大学地域学歴史文化研究センター、二〇一三年）

『肥前鹿島円通山普明禅寺誌』（共著、佐賀大学地域学歴史文化研究センター、二〇一六年）

中尾友香梨（なかお・ゆかり）一九七〇年生まれ、佐賀大学全学教育機構准教授。

主要業績

『江戸文人と明清楽』（汲古書院、二〇一〇年）

『文人大名・鍋島直條の詩箋巻』（共著、佐賀大学地域学歴史文化研究センター、二〇一四年）

『佐賀藩第三代藩主鍋島綱茂の文芸――「観頤荘記」を読む』（佐賀大学地域歴史文化研究センター、二〇一六年）

伊香賀隆（いこうが・たかし）一九七二年生まれ、佐賀大学地域学歴史文化研究センター特別研究員。
主要業績
「王龍渓の漸修についての一考察」（『九州中国学会報』五三、二〇一五年）
「朱熹の「河図洛書」解釈――『易学啓蒙』「本図書第一」の分析――」（『白山中国学』通巻二三号、二〇一七年）
『肥前鹿島円通山普明禅寺誌』（共著、佐賀大学地域学歴史文化研究センター、二〇一六年）

青木歳幸（あおき・としゆき）一九四八年生まれ、佐賀大学地域学歴史文化研究センター特命教授。
主要業績
『伊東玄朴』（佐賀城本丸歴史館、二〇一四年）
『佐賀医人伝』（共著、佐賀新聞社、二〇一七年）
『江戸時代の医学』（吉川弘文館、二〇一二年）

三ツ松誠（みつまつ・まこと）一九八二年生まれ、佐賀大学地域学歴史文化研究センター講師。
主要業績
「「開国」と国学的世界観」（『歴史学研究』九五〇、二〇一六年）
『花守と介次郎――明治を担った小城の人びと――』（編著、佐賀大学地域学歴史文化研究センター、二〇一六年）「宗教平田篤胤の弟子とライバルたち」（河野有理編『近代日本政治思想史　荻生徂徠から網野善彦まで』ナカニシヤ出版、二〇一四年）

山本長次（やまもと・ちょうじ）一九六二年生まれ、佐賀大学経済学部教授。
主要業績
『武藤山治』（日本経済評論社、二〇一三年）
『市村清と佐賀』（岩田書院、二〇一四年）
「戦間期における佐賀経済と中央の大資本との関係」（佐賀大学・佐賀学創成プロジェクト編『佐賀学』花乱社、二〇一一年）

鬼嶋淳（きじま・あつし）一九七四年生まれ、佐賀大学教育学部准教授。
主要業績
「朝鮮戦争期の地域社会における支配と対抗――埼玉県所沢地域の社会運動を中心に」（『日本史研究』五八八、二〇〇九年）
「一九五〇年代における農村医療運動の展開と地域社会――埼玉県大井医院を中心に」（『部落問題研究』二〇五、二〇一三年）
『有明干拓社会の形成――入植者たちの戦後史』（共著、佐賀大学地域学歴史文化研究センター・地域学創出プロジェクト、二〇一四年）

佐賀学Ⅲ
佐賀をめぐる「交流」の展開
■
2017 年 3 月 31 日　第 1 刷発行
■
編者　伊藤昭弘
発行者　佐賀大学地域学歴史文化研究センター
〒 840-8502　佐賀市本庄町 1
電話・ＦＡＸ　0952（28）8378
制作・発売　有限会社海鳥社
〒 812-0023　福岡市博多区奈良屋町 13 番 4 号
電話 092（272）0120　FAX092（272）0121
http://www.kaichosha-f.co.jp
印刷・製本　モリモト印刷株式会社
［定価は表紙カバーに表示］
ISBN978-4-86656-001-4